真実の日本古代史と天皇家のルーツ

吉村 雅敬

東京図書出版

はじめに

私は歴史愛好家である。特に古代日本の歴史に興味を持っている。

古代日本に関する歴史書を読んでいて、これはさすがに間違いだろうと思うことがある。例えば漢字の伝来である。我が国に漢字が伝来したのは5～6世紀頃とする教科書、歴史書が存在しているのである。つまり、それ以前の我が国は無文字であったと書いているのである。

今もし「アメリカ大陸（現在の北アメリカ）に移住したヨーロッパの人々は無文字であった」と書けば非常識で無知な人間だと一笑に付されるに違いない。

我が国には縄文人と呼ばれる先住民が1万年以上前から居住していたが、紀元前から中国大陸、朝鮮半島から多くの人々が我が国に渡来して縄文人と融合しながら新文化（弥生文化）を形成していった歴史がある。縄文人は文字を持たなかったかもしれないが、中国大陸、朝鮮半島から渡来してきた人々は、当然ながらヨーロッパの人々がアメリカ大陸へ文字を持ち込んだように、我が国に文字（漢字）を持ち込んだことであろう。

第52代・嵯峨天皇（さがてんのう）（在位：８０９～８２３年）の勅（みことのり）によって編纂された『新撰姓氏録（しんせんしょうじろく）』は古代豪族の出自を記述した名鑑であるが、この名鑑によれば中国の春秋戦国時代の呉（句呉）をはじめ燕、魯、さらに中国史上初の統一王朝となった秦、あるいは漢、三国時代の魏などの王族が王朝の滅亡によって渡来しているのである。

要するに、これら王族などの渡来人によって紀元前には既に漢字が我が国に持ち込まれ、使用されていたと考えられるのである。

我が国に文字（漢字）が伝来したのは5〜6世紀頃とする説は明らかに間違っているのである。この大きな間違いの原因は中国の歴代王朝史（正史）の中のひとつである『隋書』に記述された虚偽の内容を信じたことによるものと考えられるのである。

『隋書』俀国伝（俀国は倭国の蔑称）は次のように記述している。原文を【】内に示した。

【無文字、唯刻木結縄。敬佛法、於百濟求得佛經、始有文字。】

「（俀国は）無文字であり、ただ刻木、結縄によって伝える。仏法（仏教）を敬い、百済において仏経（仏教経典）を求め得て、初めて文字を有した」

隋朝が我が国を無文字の国家であると曲筆したのには理由がある。

中国皇帝だけが唯一天子を名乗ることができると考えていた隋の煬帝は「日の出る処の天子、書を日の没する処の天子に送る。恙なきや……」という国書を送ってきた倭国に対し激怒したのであった。そのため我が国（倭国）を蔑み、国名を「俀国」と書き変え、「言葉を知らない無文字の国家である」と記録させたのである。

現存する我が国最古の歴史書である『古事記』応神天皇紀は「百済の和邇吉師が論語十巻、千字文一巻を献上した」と記述しており、我が国最古の正史である『日本書紀』は「欽明天皇13年（552年）百済から釈迦仏金銅像、経論などが献上された」と記述している。

つまり、『隋書』の間違った記述と『古事記』、『日本書紀』（以下『記・紀』と記す）に書かれた記述を結び付けて誤解しているのである。

『記・紀』は、我が国は無文字であったと書いていないし、また『隋書』以前に成立した中国の史書にも我が国は「無文字である」とはどこにも書いていないのである。

さて、我が国最古の歴史書である『記・紀』は古代日本の歴史を知る上で極めて重要な史書であるが、『記・紀』の記述と中国の史書の記述を照らし合わせて見ると、多くの不整合が存在しているのである。

例えば、『魏志倭人伝』に記述された邪馬台国女王・卑弥呼、女王・台与、『宋書』に記述された「倭の五王」、『隋書』に記述された大王の多利思比孤、太子の利歌彌多弗利は『記・紀』には削除または隠蔽されて書かれているのである。

言いかえれば、『記・紀』は、何らかの理由によって意図的に曲筆して編纂されており、それが我が国の歴史の大きな謎となっているのである。

古代の我が国の真実の歴史を知るためには中国の史書と『記・紀』の内容を吟味考究して、

その中に隠された真実を炙り出すことが必要である。中国の史書と『記・紀』を炙り出しの紙に喩えると、焔は歴史愛好家の真実の歴史を知りたいと思う情熱である。

しかしながら古代中国の史書に残された我が国の記録は少なく断片的である。まるでジグソーパズルのピースように細切れとなっているのである。それ故、古代の我が国の真実の歴史を明らかにするためには、断片的なピースを繋ぎ合わせながら、中国の史書と『記・紀』に記述された内容の真偽を確かめながら、そして想像力を発揮しながら真実を炙り出していかなければならない。

本書は日本列島に辿り着いて、縄文人と融合しながら我が国（日本）を建国した倭人の真実の歴史と天皇家のルーツについて纏めた日本古代史である。

拙書によって多くの方々に我が国の真実の歴史を知っていただければ幸いです。

真実の日本古代史と天皇家のルーツ◇目次

第1章　古代中国の二大文化圏

1 中国最古の文明

かつて、世界の文明は、メソポタミア地域、エジプト地域、インダス地域、黄河地域から興ったとされており、世界の四大文明として教科書に載せられていた。本書では文明(civilization)と文化(culture)を特に区別しない。ある民族又は集団が社会を形成して築き上げた有形、無形の成果を、その民族、又はその集団の文化と考え、同じ地域の似たような文化を包括的に述べる場合に文明と称することにしたい。

メソポタミア文明はチグリス川とユーフラテス川の間の平野に栄えた多くの文化であり現在のイラクの一部にあたる。エジプト文明はナイル川流域で興った文化であり、毎年規則的に発生する洪水によってもたらされる肥沃な土壌によって農業が行われ栄えた。インダス文明はインド、パキスタン、アフガニスタンを流れるインダス川と、インダス川と並行して流れていたとされるガッガル・ハークラー川(現在は消滅している)地域に栄えた複数の文化をいう。黄河文明は黄河の中・下流域で栄えた文化をいう。これら四大文明の共通点は麦を栽培し麦を主食とした文明であった。全ての現代文明はこれら四大文明（麦文明）から発展してきたと考えられていたのである。

ところが近年、中国の長江（揚子江）下流域において古代遺跡の発掘調査が行われ、河姆渡遺跡（紀元前約7000〜紀元前約5500年）から大量の稲モミが発見された。そして更なる調査によって玉蟾岩遺跡（紀元前約1万4000〜紀元前約1万2000年）が発見され、また1995年の日中共同調査によって江蘇省・蘇州市の草鞋山遺跡から世界最古級（約6000年前）の水田跡が発見され、長江流域において多くの古代遺跡が発見されたのである。そして長江流域に栄えたこれらの文化は長江文明と名付けられ、前述した四大文明（麦文明）とは全く異なる文明であり、稲作を行っていた（米を主食とした文明＝以下、米文明と記す）。

長江文明と黄河文明の萌芽期から衰退期をおおまかに示すと次のようになり、長江文明の方が黄河文明よりはるかに古いのである。

＊長江文明（紀元前1万4000年頃〜紀元前1000年頃）
＊黄河文明（紀元前7000年頃〜紀元前1600年頃）

２ 中国神話

倭族は元々中国大陸の中に居住していた民族と推測されるので中国の神話から話を進めていきたい。

中国神話は天地開闢（世界の始まり）を次のように伝えている。

『世界は初め混沌としていたが最初に盤古が生まれ、天は1日に1丈ずつ高くなり、地もまた同じだけ厚くなり、天と地が分かれ、天と地の間に生まれた盤古も日に日に大きくなり、大巨人となった。計り知れない時が流れたあと盤古は死んだ。その身体は中国の五岳（恒山、泰山、嵩山、華山、衡山）となり、左目は太陽、右目は月、血液は海、毛髪は草木となり、涙が川となり、呼気が風となり、声は雷となった』

この伝説の五岳の位置を第1図に示した。

恒山は山西省大同市にあり、標高２０１７ｍである。泰山は山東省西部の泰安市にあり、古代より封禅の儀式（帝王の治世が平穏であることを天に報告する儀式）が行われた名山で標高１５４５ｍである。嵩山は河南省登封市にある山岳群であり最高峰は１４４０ｍである。伝説の夏の首都（陽城）があった地域で山岳信仰、少林寺があることで有名である。華山は標高２１５４ｍで陝西省華陰市にある断崖絶壁の山であり宗教聖地となっている。黄河はこの付近で大きく方向を北に変える。衡山は標高約１３００ｍで湖南省衡陽市衡陽県にある。神農がこの山で薬草を採ったとの伝説が残る。

　このように中国神話は盤古の身体から生まれた五岳を聖地としているのである。

　この盤古の神話は、人類が採集・狩猟社会のような小さな集団から始まり、次第に人口が増加して、遂に聖山のある五地域から文化が興ったことを伝えているように思われる。黄河と長江の間にある秦嶺山脈と淮河を結ぶ「秦嶺・淮河線」を境にして北を華北、南を華南と呼称し

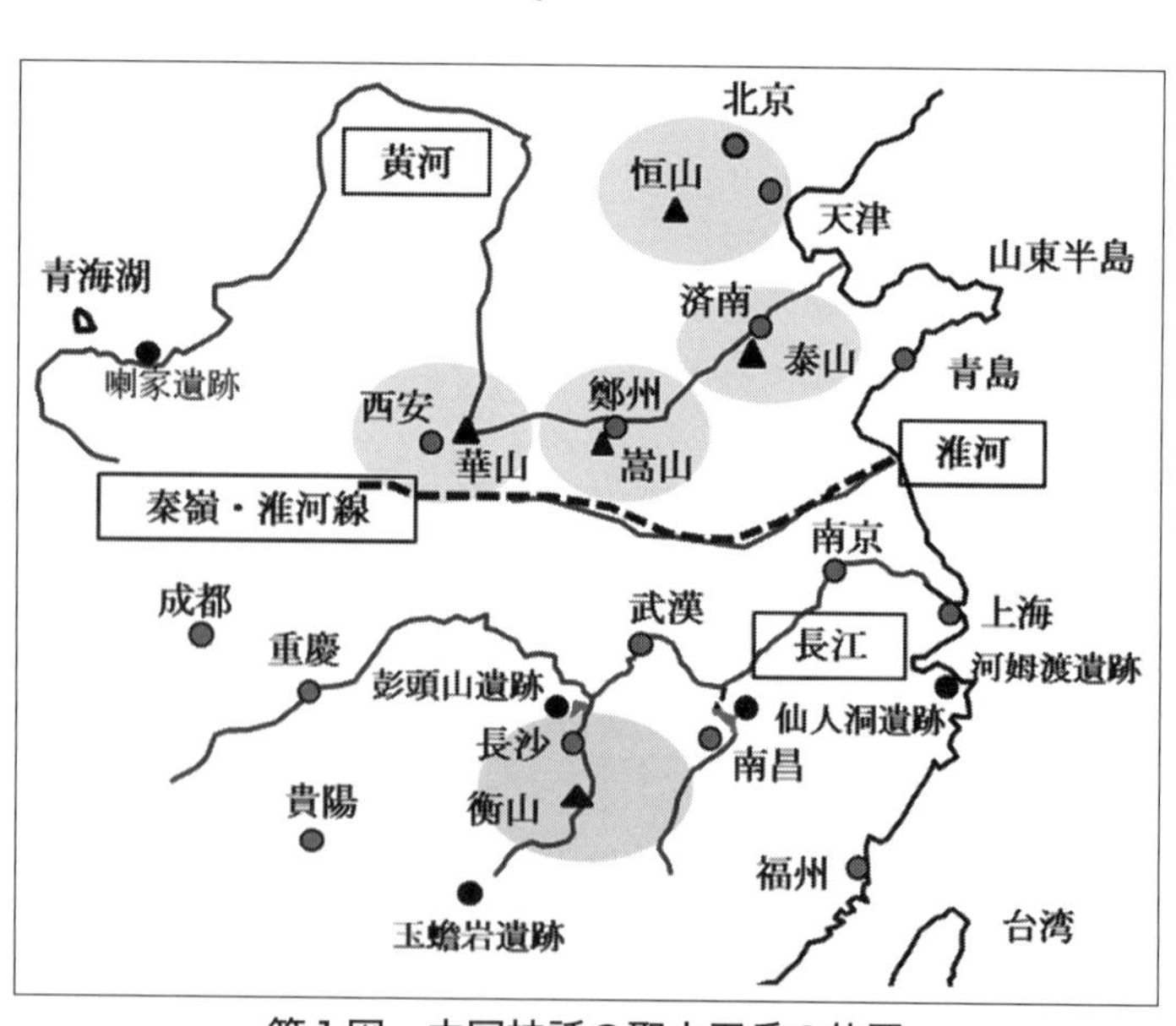

第１図　中国神話の聖山五岳の位置

ている。

五岳のうち四岳は黄河流域の麦文明の中にあるが長江流域の衡山は米文明の中にある。衡山の北には長江に繋がる洞庭湖（どうていこ）、洪湖などが存在する。

この付近から発見された彭頭山（ほうとうざん）遺跡からは紀元前７０００年頃の籾殻（もみがら）が発見されている。洞庭湖より南では玉蟾岩（ぎょくせんがん）遺跡が発見されている。洞庭湖は古代中国では最大の淡水湖であり、季節によって面積が大きく変化する。最大面積は琵琶湖の４倍ほどになるという。現在では長江が運んでくる土砂で埋まり、少し下流にある鄱陽湖（はようこ）が中国最大の淡水湖となった。この鄱陽湖付近には仙人洞遺跡（紀元前１万２０００年頃〜？）などが発見されている。

聖山五岳の伝説は陰陽五行（いんようごぎょう）説と関係があるかもしれない。中国古代の人々は、世界は表（陽）と裏（陰）のふたつで成り立っていると考えた。例えば月は陰であり、太陽は陽であると考えた。これが陰陽思想である。また、自然界は木、火、土、金（金属）、水の五要素から成り立っていると考えた。この五要素が混和して様々な自然現象を生みだしていると考えたのである。この思想が五行思想である。周（西周：紀元前１０４６年頃〜紀元前７７１年）時代から存在していた両思想は春秋時代（紀元前７７０〜紀元前４０３年）に結びついて陰陽五行説となったとされている。だとすると文明が五岳の地域から生まれたとする伝説は周から春秋時代の間に成立したと考えられる。

一方、古代ギリシャの人々は世界の物質は火、空気（風）、水、土の四元素から成り立っていると考えていた。

中国の神話では天地開闢のあと三皇五帝と呼ばれる伝説の聖王が天下を治めたと伝えられている。三皇については道教の神とされる三皇（天皇、地皇、人皇）があるが、ここでは触れない。中国神話に残る三皇について記述する。三皇の人物については諸説あるが、一説には伏羲、女媧、神農（炎帝）が挙げられている。伏羲は鉄器、魚網、鳥網などを発明したと伝えられている。女媧は農業神である。伏羲と女媧は人面蛇身で描かれ、二人は伝説によれば夫婦又は兄妹であったと伝えられている。この二人は苗族（現在は中国、タイ、ミャンマー、ラオス、ベトナムに居住している少数民族）が信奉していた神であったとも伝えられている。

神農は医薬と農業を司る神と伝えられており、既述したように衡山で薬草を採取したという伝説が残る。神農は炎帝と同一人物ともされ、太陽、火を司る神でもある。死後、長沙（湖南省・長沙市）に葬られたと伝えられている。伝説から三皇はいずれも華南地域に関係の深い皇（王）であったと推測される。

五帝とは中国古代において国土を治めた聖王とされ、諸説が存在するが、この書では『史記』（紀元前91年頃に成立）に記述された黄帝、顓頊、嚳、尭、舜を挙げておきたい。

３ 文字は定住社会から生まれた

人類は定住生活を始めたあと次第に植物の知識と経験を蓄えて穀物の栽培を始めた。集落や邑（むら）が出現し、当然ながら、社会を纏める指導者が出現した。そして長い時を経て食糧を安定的に得られるレベルまで穀物栽培の技術は進歩していった。食糧が安定的に得られるようになって希薄だった人口密度は漸次高まり、社会を根本的に変えるきっかけとなった。穀物の品種改良、適正な植え付け時期の判断、収穫後の分配など、様々な事を記録することが必要となっていった。必要は発明の母と言われるように文字は偶然に発見されたのではなく社会の拡大によって必然的に発明されたと考えるべきであろう。書写材（粘土版、木材など）に書かれた文字は移動を余儀なくされる採集・狩猟民族にとって不便な代物であったが、人類が定住生活を始めて人口が増加すると、文字による記録は便利で人々にとって不可欠なものとなっていったのである。

文字がいつごろ発明されたのかは明確ではない。文字が発明される以前は世界各地から発見されている絵文字がコミュニケーションに使われていたことは間違いない。これら絵文字から文字に進化してきたと思われる。

世界各地で発見されている文字は粘土板や石材、獣骨に刻まれている。世界最古の文字はメソポタミアの楔形文字といわれており、紀元前３５００年頃に発明されたと考えられている。

古エジプトのヒエログリフ（神聖文字）は紀元前３２００年頃に発明されたと考えられている。また、インダス文明では紀元前２６００年頃〜紀元前１９００年頃の象形文字が発掘されている。

一方、中国においては殷墟（殷王朝の遺跡）で出土した甲骨文（紀元前１６００年頃）が最古の文字とされているが、近年のニュースでは山東省・昌楽県で発見された獣骨に刻まれた文字が甲骨文より古いと見られている。また長江流域の良渚文化圏で見つかった文字は紀元前３０００年頃のものと考えられている。中国伝説によれば黄帝（紀元前２５００年頃）の官史であった蒼頡という人物が鳥獣の足跡を見て文字を考え付いたという。また中国の古典である『易経』などによれば異民族（苗族）から信奉されていた伏義（紀元前３３５０年頃〜紀元前３０４０年頃の中国伝説の王）が文字、八卦、鉄器、魚網、鳥網などを発明したとしている。いずれにしても文字は紀元前３５００年頃〜紀元前３０００年頃、又はそれ以前に世界各地の農耕地帯から生まれたようである。

文字は既述したように偶然に発見されたものではなく、また一人の人間によって作られたものでもない。各地域のそれぞれの文字はその地に居住していた民族によって長い時間をかけながら次第に成立していったということは間違いないだろう。

④古代中国の二大文化圏

古代中国には二つの大きな文化圏が存在していた。そしてそれが今日の中国に影響を及ぼしていることを忘れてはならないのである。

司馬遷は『史記』「貨殖列伝」において華南（米文明の地域）と華北（麦文明の地域）の違いを次のように記している。

【楚越之地、地廣人希。飯稲羹魚。或火耕而水耨、果隋蠃蛤、不待賈而足。地埶饒食、無饑饉之患。以故呰窳偷生。無積聚而多貧、是故江淮以南無凍餓之人、亦無千金之家。沂、泗水以北、宜五穀桑麻六畜、地小人衆。數被水旱之害、民好畜藏。故秦、夏、梁、魯好農而重民。三河、宛、陳亦然、加以商賈。齊、趙設智巧、仰機利。燕、代田畜而事蠶。】

「楚と越の地は、土地は広く人は希薄である。稲（米）を炊き、魚を羹（熱した吸い物）にして食す。火耕（焼畑）があり、また水耨（水耕＝水稲）もあり、果蓏（木の実、草の実）、蠃蛤（巻貝と二枚貝）を採り、（食物は）買わなくとも足りている。地埶（地の勢い）は食を饒（豊か）にして、飢饉の患い（心配）がない。その結果呰窳（欠点が有って悪いの意味）故に人生を安楽にむさぼっている。積聚（貯蓄）することがなく、したがって貧しい者が多い。江淮（長江と淮河）以南は凍餓（凍えて飢える）の人がなく、亦千金（金持ち）の家もない。沂水、泗水以北は、五穀、桑、麻、六畜が宜しい、土地は少なく人が多い。しばしば水害、旱魃の被害があり、人民は畜蔵（蓄蔵）を好む。故に秦、夏、梁、魯は農業を好み、そして農業を重んずる。三河、宛、陳も同様であり、商賈（商業）も行っている。斉、趙は智巧を巡らせ、機利（機会・利益）を仰ぐ（追求する）。燕は代々田畜（畑作・牧畜）と養蚕を生業にしている」

沂水、泗水は、現在では沂河、泗河と呼ばれ、山東半島の南部に位置する淮河の支流である。淮河は黄河と長江（揚子江）の間を並行して東西に流れて黄海に注ぐ河で黄河、長江に次ぐ大河であり、その長さは１０００㎞を超える。古代においては、この淮河と秦嶺山脈を結ぶ秦嶺・淮河線を境にして「北麦南稲、南船北馬」と言われるように風土、食文化などが大きく異なっていたのである。五穀とは華北の栽培穀物を意味しており、時代によって意味は多少変わるが、麥（麦）、稷（粟）、黍（高粱）、麻、豆又は麦、粟、黍、稗、大豆を指していた。また六畜とは馬、牛、羊、豚（豕）、狗（犬）、鶏を指していた。

古代中国において米（稲）は華南の栽培穀物であり五穀には入っていない。つまり水稲（米）は華南を、五穀は華北を意味していた。それほど華北と華南の風土、文化は異なっていたのである。華北に居住していた漢民族にとって華南は瘴気（マラリア、寄生虫など原因不明な風土病）に満ちた土地と考えられていたのである。中国の歴史はこの大きく異なる二つの文化圏を念頭に入れて考えなければならないのである。

ところで【米】は象形文字の【[illegible]】から成立した文字である。【[illegible]】はイネ科の植物である禾の穂の部分を示しており実が六つ連なった象形文字である。【米】の文字は元々華南地域で成立した文字であった。既述したように長江文明は黄河文明よりはるかに起源が古く、華南の温暖湿潤なアジアモンスーン地帯で農耕（稲作）が始まり、そののち米（稲作）栽培に向かない華北にも農耕が広まり粟、黍（高粱）、稗などが栽培されていったのである。そのため【米】の字を含むようになったと推測されるのである。

後漢の永元12年（100年）に完成した中国最古の漢字字典である『説文解字』には【米】の意味は【粟實也。象禾實之形】「粟の実なり。禾の実の形を象る」としている。華北では米に相当する主食が「粟」であったのである。粟は稷とも書き五穀の長（最も重要な穀物）であった。中国最大の塩湖である青海湖（世界では2番目に大きい）から名付けられた青海省の喇家遺跡からは、およそ4000年前の世界最古の粟麺が発見されている。しかし、やがて華北では主食は粟から麦へと変わっていった。

アワ（粟）の原産地は東アジアであるが、西域から伝わったとする説が存在する。アワに似た字にクリ（栗）がある。栗はヨーロッパから日本列島まで広く分布している樹木なので西方から中国・日本へ伝わった樹木とは言い難い。栗の字の【覀】の字の古字は【卥】であり、棘のある実を意味していた。『説文解字』は【卤（セイ）】の意味は垂れ下がる実を表すとしている。アワの実にはクリのように細かい棘があり、穂が稲のように下を向いて垂れ下がることから【卤（セイ）=覀】の文字と米の字を組み合わせて作られたと推測される。西（にし）の古字は【卤（セイ）】であり【卤（セイ）】が【卤（セイ）】と似ているため、混同されて粟は西域から伝わったとする説が生まれたと推測される。

黍（きび）には異体字として【黍（シュ）】があり、粟と同様に「米」の字を含んでいる。

稗（ひえ）の偏（へん）の【禾（か）】はイネ科の穀物の意味であり、旁（つくり）の【卑（ひ）】は身近な、又は少し劣るという意味であろう。因（ちな）みに『説文解字』には【粊（ピ）】という文字が載せられている。北と米から成る文字であり「悪い、悪米（あくまい）」の意味である。華北の五穀は華南のコメに劣るという意味の文字と思われる。

麦類の原産地はイラン、イラク地域であり、紀元前1万年頃から栽培が始まったと考えられている。

中国神話には周の始祖の后稷（こうしょく）が嘉禾（かか）（麦を指す）を得て国を興したという伝説が残されている。后稷は伝説の五帝の一人である舜（しゅん）（紀元前20世紀頃？～紀元前19世紀頃？）に農師として仕えた人物であることから、麦は紀元前20世紀頃に西域から中国へ伝わったと推測されている。

米、麦がそれぞれ華南、華北の主食となった最大の理由は、他の穀物と比較して単位面積当たりの収穫量（=単収量）が多く美味であったからだと思われる。

単収量は地域の気候と土壌、気象によって大きく変動するので、あくまでも筆者の推測にすぎないが10ａ（アール）（１０００㎡）当たりの収穫量は、栗（くり）の場合で大凡（おおよそ）80〜１２０kg、粟（あわ）で大凡80〜１５０kg、黍（きび）で大凡80〜１５０kg、稗（ひえ）で大凡80〜１５０kg、蕎麦（そば）で大凡50〜１００kg、大豆で大凡50〜１００kgと推測される。稲、小麦の単収量はこれらよりも少し多かったと推測され、稲で１００〜２００kg程度、小麦で80〜１８０kg程度収穫できたと想像される。現代では品種改良、肥料の散布などにより飛躍的に単収量は増加しており、収穫量の多い国の場合で稲が６００〜７００kg程度、小麦も同程度の単収量となっている。

注：我が国の五穀の意味について『古事記』は稲、麦、粟、小豆、大豆としており、『日本書紀』は稲、麦、粟、稗、大小豆としている。この事から我が国では華北と華南の食文化が混在していることがわかる。つまり華北の人々と華南の人々が渡来して縄文人と融合して新たな食文化をつくったことを示しているのである。

５ 稲と麦の違い

人類の農耕は連作障害との闘いの歴史であると言えるであろう。

ほとんどの農作物は同一場所で繰り返し栽培すると次第に生育が悪くなるという連作障害が

発生する。連作障害が比較的出にくいとされる農作物はカボチャ、サツマイモ、ダイコン、ニンジン、ネギ、タマネギ、ニンニクなどで種類は少ない。連作障害は肥料成分の欠乏、土質の変化（堅くなったり、水捌けが悪くなるなど）、ＰＨの変化、病原菌の発生など様々な原因によって起こると考えられている。

稲、麦も例外ではなく、古代の華南の人々は稲の連作障害を克服しようと様々な栽培方法を試みて最終的に水稲栽培を発見したと思われる。水稲栽培では連作障害がでないのである。稲の旧字は【稻】であるが、右の旁の【舀】は柄杓などで水をすくう意味である。つまり【稻】の文字は水路から足踏み水車などによって田に水を引き入れて栽培する穀物を意味していた。金属器が普及していなかった古代において森林を切り開き、山や丘を削り水平な田圃（水田）を造成することは容易ではなかった。

また水稲栽培法は水路、畦畔（畦）などの維持管理及び代掻き、田植え、雑草除去、収穫作業まで、手間の掛かる作業が多かったが、同じ場所で米が取れ、水田、水路の中に多くの魚介類が入ってくる利点もあった。人々はこれらを捕獲することによって良質のタンパク質を得ることができた。米文明の地域では栄養分を含んだ大量の水が必要であったことから田圃の周囲の森は大切に保護された。地域によっては雨期の氾濫を利用して稲を植え、乾期に稲を刈り取る所もあった。そのため自然破壊は採集・狩猟民族に次いで少なかったのである。

収穫された籾米は外皮を比較的容易に取り除くことができた。籾米から殻（外皮）を取り除いたものが玄米である。玄米は、糠層（重量比で5～6％）と胚芽部（2～3％）及び胚乳部（91～93％）から成り立っている。白米は糠層と胚芽を取り除いたものである。玄米、白米は蒸かして食べた。このため米文明の地域では土器の利用が早くから始まったのである。

麦は稲と同じイネ科の植物で一年草である。稲と比べ寒さと乾燥に強く栽培が容易であった。麦には大麦（barley）と小麦（wheat）などがある。大麦にはグルテンが含まれておらず、パンや麺には不向きであった。蒸かすと食べられたがパサパサして食感は米に比較して劣っていた。

一方、小麦は吸水性が悪く表皮を残したままだと非常に食感が悪く、蒸かして食べるのに適していなかった。小麦の場合、外皮（籾）を取り除いた種子の表皮（全体の約13％）は米と比べて厚く強靭であり、可食部分である胚乳部（約84％）と胚芽部（約3％）は表皮に密着しており粒溝もあるので表皮を簡単に分離できない欠点があった。しかしグルテンを多く含むため粉状にして水で練りパンや麺にすると美味しく食べることができた。

麦の栽培地（以下、耕圃と記す）では連作障害を避けるために耕圃のほかに地力を回復させるための休閑地が必要であった。休閑地の地力回復には数年を要したと考えられ、麦作農耕では少なくとも耕圃の2～3倍以上の土地が必要だったのである。休閑地には野生動物が侵入して草を食べ、それら動物の排泄物が肥料となり地力回復を早めることが発見された。そして野生動物（山羊、羊、牛、猪、馬）の家畜化が始まった。動物の家畜化は犬の方が遥かに古いが農耕とは関係が薄いので犬の家畜化については割愛する。

次に、主な家畜化された動物の推定時期を第1表に示した。

これらの動物の家畜化の時期は諸説あり、確定されていない。最初に動物の家畜化を行ったのは麦文明の人々であったと推測される。山羊、羊、牛の家畜化は麦類が栽培されるようになった西アジアで始まったと考えられる。馬は部族の衝突が多くなった結果、戦争用として飼育されたと考えられる。野生動物の家畜化によって麦作農耕民族の人々は良質なタンパク質を獲得する事ができた。野生動物の家畜化によって良質なタンパク質を得る方法は、米文明の人々が田圃、水路から魚介類を捕獲してタンパク質を得ていた方法と似ている。そういう意味では水稲栽培と漁猟はワンセットであり、麦栽培と牧畜はワンセットであった。したがって古代の稲作農耕民族は稲作農耕漁猟民族、麦作農耕民族は麦作農耕牧畜民族と称する方が適正のように思われる。

既述したように米（稲）と麦の単収量はほぼ同程度と推測されるが、麦作に不可欠な休閑地

第１表　動物の家畜化の推定時期

山羊	羊	牛	豚	馬
紀元前８０００〜７０００年頃	紀元前７０００〜６０００年頃	紀元前６０００〜５０００年頃	紀元前８０００〜７０００年頃	紀元前５０００〜４０００年頃

を入れて考えると、米の方が単収量は遥かに多く人口扶養力は高いのである。

麦作農耕地域では人口が増加するにつれて、耕圃・休閑地を確保する必要性から大規模な森林の焼却、伐採が行われた。また寒冷地域でもあったので暖房のため多くの樹木が消費されていった。その結果、黄河流域では森林が急速に失われていったと想像される。今日、黄土高原地帯の荒涼とした風景は人類が残した自然破壊の一例と言えるであろう。

麦文明における特殊な例を挙げておきたい。それはエジプト文明である。この地域では同じ場所で麦栽培を行っていたが、連作障害が発生することはなかった。その理由は上流に降った雨により、毎年定期的にナイル川が氾濫を起こしたからである。洪水が引くと氾濫地域に新しい肥沃な土壌が堆積した結果、同じ場所で麦を連作しても連作障害が発生しなかったのである。古代エジプト文明はまさに古代ギリシャの歴史家であるヘロドトス（紀元前5世紀頃）が言ったように「エジプトはナイルの賜物」であった。

古代エジプトでは洪水のあとの土地を再配分するための測量学、数学などが発達し、ナイルの氾濫時期を知るために天文学、暦法などが発達した。エジプトには森林帯が少なかったが、豊富な石材を使って壮大なピラミッド、神殿、宮殿などが建設され、長期にわたり高度な文明が栄えたのである。

6 主食の違いにより異なった価値観が生まれた

主食の違いは、それぞれの社会に大きな影響を及ぼしたように思われる。

米文明の地域では共同作業が多く構成員の協調性が重視された。その結果、個人よりも集団の利益が重視される社会となっていった。また豊富な水を必要としたため水源となっている森林は大切に保護、維持されて森林破壊は最小限に抑えられた。また自然には色々な神が宿っており、神の恵みによって食糧が得られるという多神教が生まれ定着していった。

一方、麦文明の地域では同じ収穫量を得るためには米と比較して数倍の土地を確保する必要があった。そのために人口が増大するにつれて土地（＝食糧確保）をめぐる争いが多く発生した。その結果、古い時代から防禦（ぼうぎょ）のための城壁を持つ都市国家や覇者（王）が生まれ、次第に個人の能力が重視される社会となっていった。そして排他的な一神教が生まれた。

7 世界最古の土器・陶器

現在、世界最古の土器は約1万8000年前のもので稲作農耕地域であった湖南省の遺跡から発見され、煮炊きに使った痕跡があるという。また世界最古の陶器は同じく湖南省で見つかっており、今から約1万8000〜約1万4000年の間のものと考えられている。日本で発見された最古の土器は青森県・外ヶ浜町の大平山元Ⅰ遺跡から出土した縄文土器で約1万６５００年前のものであるという。西アジアで発見されている最古の土器がおよそ９０００年前のものであることを考えれば、中国、日本で発見された土器は世界的に見て極めて古いものであることがわかる。

青森県・大平山元Ⅰ遺跡の古代人はドングリ、トチなどのあく抜きや煮炊き、クリ、クルミなどの貯蔵に土器を利用していた。栽培されたクリは現代の収穫量から推定して単位面積当たりの収穫量は米と比較して少なく、生計は狩猟（漁猟を含む）・採集によって行われていたと考えられる。青森県・大平山元Ⅰ遺跡はクルミ、クリ、ドングリなど種実類の栽培、植物栽培（ゴマなど）を行っていた三内丸山遺跡（紀元前３５００年頃〜紀元前２０００年頃、青森県・青森市）に近く、直線距離にして30㎞ほどしか離れていない。三内丸山遺跡は数百人程度の人々が暮らしていたと考えられている。もし当時寒さに強い稲があったならば、必ず彼ら（縄文人）は稲の栽培を行ったに違いない。

垣ノ島遺跡（北海道・函館市）からは世界最古の漆器（約９０００年前：漆塗り装飾品）が発見されている。東北、北陸地方からは火焔土器（縄文時代中期：紀元前約５５００〜紀元前約４５００年）が発見されている。縄文人は我々が考える以上に文化的であり創造力にあふれた人々であったようである。

8 金属器の製作

金属器の製作温度と土器・陶器の製作温度を第2表に示した。

この表から土器・陶器の製作温度と青銅器、海綿鉄の製作温度にはあまり差がないことがわかる。

古代の人々は土器・陶器の製作のために色々な土を用いて焼成したに違いない。その製造過程の中で、高温で物質が溶けて性質や性状が変化することを発見したと思われる。この発見は重要であり、これらの知識と経験は次第に金属製造に繋がっていったと推測されるからである。

純銅は軟らかく1000度以上でしか熔けないが錫（すず）を混ぜることによって融点が下がり800～1000度で熔け、硬度も増す、これが青銅である。鉄器と比較して錆

第2表　金属器と土器・陶器の製作温度

		製作温度（度）
鉄	海綿鉄	800　～1，100
	普通鉄	1，500
	鋳鉄	約　1，150
銅	青銅	800　～1，000
	銅	約　1，050
金		約　1，100
銀		約　950
土器・陶器		700　～1，300

び難く鉄器よりも早く発明されたと考えられている。しかし人類が最初に発見した金属は鉄（隕鉄）だった可能性もある。

炉の中に木炭と鉄鉱石を入れて鞴（ふいご）により高温にすると海綿鉄ができる。この海綿鉄を再び過熱して何度もたたき、これを繰り返すと不純物が除かれ粘りのある鉄となる。【鉄】の旧字は【鐵（くろがね）】であり、古字は【銕（くろがね）】である。この字の右側の旁（つくり）に注目したい。旁には【夷】が当てられており、中国では鉄はもともと最古の土器・陶器が発見された長江文明の地域で発明された可能性がある。蛮夷で発明された鉄の製造方法は瞬く間に華北に広がっていったと推測される。鉄は麦文明の人々にとって森林を伐採する道具として、家畜を解体する道具として、また武器として不可欠なものであったからである。

9 歴史は麦文明から始まった

麦文明の地域では米文明の地域より広い土地が必要であった。そのため他民族、他部族との衝突が米文明の地域よりも早く発生した。

戦争は人々にとって自然災害以上の衝撃的な出来事であった。土地をめぐる大規模な戦争は麦文明の地域では度々発生した。そして多くの人々の記憶に残り、後世に伝えられていった。また覇者は自らの名前と功績を記録として後世に残そうとした。このため記録は戦争が多く発生した地域に多く残された。そして、それが歴史となっていった。そういう意味では中国の歴史は戦争が多く発生した華北の中原地域から始まったと言えるであろう。

伝説では天下は三皇の一人とされる神農（炎帝）の子孫によって長い間統治されていたが、時代が下がるにつれて次第に徳を失い天下の信望を失って諸族は互いに争うようになったという。伝説ではこの乱期に華夏民族の祖となった軒轅（後の黄帝）が部族とともに兵を挙げ、炎帝の子孫と阪泉の野で戦って勝利し、さらに羌族の王であった蚩尤と九黎族の連合軍を涿鹿の野で破り、帝位に就いたと伝えられている。

別の伝説では、黄帝と炎帝は異母兄弟であったが衝突して互いに争い、最終的に黄帝が勝利したという。その後、反乱した蚩尤・九黎族を討って国内を統一して帝位に就いたとも伝えられている。黄帝は今からおよそ４６００年前の王であり姫水のほとりで育ったので姓を「姫」としたと伝えられている。

前漢の歴史家であった司馬遷（紀元前１４５年頃〜紀元前86年頃）は『史記』「五帝本紀」に黄帝の活動領域を次のように記している。

「黄帝は天下に不順者が居れば、四方に遠征を行い平定して去った。山を開き、道を通し、未だゆっくり過ごす住居もなかった。東は海に至り丸山（山東省）及び岱宗（泰山・山東省）に登った。西は崆峒（甘粛省）に至り雞頭（雞頭山・甘粛省）に登った。南は江

（揚子江）に至り熊、湘（熊山、湘山＝共に湖南省の長沙付近の山）に登った。北は葷粥（北方蛮族）を駆逐し、釜山（中国の地名）に諸侯を集め会合し、而して涿鹿の阿（地名）を邑（都）とした」

この記述から黄帝が治めた地域は、中華文明発祥の地といわれている黄河中流域を中心とした麦文明の地域であり、北は凡そ黄河から、南は長江（揚子江）から少し南に下がった湖南省・長沙市付近、東は山東半島の西部付近、西は甘粛省・平涼市の崆峒付近迄であったことがわかる。

五帝については諸説あるが、本書では『史記』の説、すなわち（黄帝、顓頊、嚳、堯、舜）の説によって話を進めたい。五帝のひとりである聖王・堯（紀元前24世紀頃の王）は、黄帝の玄孫に当たるが、伝説によれば堯の時代には太陽は10個あったという。そして、それぞれの太陽が地上をかわるがわる照らしていたが、10個の太陽が一度に地上を照らすようになったので地上は灼熱地獄となったという。それで堯は弓の名人である羿に命じて九つの太陽を射落とさせたという。この伝説は中原地域に残っていた九つの民族の邑（国家）を征服し、最後に勝ち残った民族が華夏民族であったことを示唆しているように思われる。

中原の覇者となった華夏民族は「自分達こそ世界で最も優れた民族である」という自民族中心主義の思想（華夷思想）を形成していった。そして次第に周辺の異民族を文化程度の低い人間だと見做すようになっていったのである。

⑩ 麦文明に呑みこまれる米文明の国家

五帝時代、帝位は世襲ではなく有徳の人物に禅譲されていたと伝えられている。黄河と長江に挟まれた広大な平野部（中原地域）において強盛となった華夏民族は周辺の民族を支配下に置いて広域的国家が生まれた。それが伝説の国家である夏（紀元前２０７０年頃?～紀元前１６００年頃?）である。夏の始祖は禹であり、五帝最後の王である舜の次の王である。禹の名前は蜥蜴、鰐、竜を意味する象形文字であることから南方出身の王であった可能性がある。この夏の時代に王位は世襲制となった。『魏志倭人伝』は「夏后少康の子（無余）を会稽（浙江省・紹興市）に封建した」と記述している。「封建」（＝分封）とは「封土建国」の略であり、土地を与えて建国させて統治を任せるという意味である。このように王族や功績のあった者を各地に「封建」することが行われていた。夏王は時代が下がるにつれて徳による統治を忘れ、武力により諸侯、民衆を押さえつける政治を行ったために信頼を失い、第17代・桀の時に諸侯の天乙（殷の湯王）によって滅ぼされた。

夏王朝を倒した殷（＝商：紀元前17世紀～紀元前11世紀）は遷都を繰り返した王朝であ

る。殷は神権政治を行い、祭祀を行う際には人間を生贄とする風習を持つ好戦的な国家であった。周辺民族を攻伐して戦争捕虜を祭祀の犠牲としたが、必要に応じて度々人間狩りを行った。羌族はその対象となった民族であり、羌の字は羊と人から成り立っていることから牧羊と農耕によって生計を立てていた民族と思われる。

　この民族は時代が下がるにつれて圧迫されて次第に西方へ逃れていった。現在中国の少数民族としてチベット自治区に居住しているチャン族（羌族）の祖先ではないかと見られている。

　殷の第30代・紂王（紀元前11世紀頃）は極めて暴虐な王であり美女との淫楽を好んだ。三公（最高位の官職）の地位にあった九公には美しい娘がおり紂王の後宮に入ったが、娘は淫楽を好まなかった。そのため紂王はこの娘を殺し、更に九公を切り刻み、【醢】（塩辛）とした。この非を強く諫めた、同じく三公の一人である鄂侯は紂王によって殺され、肉を刻まれ【脯】（干し肉）にされてしまった。「酒池肉林」という有名な故事は紂王の目に余る淫乱豪奢な生活から生まれた。このような紂王の支配に対し諸侯はついに周の武王を立てて反旗を翻し、両軍は牧野（現在の河南省・新郷市）の地において対峙した。紂王の軍は奴隷兵が多く周の軍勢より遥かに多かったが、戦端が開かれると奴隷兵は矛先を変えて周の軍勢に味方したため殷軍は壊滅し、紂王は逃れたあと王宮に火を放って最期を遂げたと伝えられている。

　殷を倒した武王は周（紀元前11世紀頃～紀元前２５６年）を開くと、各国の王（諸侯）を重要度・功績に応じて公、侯、伯、子、男の称号（五等封爵制と呼ばれる）を与え封建した。さらに古代の聖王（神農、黄帝、尭、舜、禹）の子孫を探し出して封建した。官制、儀礼などを整え漢文化の基礎を築いた王朝となった。5〜6代目頃に全盛期を迎えると次第に箍が緩み始め、紀元前771年首都・鎬京（陝西省・西安市付近）が犬戎（遊牧民族）によって略奪され、首都を洛邑（河南省・洛陽市）へ移したが次第に衰退して国力は諸侯と同列の国家となり、群雄割拠の時代となった。それが500年以上にわたる春秋戦国時代（紀元前770〜紀元前221年）の始まりであり、大国が小国を呑み込む弱肉強食の時代であった。

『漢書』「地理志」は華南にあった呉、越、楚について【本呉粤與楚接比、數相并兼、故民俗略同。】「本呉、越と楚は互いに近接しており、数度にわたり併合しあったので、民族の風習は似ている」と記述しており、相手を滅ぼすようなことはなかったようである。しかし華北の弱肉強食の風潮が華南にも次第に波及していったのである。華南において大国となった三国（楚、越、呉）について簡単に記述しておきたい。

楚（国姓：芈、紀元前12世紀以前〜紀元前223年）は、漢民族が南下して建国したという北来説と先住民が建国したという土着説の二つがある。

前者の北来説は黄帝の孫で五帝の一人である顓頊を先祖とする説である。楚は周の成王から諸侯として子爵の称号を受けていたが、6代目の熊渠（?〜紀元前877年?）は【〝我蠻夷也、不與中國之號謚〟乃立其長子康為句亶王、中子紅為鄂王、少子執疵為越章王。】「〝我は蛮夷である、中国の称号は（子孫には）与えない〟と言い、乃ち長子の康を立てて句亶王とし、次男の紅を鄂王とし、末子の執疵を越章王とした」と伝えられている。このことから洞庭湖周辺の先住民であった苗族又は羌族が建国したのではないかとの説がある。一方、周朝より子爵を与えられていることから、越や句呉と同様に中華の王族が封じられて建国されたとする説もある。その後、春秋戦国時代に東方の越を滅ぼし、さらに長江の北側に存在していた国々を降して、山東半島南部地域まで勢力を拡大させて戦国七雄と呼ばれる大国となった。国姓の「芈」は羊の字を含むとしており、意味は「羊が鳴く声の形容である」としている。

越（国姓：姒→芈、子爵）は、『史記』、『魏志倭人伝』などの史書によれば夏王朝（国姓：姒）の始祖である禹が亡くなった地が会稽であり、祭祀を奉守するために第６代の王・少康の庶子（無余）が会稽（浙江省・紹興市付近）に封じられて建国されたと伝えられている。

無余の生没年は不明であるが、越国は紀元前19～18世紀頃には既に存在していたと推測される。紀元前３３４年、無彊王が楚の威王に殺されて滅亡した。会稽の地名は『史記』によれば、禹が諸侯を江南の地に集めて会議を開催し、それぞれの功（手柄・功績）を計ったので、その地が会計と呼ばれたという。後に会計は会稽となったと記されている。国姓が姒から楚と同じ「芈」に代わっているので無余の越は滅亡したあと、新たに楚の封建国（支国）となったとする説もある。国姓に関し『春秋左氏伝』は「芊」「(草木が）しげるの意味」としている。しかし「芉」（イネ科のはとむぎ）の字にも似ており、書写するときに間違った可能性も考えられる。

句呉（勾呉＝呉：姫姓、子爵）は、太伯、虞仲兄弟と荊蛮（倭族）によって建国された。この二人は紀元前12〜紀元前11世紀頃の人物と考えられているので句呉は古い国であったことがわかる。紀元前５８５年、国名を呉に変更したあと紀元前４７３年、越王・勾践によって滅ぼされた。

長江河口地域の馬橋文化は呉・越族の一支流が担った文化と考えられている。この馬橋遺跡（紀元前20世紀頃〜紀元前12世紀頃）からは縄文土器（中国では「拍印縄紋陶」と呼ばれる）が多く発掘されている。この事から極めて古い時代に華南地方の民族が我が国に渡来した可能性も考えられる。

周の時代、中国には国が少なくとも数百以上あったが、戦国時代の末期には大小合わせ10ヵ国程度に統合された。

紀元前２２１年、戦国七雄のひとつであった秦（嬴姓、伯爵）が他国を全て滅ぼして覇者となり中国史上初めて広大な領土を有する統一国家を興した。

『史記』「秦始皇本紀」には、「紀元前２１０年10月、始皇帝は南方へ出游した。雲夢に至り、九疑山に於いて虞舜（＝舜：五帝の一人）の祀所を望んだ。長江の下流に浮かび、籍柯を観て海、渚を渡り、丹陽を通過し、銭唐江に至り浙江を臨んだ、水波悪く、そこで西方１２０里の狭くなった所で渡った。始皇帝は会稽で偉大な禹（夏朝の始祖）を祭り、南海を望んだ」と記されており、銭唐江付近まで出游している。船を使い南方の各地に行幸したのは華南の移動には船が便利であったことと、百越と呼ばれる異民族が山地に逃れ依然として秦に抵抗していたからだと思われる。

話は少し遡るが、春秋戦国時代には華南地域においても多くの国邑が形成されていた。既述したように『史記』「貨殖列伝」には華南では十分な食糧が生産され食糧が盗まれることがないと記述されているように土地を巡る争いが少なく平和な社会が築かれていた。そのため古代華南は歴史に乏しい。

そもそも麦文明の地域は人口が増加するにつれて、耕圃（こうぼ）と地力を回復させるための休閑地を確保する必要性から大規模な自然破壊（森林破壊）が起こった。その結果、水害、旱魃（干ばつ）が多発するようになっていったのである。掠奪（りゃくだつ）の事は書かれていないが、掠奪などの行為が多かったことが窺える。なぜならば麦文化の地域の人々は【蓄蔵】を好むと記述されているからである。【蔵】の意味は『説文解字』には【匿也（かくすなり）】とあり、この字は奪われないように隠すという意味を持っているのである。

司馬遷は、華南の人々について「苦労も知らず、人生を安楽にむさぼって堕落しており、備蓄する人もいないので貧乏な人々ばかりである」と決めつけている。卓越した偉大な歴史家であった司馬遷でさえも、争いがなく豊かに暮らす華南の異民族に対して偏見を持っていたことが窺えるのである。

司馬遷は越、楚の人口は少ないと記述しているが、誤解であろうと思われる。米（稲）は人口扶養力が高く、稲作には多くの人手を要するので決して人口が少なかったわけではない。秦の始皇帝が象牙、玉器、宝石などを産する南越（ベトナム地域）を支配下に置くために50万もの大軍を派遣した時には秦軍は十数万もの戦死者を出したと伝えられている。そのことから華南から南越にかけてかなりの人口があったと考えるべきであろうと思われる。

11 文字の統一

中国は広大である。現在ヨーロッパには54ヵ国があるが、ロシア、カザフスタン、ウクライナの３ヵ国を除く51ヵ国の面積は約６６７万㎢（平方キロメートル）である。一方、中国の面積は約９６４㎢に達し、およそ１・４倍の広さがある。また日本の面積のおよそ26倍に相当する。ひと口に中国語と言っても方言が様々に存在し、現在でも北京語、上海語、広東語、贛語、客家語などがある。

現在中国には約55の少数民族が居住しているとされているが、古代中国の民族は現在よりはるかに多く、多くの種類の言語と文字が使用されていたに違いない。

漢字は英語のように表音文字（アルファベット）を並べて、言葉を作っていく方法とは異なり、象形文字から発達した表語文字であり、その文字自体に意味と発音をもっているのである。

紀元前２２１年、秦の嬴政（紀元前２５９〜紀元前２１０年）は戦国時代に終止符を打ち、中国史上初めて広大な領土を持つ統一王朝（秦朝）を開いて、自らを始皇帝と称した。

始皇帝は古代から続いてきた封建的統治を廃止して中央集権的統治に切り替え、各地の諸侯（王）を廃止して郡県制を採用した。そして郡と県には太守（長官）、丞（副官）などの官吏を派遣して統治を行ったのである。

各地でバラバラであった度量衡（長さ、体積、質量）、通貨、車軌（車軸幅）、暦などの統一を行い、大規模な運河、道路、灌漑施設などのインフラ整備を行った。また北方の遊牧民の侵略を防ぐために万里の長城を増強した。中国の英語名Chinaは秦に由来していることからも、始皇帝は中国の基礎を作った人物であったと言えるであろう。

始皇帝が行った重要な統一事業のひとつに文字の統一がある。

中国最古の字典である『説文解字』は後漢の永元12年（100年）、許慎（58年？～147年？）によって著されたが、この『説文解字』には秦が制定した篆書約9350字、異体字約1160字が載せられている。

この字典の序文には次のように記されている箇所がある。

【分爲七國、田疇異畝、車涂異軌、律令異法、衣冠異制、言語異聲、文字異形。秦始皇帝初兼天下、丞相李斯乃奏同之、罷其不與秦文合者。斯作蒼頡篇、中車府令趙高作爰歴篇、太史令胡毋敬作博學篇。皆取史籒大篆、或頗省改、所謂小篆者也。是時、秦燒滅經書、滌除舊典。大發隷卒、興役戍。官獄職務繁、初有隷書。以趣約易、而古文由此絶矣。自爾秦書有八體、一曰大篆、二曰小篆、三曰刻符、四曰蟲書、五曰摹印、六曰署書、七曰殳書、八曰隷書。】

「七国（戦国七雄の意味）に分かれていたため、田疇（田畑）の畝（面積の単位）、車涂（車輪溝）の幅、律令の法、衣冠の制度、言語の聲（発音）、文字の形が異なっていた。秦の始皇帝が初めて天下を統一して、丞相の李斯はこれらを秦と同一にし、秦の文字に合致しないものを廃止することを奏上した。李斯は蒼頡篇を作り、中車府令の趙高は爰歴篇を作り、太史令の胡毋敬は博学篇を作った。全て史籀の大篆を採用し、あるいは大きく（字形を）省改した、これがいわゆる小篆である。是時（同時）に、秦は経書を焼滅し、舊典（旧典）を滌除（消滅）させた。大いに隷卒を発動して、国境の守備を行った。官獄（官庁及び裁判所又は監獄）の職務は多忙となり、初めて隷書を有した。約易（筆記が容易なこと）の趣があり、そのため古文は絶えた。以来秦書（秦の文字）には八体が有る。一が大篆、二が小篆、三が刻符、四が蟲書、五が摹印、六が署書、七が殳書、八が隷書である」

原文中の【秦燒滅經書、滌除舊典】は一般的に「挟書律」や「焚書坑儒」と呼ばれるもので、秦の農業・医薬・卜筮に関する書だけを残し、それ以外の書物を全て焼却し、この政策に反対する儒者を生き埋めにした言論思想統制政策のことを指す。始皇帝の長男で聡明で温厚な扶蘇（?～紀元前２１０年）は、この政策を諫言したが逆鱗に触れ遠ざけられたのち、李斯・趙高の謀略により自殺に追い込まれた。これによって凡庸な末子の胡亥（在位：紀元前２１０～紀元前２０７年）が2世皇帝に就いたため滅亡が早まったと言われている。

原文中の【蒼頡篇】とは蒼頡（黄帝の史官）の漢字学習書を指すと伝えられている。爰歴篇、博学篇も同様に漢字学習書である。史籀とは、周の太史（天文、暦法、占いなどを司った官職）であった籀がまとめた漢字学習書であり、籀文（大篆の一種）をまとめたものと伝えられている。

この『説文解字』の序文は要するに、秦の篆書体（以下、篆書と記す）は黄帝時代からの蒼頡の文字及び周朝の籀文から発展した正統な文字であるので、始皇帝が国家の統一文字としたと言っているのである。そして秦には古くから秦書八体が存在していたと述べているのである。

秦が反乱により滅亡すると、劉邦と項羽が覇権を争って楚漢戦争が発生した。これに勝利した劉邦（高祖・在位：紀元前２０２～紀元前１９５年）が前漢を興すと、前漢は秦の篆書を国家の正式文字とした。

その前漢も紀元8年、外戚であった王莽（在位：8～23年）の簒奪によって帝位を奪われ滅びた。この時代、王莽六体と呼ばれる文字があったと『説文解字』の序文に次のように記されている。

【時有六書：一曰古文、孔子壁中書也。二曰奇字、即古文而異也。三曰篆書、即小篆、秦始皇帝使下杜人程邈所作也。四曰左書、即秦隷書。五曰繆篆、所以摹印也。六曰鳥蟲書、所以書幡信也。】

「時に六書あり、一つが古文といい、孔子宅の壁の中にあった書である。二つが奇字という、すなわち古文であるが、異者（異体字）である。三つが篆書という、すなわち小篆である。秦の始皇帝が下杜（地名）の人である程邈（ていばく）に命じて作らせたものである。四つが左書といい、秦の隷書である。五つが繆篆（びゅうてん）といい、摹印（ぼいん）（印章に用いる文字）のことである。六つが鳥蟲書といい、いわゆる幡（旗）、信（符）に書くものである」

原文の【孔子】とは春秋時代の政治家、思想家で儒教の始祖となった孔子のことである。王莽は復古主義者であったので、古文を第一に挙げ、第二に古文の異体字を挙げている。王莽六体の名は『周礼』六書に結び付けて六体としたと思われる。この『説文解字』の王莽六体が記述された箇所には注意を要する。

その理由は、清時代の考証学者の大家（たいか）で『説文解字注』を著した段玉裁（だんぎょくさい）（1735〜

1815年）が、程邈が作ったのは「小篆」ではなく「隷書」の誤りであろうとしたことから新しい史書は次のように書き変えられているからである（傍線部）。

【時有六書：一曰古文、孔子壁中書也。二曰奇字、即古文而異也。三曰篆書、即小篆。四曰左書、即秦隷書、秦始皇帝使下杜人程邈所作也。五曰繆篆、所以摹印也。六曰鳥蟲書、所以書幡信也。】

王莽の興した新は「呂母の乱」（17年）を切っ掛けとして農民の反乱が各地に発生し、王莽は混乱の中に殺され、新は一代で滅びた。その後、前漢の高祖（劉邦）の子孫であった劉秀（光武帝・在位：25〜57年）が内乱を平定して後漢を開いた。後漢に成立した『説文解字』が篆書の字典であることから後漢が篆書を国家の正式文字としていたことは間違いなく、その証拠が日本にも存在している。

それは建武中元2年（57年）に倭の奴国が光武帝より下賜され、江戸時代に偶然発見されて現在国宝となっている金印である。この金印には篆書で【漢委奴國王】（詳細は後述する）と刻文されているのである。

12 秦書八体の隷書、鳥蟲書は秦の文字ではなかった

前節で述べた『説文解字』の序文の秦書八体には虚偽の記述が存在している。「挟書律」を作り、他国のものを徹底的に滌除(てきじょ)して文字、度量衡などの統一を強力に推し進めた始皇帝がいくつもの文字を容認するはずはなかったと考えられるからである。

隷書に関し、漢時代の河川について書かれた『水経』(撰者未詳)に注釈を入れた北魏時代の地理書である『水経注』「巻十六・穀水」(515年頃成立)には《字説》(説文解字)について解説した箇所が見られる。

【専釋于篆、而不本古文。言古隷之書起于秦代、而篆字文繁、無會劇務。故用隷人之省。謂之隷書。或云即程邈于雲陽増損者、是言隷者、篆捷也。孫暢之嘗見青州刺史傅弘仁説臨淄人發古冢。得銅棺、前和外隱起為隷字、言齊太公六世孫胡公之棺也。惟三字是古、餘同今書。證知隷自出古、非始于秦。】

「専(もっぱ)ら篆書を解説しており、したがって古文のテキスト(教本)ではない。古くから隷の書(隷書)は秦代に起こったといわれ、篆書の字は繁雑(複雑)であり、劇務(非常に忙しい仕事)には不向きであった。故に隷人がこれを省用(省略して用いること)した。こ

れが所謂隷書である。或いは、程邈が雲陽（地名）において（篆書の画数を）増やしたり、（複雑なものは）省略したりしたものをいい、これを隷のものと言い、篆書より捷く（早く）書けた。孫暢之（後漢の人？）は嘗て青州刺史の傅弘仁が臨淄の人が発見した古冢と説明した墓を見た。銅の棺を得て、前と外の隠された所に隷字があり、斉（呂斉）の太公（太公望）の６世孫である胡公の棺とあった。思うに三字が古く、その他は今書と同じであった。隷書の出自が古い証拠であり、秦より始まったのではない」と記している。

原文の【齊】（姜姓、侯爵）は春秋戦国時代を通じ、現在の山東省を中心に存在した国であり、６代目の胡公の在位は紀元前８６２〜紀元前８６０年である。青州とは山東省にあった州名である。また臨淄は現在の山東省淄博市に当たる。

この記述からわかるように隷書は秦の書体ではなく、斉の国で使用されていた文字であった。既述した清時代の考証学者の段玉裁が「程邈が作ったのは小篆ではなく隷書である」としたのは明らかに間違いである。

さて、八書体の中の蟲書（鳥蟲書）も秦の文字ではなかったと考えられる。春秋戦国時代において、華南地域にあった呉・越・楚は独特の文字文化を有していた。それが鳥蟲書と呼ばれる書体であった。

現在、鳥蟲書の文字が象嵌された越王・勾践（?〜紀元前４６５年）の名剣が残されている。

作られて２４００年以上を経過しているが腐食がなく、鋭利さをそのまま残している名剣である。錆びない理由はクロムメッキ或いは硫化銅の被膜に覆われているからだと推測されている。この名剣に象嵌された文字を稚拙であるが筆者が模写したものを第2図に示した。

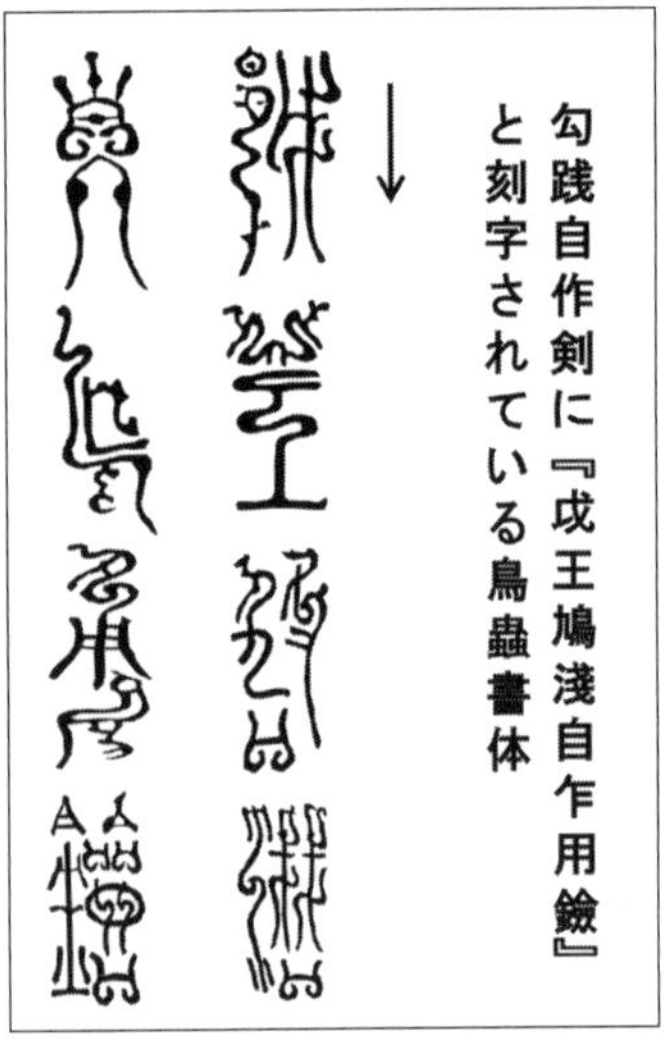

勾践自作剣に『戉王鳩淺自乍用鐱』と刻字されている鳥蟲書体

第2図

文字は右上から読み「戉王鳩淺自乍用鐱」と読めるという。漢字表記では「越王鳩浅（えつおうきゅうせん）自作用剣（じさくようけん）」となる。このように鳥蟲書は文字を極端にデフォルメした極めて装飾的な文字であり、本来の文字を読み取ることは難しい。文字線は曲線が極端に多く太い部分と細い部分が見られるため、ペンでは書けない印象を受けるのである。つまり、幡（旗）、信（符）に書かれた鳥蟲書は毛筆（笔（ふで））で書かれたのではないかと想像されるのである。幡（旗）、信（符）、青銅器、武器に多く見られることから護符のような働きが有ると信じられていたようである。

秦は華北にあり、首都は古くは現在の甘粛（かんしゅく）省にあったが時代により変わり、統一後は陝西（せんせい）省・咸陽（かんよう）に都を置いた。一方、呉、越は華南にあり、首都はそれぞれ蘇州（蘇州市）、会稽（紹興市）に存在していた。秦は呉、越から非常に遠く鳥蟲書が秦の文字文化として存在していたとは考え難いのである。

次に篆書、隷書、楷書の違いを第3図に示した。

中国最初の筆記具は甲骨文字、金文から【聿】(拼音：yù)であった。【聿】は手でペンを持つ形を表した象形文字である。このペンの先端は3本に分かれていることから、最初の筆記具は植物の茎などの先端に切れ込みを入れてインクをしみ込ませペンのようにして使ったと考えられる。

篆書体は千円札や一万円札の印鑑文字やパスポートの表に「日本国旅券」と書かれている文字である。この文字は曲線が多いが、ほぼ同じ太さの線で構成されているのでペンで書かれる字体のように思える。毛筆で書くには不向きな字体である。一方、隷書・楷書には「ふで」の基本的な筆遣いである「止め、跳ね、払い」が見られ線の太さも篆書のように一様ではない。

第3図　書体の違い

要するに篆書と隷書・楷書の間には文字の結構（文字の構造と成り立ち）に大きな違いが見られるのである。そのことから古代中国においては大きく【聿】（＝ペン）を用いる文化圏と【笔】（拼音：bǐ）を用いる文化圏が存在していたと考えられるのである。秦の領土は華北にあり、竹の生育北限より遥か北にあったため【聿】が使用されていたと考えられる。一方、【笔】は竹と獣毛から作られた筆記用具である。竹の北限はほぼ秦嶺・淮河線付近にあり、華南の温暖・湿潤地域で生育する植物であった。現在でも有名な【笔】の生産地は華南にあり、浙江省・湖州市が有名である。湖州市は太湖の南側に位置する都市で、太湖の東側にある蘇州市（呉の首都）に近い。清時代の１７１６年に完成した『康熙字典』には「楚では笔を聿という」と記述されているように【笔】は華南で生まれ、使用されていた筆記用具であったのである。

話は逸れるが、始皇帝は名将・蒙恬将軍及び30万の兵士を匈奴討伐のために北方へ派遣している。この蒙恬将軍は毛筆を始皇帝に献上したことから毛筆の発明者と言われているが、彼が献上したふでは「枯木を筒として鹿毛を柱とし、羊毛を被せた蒼毫」であったと書かれている。簡単に言えば華南地域で使われていた【笔】を真似たものであった。蒙恬の祖父である蒙鷔（?～紀元前２４０年）は元々斉（田斉：首都は山東省・淄博市臨淄区）から秦へ移住した軍人であった。既述したように斉では春秋時代に既に華南の隷書と【笔】が伝わっていたので蒙恬将軍は【笔】のことをよく知っていたと思われる。蒙恬将軍は匈奴を制圧した名将軍であったが、始皇帝が亡くなると、政治家であった宦官の趙高の陰謀により太子の扶蘇と同様に自殺に追い込まれた。趙高は保身のために皇族、忠臣、賢臣を陰謀にかけた典型的な悪臣であった。

話を元に戻したい。『説文解字』には【筆】の部首は聿部に分類されており、【筆：秦謂之筆。従聿従竹】「筆：秦でいう筆である。聿と竹からなる」としている。この中国最古の字典には【笔】の文字の記載はなく【筆】の字だけが載せられている。竹の生育北限より遥か北にあった秦において竹で作られた【笔】の文化があったはずはなく、秦は「竹」と「聿」の字を組み合わせて新たに【筆】の文字を作ったのである。その結果、【筆】の意味は聿と笔の両方を意味する文字となった。そして華南の【笔】の字は始皇帝の文字統一によって滌除されたのである。しかし【笔】は【筆】の異体字（俗字）として残り、20世紀の文字改革によって【筆】の簡体字（簡化字）として、ようやく正字となった。

余談になるが、竹の生育北限より北にあった西アジア、エジプト、西欧には竹林がなく、【笔】の文化が育たなかった。【笔】が西洋で使用され始めたのは油彩画が描かれるようになった15世紀頃以降のことであるが、蒙恬が作ったように持ち手は竹製ではなく木製であった。

さて、『淮南子』「人間訓」によれば、始皇帝は全土を統一したあと南越（呉・越・楚から現在のベトナムに及ぶ南方地域）で産する犀角、象牙、翡翠、珠璣（真珠）を手に入れるため領土の拡大を目論んだ。そして太尉の屠睢（？〜紀元前２１４年）等を指揮官として50万もの大軍を派遣したのである。

『説文解字』の序文には次の記述（前出）がある。

【秦焼滅經書、滌除舊典。大發隸卒、興役戍。官獄職務繁、初有隸書。】

この箇所の【戍】は「国境を守る」という意味であるが、【戉】が正しく後世の誤写かもしれない。【戉】は「越」の異体字である。また「役」は戦争を意味する文字でもあるので、この部分の訳は「秦は経書を焼滅し、旧典を滌除した。大いに隷卒を発動して、越との戦争を起こした。そのため官獄の職務は多忙となり、初めて隷書を有した」とも解釈できるのである。中国大陸を地図で見ると東側は海である。また西、北の国境は竹の生育北限より遥か北にある。したがって、西、北地域で【笔】で書かれる隷書の文化があったとは考えられない。つまり、国境とは南の国境以外には考えられないのである。

大規模な軍団の派遣であったので一般採用した兵士と囚人を兵士としたと考えられる。このため官獄の職務が多忙となったと推測され、その時、華南の文字が使用されたと推測されるのである。それが笔（毛筆）で書かれる文字（隷書）であったと考えられるのである。

それでは『説文解字』を著した許慎はなぜ隷書や鳥蟲書を秦書八体、王莽六体に入れたのであろうか？

その理由は、中国の王朝は古代から「文化は高きより低きに流れる」という根強い華夷思想（中華思想）をもっていたからである。世界最高の文化を有すると考えていた華夏民族にとって、異民族の文字が帝国の正式文字をしりぞけて広まっていったとは到底書けなかったのである。許慎が『説文解字』を著したのは永元12年（１００年）だったとされているが、皇帝へ奉上されたのは建光元年（１２１年）であり、許慎の子の許沖によって奏上されている。これは、ちょうど蔡倫（さいりん）（50年?〜１２１年?）によって紙の改良が進み「隷変」が起こった頃にあたるのである。

中国において異民族の文化が中華の文化とされた例も多い。

例えば、中国人の辮髪（べんぱつ）は清王朝を開いた満州族（女真族）の風習であるし、チャイナドレスは漢民族の民族服ではなく満州族の民族服（旗袍（チーパオ））から発展した衣服であった。筆（毛筆）や隷書体は華南地域で発明され華北へ広まっていった可能性が極めて高く、また茶の木は南方産の樹木であることから茶の文化も華南から華北へと広がっていったと推測されるのである。

13 紙の普及と隷変

漢時代に起こった「隷変」とは、隷書が急激に中国全土に広がって篆書の使用が少なくなったことをいう。「隷変」が起こった大きな原因に紙の改良とその普及が挙げられる。

現在、世界最古の紙は紀元前2世紀頃のものが発見されているが、紙が書写材料として広く使われ始めたのは後漢時代の蔡倫が製造方法を改良してからであった。我々が現在「紙」と呼んでいるものは漢以前は縑帛（けんぱく）（絹布）を指していた。

『後漢書』「宦者列伝」には、「古より書契（記録）の多くは竹簡をもって作成した。そのように用いた縑帛（絹布）を紙と言った。絹布は高価であり簡（竹簡、木簡）は重かったので、人々には不便であった。蔡倫は工夫を凝らし、木の皮、麻頭（麻の上枝）及び敝布（ぼろ布）、魚網を以て紙を作り、元興元年（１０５年）皇帝（和帝）に奏上した。皇帝は彼の才能を誉めたので、これを用いない者はなく、故に天下の全ての人はこれを蔡侯紙と呼んだ」と記述されている。材料を細かくすり潰し、漉いて表面を滑らかに改良して、筆で書きやすい紙を作ったのである。蔡倫が竜亭侯に叙されたのは１１４年のことであることから、この頃から紙が急速に全土に普及していったと考えられるのである。

後漢の正式文字は篆書であったが、絹布より安価で軽量であった蔡倫の改良紙が普及するとともに【筆】と隷書が中国全土に急速に広がっていったのである。それが「隷変」と呼ばれる大変化であった。ペンで書く篆書の場合は、ペン先が紙に引っ掛かり、紙が破れるなどの問題があったと思われる。

宦官であった蔡倫は華南の桂陽（湖南省・耒陽市）の出身であったと伝えられている。彼は優れた技術者であったが、宮廷の政争に巻き込まれ、過去の事件（宋貴人の呪詛事件：89年）に関与していたとして暗愚な安帝（在位：１０６〜１２５年）により死を賜って亡くなっている。没年は不明である。

古代中国では麻、苧（苧麻）などの植物の皮を叩いたり煮たりして、柔らかな繊維を取り出して糸を撚り衣服を作った。この製造過程の中で紙のアイデアが生まれ、発明されたと思われる。【筆】という筆記用具が古くから発明されていたからこそ絹布より安価な紙が発明されたと考えられるのである。

『説文解字』には「紙」は【絮一苫也】とあるので「緜（綿毛）のような細かい繊維を並べ一枚のむしろのようにしたもの」という程度の意味と思われる。【緜】には「綿」の意味もある。綿はインダス文明の地域で栽培されており、中国に伝来したのは唐時代であり、漢時代には知られていなかった。インダス文明の地域は竹の生育地域に近接していたが、綿花から簡単に糸（繊維）が生産できたことから、中国のように草木の皮を叩いたり煮たりする製造工程がなく、紙の発明まで至らなかった。

一方、メソポタミア文明、エジプト文明、西欧などの地域では亜麻（麻とは全く異なる植物）の繊維（リネン）から布が作られていた。これが英語のライン（line）の語源となった。これらの地域は竹の生育北限よりはるか北にあったため聿が使用され、書写材としてパピルスや羊皮紙（パーチメント）が作られ、紙は発明されなかった。

これらの地域に中国の紙が伝わったのは8世紀以降のことである。一般的にはタラスの戦い（751年）で捕虜となった唐の紙漉き職人がアッバース朝に紙の製造方法を伝え、その後、12世紀頃に地中海諸国へ伝わり、さらにヨーロッパ諸国へと伝わっていったとされている。

第2章　倭族の故郷と倭人の渡来ルート

① 倭族の故郷と日本米の原産地

最近の日本では食パンの文化が定着して欧米化したが、日本人と日本米（ジャポニカ米）は切り離せない。世界で栽培される稲は大きく分けてアフリカイネとアジアイネに分けられる。そして、アジアで栽培されているイネは大別して耐寒性のあるジャポニカ種と非耐寒性のインディカ種に分けられている（ジャポニカ種とインディカ種の中間種のジャバニカ種を挙げて3種とする場合もある）。インディカ種が細長い米であるのに対し、ジャポニカ種は丸い形の米である。ジャポニカ種は耐寒性のある稲であることから、インディカ種を栽培していた地域より北方又は標高の高い地域で栽培されていたのではないかと思われる。

最近の全世界の米の生産量はおよそ4・5億～5億トンであるが、日本米（ジャポニカ米）の生産量は、そのうちの15～20％であり、やや特殊な種類の米であることがわかる。

日本で栽培されているジャポニカ米の原産地が近年のDNA解析によって長江中流域であることがほぼ確定されたことから、日本人の祖先のひとつである倭族は長江中流域に居住していたと推測される。長江中流域にある洞庭湖から少し下流に位置する鄱陽湖までの地域の中に倭族の故郷があったと想像される。そして時代が下がると何らかの理由によって長江河口部（現在の江蘇省・蘇州市付近）に移動したあと、荊蛮、あるいは蛮閩、あるいは百越と呼ばれる民族のひとつとなった。

『魏志倭人伝』には倭人の風俗は、どれもこれも儋耳・朱崖（海南島に在った郡名）の民族と同じであると記述されているので、倭族の一部が海南島の儋耳・朱崖まで移動して定住したと思われる。また西方に移動した倭族もあった。

古代においては気候変動、疫病、民族間の争い、部族内の対立などによって民族が大移動することは珍しいことではなかったのである。

② 周時代の倭人の記録

中国の史書に残された【倭人】の初出は後漢の文人で思想家であった王充（27〜97年頃）が著した『論衡』である。

Ⓐ（儒増篇第二六）【周時天下太平、越裳獻白雉、倭人貢鬯草。食白雉服鬯草、不能除凶。】

「周の時は天下太平、越裳は白雉（白いキジ）を献じ、倭人は鬯草を貢いだ。白雉を食し、鬯草を服用したが、凶（悪いこと）を取り除くことはできなかった」

Ⓑ（恢国篇第五八）【成王時、越裳獻雉、倭人貢鬯。】

「成王の時、越裳は雉を献じ、倭人は鬯草を貢いだ」

成王は周朝の第2代目の王（在位：紀元前1042～紀元前1021年）と春秋時代の楚に成王（在位：紀元前672～紀元前626年）が存在するが、Ⓐ、Ⓑの内容が同じであることからⒷも周の成王の時代のことを記述していることがわかる。白雉は瑞鳥とされており、鬯草を酒に入れて作った鬱鬯酒を飲むと凶事を避けることができると信じられていた。鬯草は中国の南方地方でよく採れる霊芝（キノコ）の一種だったと考えられている。越裳と倭人は共に縁起の良いものを成王へ献上したのである。

周は殷を倒したあと首都を鎬京（現在の西安市と咸陽市の中間の地）に移した。西安は漢時代に長安と呼ばれ、唐時代には世界最大の都市に発展する。現在の南京市から鎬京までの直線距離は950㎞ほどであり、長江（揚子江）の上流域にある武漢からの直線距離は650㎞ほどである。

一方、日本の京都から鎬京までの直線距離は２５００㎞以上あり、九州・福岡市から鎬京までの直線距離でも、凡そ２０００㎞もある。

当時の日本列島に居住していた民族が鬯草を日本列島から鎬京まで持参して周の成王へ献上したとは考え難いのである。また鬱鬯酒の事を知っていたとは考え難い。つまり『論衡』に記述された【倭人】とは中国南東部（現在の江蘇省・蘇州市付近）に居住していた民族であり、【越裳】族とは『魏志倭人伝』に記述されている夏后の第６代・少康の庶子（無余）が封じられた会稽付近に居住していた民族で、百越の中のひとつの民族であったと推測される。

【越裳】の【裳】は腰から下の衣（巾）を意味しており、衣裳に色や飾りなどの特徴があった民族と思われる。

さて『論衡』Ⓐ、Ⓑの記述には注目すべき点がある。それは倭族（倭）にはわざわざ人の字を付けて【倭人】と記述していることである。倭族を表すため【倭人】としたのであれば、【越裳】についても同様に【越裳人】と記述するのが普通である。ところが倭族だけ【倭人】と記録しているのである。なぜ【倭人】と記述したのであろうか？

３ 倭人には特別な意味があった

華夏民族は異民族を低能な動物だと考えていた。それゆえ中国最古の字典である『説文解字』には、異民族の名前は獣を意味する文字を含むとしており「南方の蛮閩は虫から、北方の狄は犬から、東方の貉は豸から、西方の羌は羊から成る（生まれる?）」と記述している。蛮閩の「閩」とは古代中国において長江河口部の南側地域に居住していた民族を指した。「閩」に含まれる虫の字は蛇を象った象形文字であり、毒蛇を意味していた。「豸」は猫や豹のように胴体が長い動物を意味していた。また「羌」は羊と人を合成させた文字（会意文字）であり、羊と同様な程度の低い人間であると考えていた。

因みに、中国史上初めて統一王朝を建国した秦の始皇帝は【更名民曰「黔首」】「自国民を新たに黔首とした」と『史記』は記述している。黔首の意味は周時代に庶民が首に黒い布を巻いていたことから黔首と呼んだとの説が定説となっているが、秦の始皇帝は奴隷的な意味を持たせ差別的に黔首と呼んだと推測されるのである。

華夏民族が蛮閩である倭族に対し、わざわざ「人」を付けて【倭人】と記述していること自体異例なことである。なぜ王充は【倭人】と記述したのか、その理由を探っていこうと思う。

この理由を解く手がかりが、司馬遷が著した『史記』（紀元前91年頃成立）の中に残されていた。『論衡』に記されたⒶ、Ⓑの内容より、更に古い時代のことを記述している。

Ⓒ【太伯之奔荊蠻、自號句呉。荊蠻義之従而歸之千餘家、立爲呉太伯。】

「太伯は荊蛮に奔り、自ら句呉と号した。荊蛮（の民）はこれを義として従い、約千家が（太伯に）帰属して、（王に）立て呉太伯とした」

荊蛮とは長江以南に住む蛮族という意味であり蛮閩の意味と同じである。【倭人】が鬯草を貢いだ周の成王と太伯、虞仲（仲雍）の関係を第４図に示した。

殷王朝の有力な諸侯であった周（国姓は「姫」）の古公亶父（古公）には三人の男子があった。末子の季歴に子（＝昌：のちの文王）が生まれた時に瑞兆（吉兆）があったので古公は季歴に跡を継がせたいと考えていた。古公の意図を察した太伯、虞仲の兄弟は季歴に跡を継がせるために荊蛮の地（現在の江蘇省・蘇州市付近）に出奔して文身断髪した

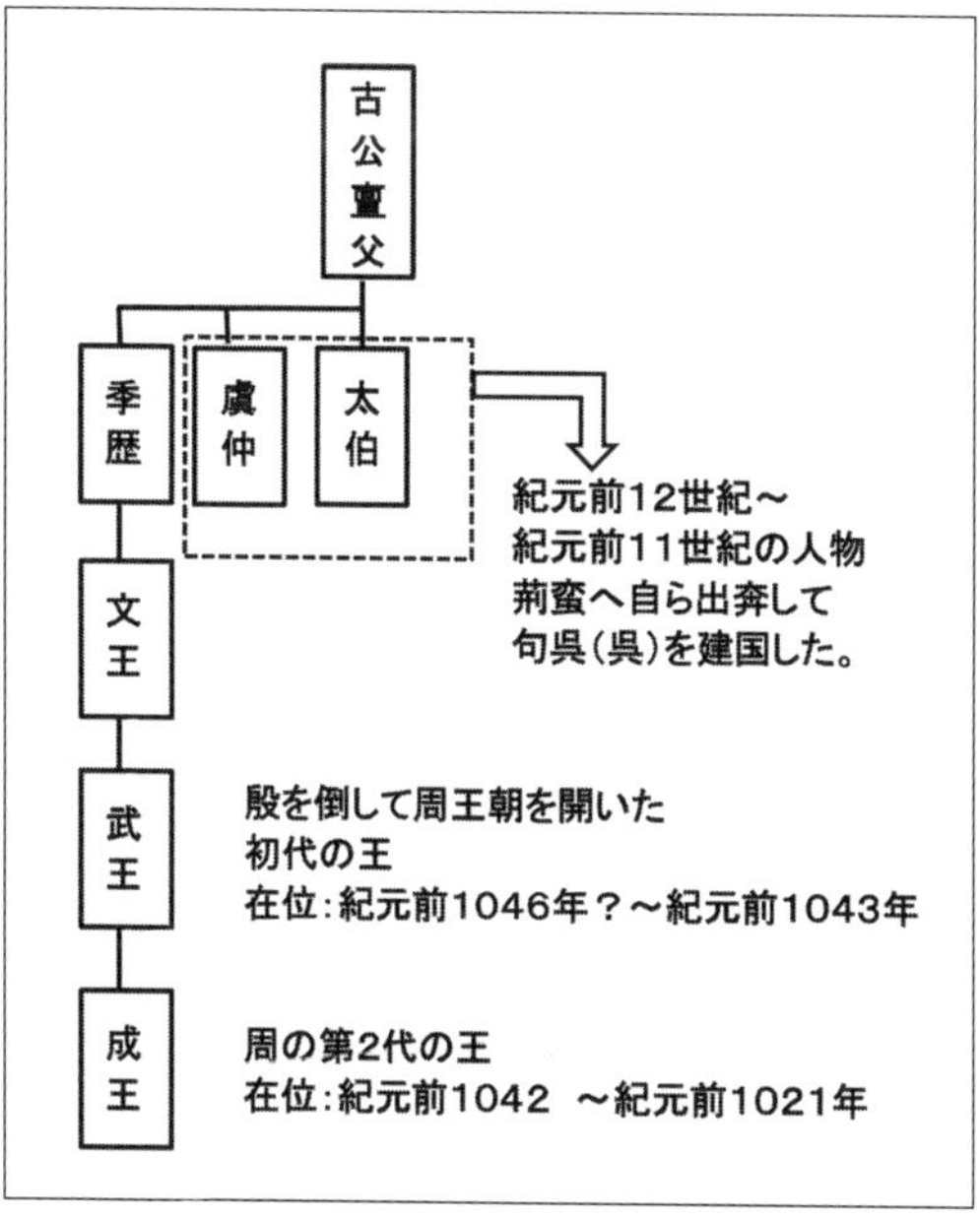

古公亶父
季歴
虞仲
太伯
紀元前12世紀～
紀元前11世紀の人物
荊蛮へ自ら出奔して
句呉（呉）を建国した。
文王
武王
殷を倒して周王朝を開いた
初代の王
在位：紀元前1046年？～紀元前1043年
成王
周の第2代の王
在位：紀元前1042　～紀元前1021年

第４図　成王と太伯との関係図

のである。

注：太伯、虞仲の兄弟は身の危険を感じて逃げたと考える人もあるかもしれない。しかし『呉越春秋』「呉太伯伝」には【古公病将卒、令季歴讓國於太伯、而三讓不受、故云太伯三以天下讓。於是季歴莅政、脩先王之業、守仁義之道。】「古公が病気でまさに亡くなると、季歴は太伯に国を譲ると言ったが、三度固辞された、故に太伯は天下を三度譲ったと云われている。ここにおいて季歴は政治を執った、先代の王の仕事を引き継ぎ、仁義の政治を行った」と記述されていることから、身の危険を感じて逃げたわけではないのである。

会稽（かいけい）付近には、夏の第6代帝・少康の子の無余（むよ）が築いた国（越）が既に存在していたので現在の蘇州市周辺の倭族と共に句呉を建国したのである。太伯、虞仲は紀元前12世紀又は紀元前11世紀頃の人物である。

当時、文身断髪は異民族の風習と見做されていたことから太伯、虞仲の兄弟は中原（周）には戻らないと意思表示したのである。出奔の理由を聞いた倭族は【荊蠻義之從而歸之千餘家、立爲呉太伯】と記されているように、義人（正しい行いを重んじる人）として約千家が従属し族長（王）に推戴したのである。この二人によって中原の文化（漢字、周の文化）が倭族に伝えられ、やがて大国・句呉（呉）へと発展するのである。

さて古公の後継者となった季歴は正義を行い諸侯から信頼され、次の文王も仁政を行い為政者の手本となった。そして次の武王（在位：紀元前１０４６年？～紀元前１０４３年）は殷を倒して周を建国した。この時、武王は功臣を各地に封建するとともに太伯、虞仲の子孫及び古代の聖王の子孫達を探し出して正式に諸侯としたのである。

司馬遷の『史記』は次のように記述している。

「太伯が死んで、子が無く、弟の仲雍（虞仲とも）が立った。仲雍が死んで子の季簡が立った。季簡が死んで子の叔達が立った。叔達が死んで子の周章が立った。この時、周の武王が殷に勝って太伯、仲雍の子孫を探し、周章を探し出した。周章は既に句呉の君主であったので正式に（子爵に叙正して）封建した。周章の弟の仲を周の北の夏虚（虞）の地に封建して、仲を諸侯（公爵）に列した」

このように周章の弟の仲（太伯の弟と同名であるが別人）は晋（姫姓、侯爵）の隣国の虞に封建された。晋は周の成王（在位：紀元前１０４２～紀元前１０２１年）の弟・唐叔虞を開祖とする国家である。しかしながら、この晋によって虞は12世で滅ぼされた。

一方、蛮夷にあった周章の句呉は栄え、仲雍から大凡19世にあたる寿夢（在位：紀元前５８５～紀元前５６１年）の時に強盛となり国名を句呉から呉に変更した。

それはさておき、武王は周を建国したのち間もなくして病没した。武王の後継者となった成王はまだ幼く、紂王の子の武庚や叔父（武王の弟）などの謀反が続き政治体制は不安定であった。しかし実母の邑姜、周公旦（魯の開祖）、太公望呂尚（斉の開祖）、召公奭（燕の開祖）が後見して周を支えた。成王は成長すると親政を行ったが若くして亡くなり、子の康王（在位：紀元前１０２０〜紀元前９９６年）が跡を継いだ。成王・康王の時代は「成康の治」と呼ばれ、この間に周の統治体制が確立されて刑罰を用いることがなかったといわれるほど天下が安定した時代であった。

『論衡』に記述されている成王とはこの王のことである。成王の時代は天下太平であったけれども若くして亡くなっていることから病弱であったのであろう。そのため成王の健康、長寿を願い越裳族の王と倭族の王（句呉王）が共に使者を派遣して白雉と鬯草を献上したと考えられるのである。当時、句呉王は異民族であったけれども周王の血統を引き継ぎ諸侯として封建されていたため他の異民族とは区別され、特別に人の字を付けて【倭人】と記録されたと筆者は推測している。これ以降、中国の歴史家は周の血統を引き継ぐ倭族の王を【倭人】と記すようになったと考えられるのである。

４ 周時代の諸侯国

殷時代には侯、伯、子、婦、田、老、師、亜、小臣など領主を表す多くの君主名称が存在していた。周の武王は君主を上より公、侯、伯、子、男の五等級に分けて各地に封建して諸侯とした。周時代の主な諸侯国を次に示した。

虢：姫姓、公爵。周の文王の末弟（季子）の虢仲が封建された。

虞：姫姓、公爵。周の古公亶父の次男・仲雍の子孫。武王が殷を降した後、太伯、仲雍の子孫（仲）を探し出して封建された。兄の句呉王である周章は夷狄（南蛮）にあったので子爵とされた。

宋：子姓、公爵。商（殷）王・帝乙の長庶子の微子啓が封建された。

管：姫姓、侯爵。武王の弟、叔鮮を始祖とする。

蔡：姫姓、侯爵。武王の弟、叔度を始祖とする。

衛：姫姓、侯爵。武王の弟、康叔を始祖とする。周の大司寇（司法長官）に任じられた。

滕：姫姓、侯爵。武王の弟（庶子）の叔繡を始祖とする。

晋：姫姓、侯爵。武王の子の叔虞が唐に封建されたのちに晋に改名。

魯：姫姓、侯爵、周の文王の第四子の周公旦を始祖とする。

紀：姜姓、侯爵。周の軍師太公（呂尚＝太公望）の次子を始祖とする。
斉：姜姓、侯爵。炎帝の末裔を探し出して封建した。
薛：任姓、侯爵。黄帝の子孫を見つけ出して封建した。
陳：嬀姓、侯爵。五帝の一人である舜の子孫を見つけ出して封建した。
薊：姫姓、侯爵。五帝の一人である堯の子孫を見つけ出して封建した。
杞：姒姓、伯爵。夏の禹王の子孫を封建した。
秦：嬴姓、伯爵。五帝の一人である顓頊の子孫を封建した。
燕：姫姓、伯爵。周と同姓の重臣である召公奭を始祖とする。
魏：姫姓、伯爵。周と同姓の重臣である畢公高を始祖とする。
曹：姫姓、伯爵。武王の弟の叔振鐸を始祖とする。
郕：姫姓、伯爵。武王の弟の叔武を始祖とする。
霍：姫姓、伯爵。武王の弟の叔處を始祖とする。
楚：羋姓、子爵。顓頊の末裔。
句呉（呉）：姫姓、子爵。周の古公亶父の次男・仲雍の子孫の周章が始祖。この王統が倭人と記録されることとなった。
越：羋姓、子爵。夏の少康の庶子・無余が封建された。
莒：嬴姓、子爵。少昊の子孫。

鄒（ちゅう）：曹姓、子爵。顓頊の玄孫・陸終の第五子の晏安の子孫。
許（きょ）：姜姓、男爵。堯の四岳・伯夷の子孫。

5 倭人は漢字を使っていた

倭族は長江中流域から移動して下流域に定住したあと、周の太伯、虞仲を王に立てて句呉を建国した民族であった。【倭】の意味は『説文解字』によれば【順皃。従人委聲。《詩経》曰：周道倭遲。】「順なる皃（ぼう）（姿）。人（の部首）に従い聲（こえ）（発音）は委に従う。《詩経》にいう：周への道は曲がりくねって遠い」とあり、倭族は従順な民族であって、腰を曲げて田植えを行う姿形（すがた）から【倭】と呼ばれたと推測される。句呉の句は曲がるという意味があり倭の意味と共通する。戦国時代には既述したように漢字をデフォルメした鳥蟲書と呼ばれる文字文化を有していた。倭族は漢字を使用していたが、秦の文字（篆書）とは全く異なる文字（隷書？）を使っていたと考えられる。そして方言が存在するように、秦と呉（句呉）は遠く離れていたので発音も全く違っていたと推測される。

倭人が我が国に渡来して国を形成していた頃には、既に文字（漢字）を使っていたのである。このことを示す記述が『魏志倭人伝』、『後漢書』などに見られるのでいくつかの事例を挙げておきたい。

陳寿（233〜297年？）によって著された『三国志』（「魏志」烏丸鮮卑東夷伝）には倭人が我が国に渡来して建国した倭国について記述されている。この「魏志」烏丸鮮卑東夷伝の中に記述されている倭人条を我が国では一般的に『魏志倭人伝』と称している。この『魏志倭人伝』には次のように記述されている箇所がある。

【王遣使詣京都帯方郡諸韓國、及郡使倭國、皆臨津捜露。傳送文書、賜遺之物、詣女王、不得差錯。】

「王（卑弥呼）が京都（洛陽）、帯方郡及び諸韓国へ使者を派遣する時や、郡（帯方郡）の使者が倭国へ来る際には、（伊都国において）皆で、伝える文書、品物などの安全をきめ細かく点検するので、食い違いや誤りがない」

つまり女王・卑弥呼が京都、帯方郡に送る公文書、物品や帯方郡から送られてくる公文書、物品は伊都国で細かく点検されると記述されているのであり、女王・卑弥呼が漢字で公文書を作成していることを示しているのである。

また次のように記述されている箇所がある。

【正始元年、太守弓遵遣建中校尉梯儁等、奉詔書印綬詣倭國、拜假倭王。幷齎詔賜金、帛、錦罽、刀、鏡、采物。倭王因使上表答謝恩詔。】

「正始元年（２４０年）。太守の弓遵は建中校尉の梯儁等を倭国に派遣して、詔書、印綬を倭王に仮に拝受させた。並びに（皇帝の）詔を伝え、金、帛、錦罽、刀、鏡、采物を下賜した。倭王は上表をもって謝恩に答えた」

と記述されているのである。倭王とは女王・卑弥呼のことである。原文中の【上表】は文書を意味しており「皇帝に文書で」謝恩を奉ったという意味である。

次のような記述も見られる。

【收租賦、有邸閣。】「租賦（租税・貢物）を取り立て、邸閣（倉庫）がある」

この記述から約7万戸を有する大国であった邪馬台国には既に租賦制度（税制度）が存在しており、税を管理する官吏が存在していたことは間違いなく、戸籍台帳、租賦の収支管理などの記録に文字が使われていたことは間違いない。

さらに【先告所卜、其辭如令龜法、視火坼占兆。】「先に占う内容を告げる。その辞は令亀法の如し、火坼（火によってできる亀裂）を視て兆しを占う」と記述されているのである。

【辞】は「文字で記された言葉」の意味である。令亀法とは亀の甲羅又は動物の骨に文字（占う内容の言葉、干支日）を書き入れ、甲羅・骨の裏側に小さな穴を穿ち、この穴に火で熱した金属棒を挿し込み、火坼によって現れる亀裂を見て吉凶を占う方法である。令亀法は古代中国において広く行われていた卜占方法であった。倭国を訪れた中国の使節団（調査団）が実際に観察して記録しているので倭人が文字を有していたことになる。

范曄（３９８～４４５年）によって著された『後漢書』には次のように記述されている箇所がある。

【建武中元二年、倭奴國奉貢朝賀、使人自稱大夫、倭國之極南界也。光武賜以印綬。】

「建武中元2年（57年）、倭の奴国は貢物を奉じて朝賀した、使者は自ら大夫と称した、（奴国は）倭国の最も南に位置している。以て光武帝は印綬を下賜した」

中国へ朝貢する場合は漢字で記述された国書を提出することが必要であったので、倭人は漢字の文字の意味を知っていたことになる。文中の【大夫】とは周時代から春秋戦国時代において領地を有する諸侯を意味する言葉であった。

周の諸侯であった句呉王は子爵【大夫】であり、倭人はその末裔であったので【大夫】を自称していたのである。因みに現在の中国では大夫とは医師（ドクター）の意味である。

『隋書』には倭国について【無文字、唯刻木結繩。敬佛法、於百濟求得佛經、始有文字。】「無文字であり、ただ刻木、結縄（けつじょう）によって伝える。仏法（仏教）を敬い、百済において仏経を求め得て、初めて文字を有した」と記録されているが、これまで述べてきたように倭国は文字を有していたことは間違いなく、隋朝は倭国を貶めるために虚偽の記述を行ったのであって真実ではない。「無文字である」とするのは相手を貶める時に使う常套句であった。この『隋書』の曲筆の理由の詳細は後述する。

6 二つの渡来ルート

この6節では倭人の渡来ルートには二つのルートがあったことを簡単に示し、二つのルートの詳細については7節、8節に詳述する。

『後漢書』、『魏志倭人伝』に記述された倭（倭国）に関して、時代が古い順に並べてみた。㋐、㋑は『後漢書』、㋒は『魏志倭人伝』の記述である。

㋐【韓有三種。一曰馬韓、二曰辰韓、三曰弁辰。馬韓在西、有五十四國。其北與樂浪、南

與倭接。辰韓在東、十有二國。其北與濊貊接。弁辰在辰韓之南、亦十有二國、其南亦與倭接。】

「韓には三種がある。一つは馬韓という、二つは辰韓という、三つは弁辰という。馬韓は（朝鮮半島の）西に在り、54ヵ国がある。北は楽浪（郡）と南は倭と接する。辰韓は（朝鮮半島の）東に在り、12ヵ国がある。北は濊貊と接する。弁辰は辰韓の南にあり、同じく12ヵ国がある、南はまた（馬韓と同じく）倭と接している」

㋑【建武中元二年、倭奴國奉貢朝賀、使人自稱大夫、倭國之極南界也。光武賜以印綬。】

「建武中元2年（57年）、倭の奴国は貢物を奉じて朝賀した。使者は自ら大夫と称した。（奴国は）倭国の最も南に位置している。以て光武帝は印綬を下賜した」

㋒【倭人在帯方東南大海之中、依山島爲國邑。舊百餘國、漢時有朝見者。今使譯所通三十國。】

「倭人は帯方郡の東南、大海の中に在る。山島に依って国邑を作っている。昔は百余国あり、漢の時に朝見する者があった。今、使譯（翻訳）して通交できるのは30ヵ国である」

㋐は韓には三種あり、その北は楽浪郡、濊貊と接し、南は倭と接していると記述されている。この記述から倭（倭国）の北の国境線は馬韓、弁辰と（海ではなく）陸地国境で接していたことになる。漢によって楽浪郡が設置されたのは紀元前108年であり、楽浪郡の南に帯方郡が設置されたのは204年頃のことであった。㋑に記述された倭の奴国は倭（倭国）のリーダー的国家（盟主国）であったので、倭を代表して朝貢したと考えられ、金印を下賜されている。注目すべき点は、奴国は倭（倭国）の最も南に位置する国であると記述されていることである。しかも奴国以外の国と奴国の間には海が存在しているとは書かれていないので、㋐、㋑の記述から倭（倭国）は朝鮮半島南部に国を築いていたことになる。また『後漢書』の内容から西暦25〜220年の間のことを記述していることがわかる。

㋒の『魏志倭人伝』は魏の時代のことを記述しており、魏の建国は220年であるので、㋒は220年以降の時代のことを記述していることになる。昔は100ヵ国余りあったと記述している箇所は倭（倭国）が朝鮮半島南部にあった時代（㋐、㋑）のことを記述していると考えられる。

『魏志倭人伝』には景初2年（238年）、倭（倭国）の女王・卑弥呼が帯方郡へ大夫の難升米を派遣して魏の皇帝に朝献（朝貢）を願ったことが記されている。この時、奴国は九州北部にあったと推測され、その南には投馬国、邪馬台国、狗奴国が存在すると記述されている。そして戸数約2万戸の奴国に対し、投馬国は戸数約5万戸、邪馬台国は戸数約7万戸を有する国家であると記されているのである。これらのことから考えられることは1世紀中頃まで朝鮮半島南部にあった倭国は、その後、韓の勢力拡大によって圧迫されて九州北部へと南下を余儀なくされたと推測されるのである。

一方、投馬国、邪馬台国の2国は奴国と比較して戸数が格段に多いことから、この2国が初めから奴国のグループに属していたとは考えにくいのである。奴国のグループは朝鮮半島を経由して九州北部へ渡来したグループであり、投馬国、邪馬台国、狗奴国のグループは南西諸島、所謂（いわゆる）「海の道」を経由して、あるいは大陸から直接東シナ海を横断して直接日本列島に到達したグループと推測されるのである。今、前者を北方系倭人と称し、後者を南方系倭人と称して話を進めていきたい。

7 北方系倭人の渡来ルート

まず、中国の史書から北方系倭人の移動経路について考えていきたい。

太伯、仲雍と倭族が建国した句呉（呉）の南には越国があった。この呉、越の関係をあらわす言葉として【呉越同舟】、【臥薪嘗胆】という有名な故事成語がある。

【呉越同舟】の意味は、敵同士である呉と越の者が同じ舟に乗っていて嵐に遭えばお互いに遺恨を忘れ、舟が沈まないように助け合うというのが元々の意味である。出典は呉の将軍であった孫武（生没年不詳）が著した世界的に有名な兵法書『孫子』である。


呉の首都は、姑蘇（現在の蘇州市の古称）にあり、越は会稽（現在の浙江省・紹興市付近）に首都を置いていた。蘇州から会稽までは直線距離で１３０㎞ほどしか離れていない。古くから敵対関係にあれば両国の首都は近接していたため、遥か昔にどちらかが滅びていたことであろう。多分、両国は長期にわたり共存共栄の関係にあったと思われる。しかしながら周が衰退して諸侯が覇権を争う弱肉強食の春秋戦国時代になると、時流のうねりが両国にも及んで対立するようになっていったと思われる。句呉の第19代・寿夢は国号を句呉から呉に改名して王を自称した。句呉が中国の史書に再び登場するのはこの時からである。

【臥薪嘗胆】は復讐を成就させるために苦労に耐えることをいう。呉王・夫差の父親（第24代闔閭・在位：紀元前５１４〜紀元前４９６年）は越との会戦で負傷し、死の直前に夫差に復讐を誓わせたという。夫差は薪の上に臥して、その痛みで恨みを晴らすことを忘れないようにしたと伝えられている。そして、会稽で越王・勾践を破り、勾践を呉に連行し奴隷のように酷使した。その後、許されて越に帰国することができた勾践は会稽の恥をすすごうと富国強兵に励み、苦い胆（熊胆？）を舐めて、酷使された時の屈辱を忘れないようにしたという故事から生まれた。最終的に紀元前473年、越王・勾践が呉王・夫差を破り、呉は滅亡した。この時、呉の一部の王族は山東半島方面へと逃れた。この方面には魯（呉と同じ姫姓：首都は曲阜）、斉（＝姜斉：闔閭の長子は斉の王女を夫人とした）があり援助が得られると期待していたと思われる。

勾践は呉を滅ぼした勢いに乗じて山東半島付近まで北上して首都（或いは副都）を海州（現在の江蘇省・連雲港市）に置いたと伝えられている。

中国最古の地理書とされている『山海経』は、戦国時代（紀元前5世紀〜紀元前221年）から漢時代かけて徐々に付加執筆されて成立したと考えられている作者不詳の書であるが、この『山海経』「海内北経」は倭（倭人）について次のように記述している。

【盖國在鉅燕南、倭北、倭屬燕。朝鮮在列陽東、海北山南、列陽屬燕。】

この文章を前半部分と後半部分に分けると次のようになる。

前半部分【盖國、在鉅燕南、倭北、倭屬燕。】
後半部分【朝鮮、在列陽東、海北山南、列陽屬燕。】

前半部分と後半部分は同じ構文で書かれているので、前半部分を「蓋国（蓋国）は、鉅燕（巨大なる燕）の南、倭の北に在り、倭は燕に属す」と訳すと、後半部分は「朝鮮は、列陽の東、海北山の南に在り、列陽は燕に属す」となる。しかしながら、『山海経』には海北山の位置の記録に見えないことから、一般的には「朝鮮は列陽の東に在り、北は海、南は山、列陽は燕に属す」と訳されている。

話が横道にそれるが、三国時代の魏、晋の政治家、文学者であった張華（232～300年）は『博物誌』を残している。この『博物誌』の中に【君山、洞庭之山是也。帝之二女居之、曰湘夫人、帝女遣精衛至王母、取西山之玉印、印東海北山。】「君山は、洞庭湖にある山である。帝（天帝）の次女がここに（住んで）居た、湘夫人と曰う、帝女は精衛を遣わし、王母（西方にある伝説の崑崙山上に住む仙女）に至り、西山の玉印を取り、東の海北山の印とした（海北山の由来となった？）」とあり、海北山の名が出てくる。この話の舞台は洞庭湖（湖南省北東部にある淡水湖）であるので、山東半島と関係がなさそうであるが、問題は精衛である。『山海経』によれば炎帝神農氏の娘（女娃）が東海地方（山東半島付近）を巡遊中に溺死して鳥に化身したという。その鳥はくちばしが白く足が赤く、西山の石をくわえてきては東海（渤海）に落とし、海を埋めようとするという。「セイエイ」と鳴くので精衛と名付けられたという。この伝説に従えば海北山は山東半島付近に存在していたことになる。

張華はちょうど卑弥呼、台与の時代の人であり頭脳明晰、博識洽聞な人物であった。魏、晋を支えた名臣であり司空まで進んだが、八王の乱の一人である趙王・司馬倫の乱により一族とともに殺された。張華は『三国志』を著した陳寿を高く評価していた。

話を元に戻したい。『山海経』に記述された倭（【倭人】）とは中国東海地方（山東半島）にいた【倭人】のことに違いない。

倭の位置は『山海経』の記述からは判らないが、のちに書かれた『漢書』「地理志」によってある程度推測可能である。この『漢書』には【樂浪海中有倭人、分爲百餘國。以歳時來獻見云。】「楽浪の海中に倭人有り、分かれて百余国を為す。以て歳時に献見に来るという」と記されているからである。越王の勾践は呉を滅ぼしたあと勢いに乗じて、山東半島の南地域まで北上したと伝えられていることから、呉の滅亡によって呉の一部の王族《注：これ以外の説も考

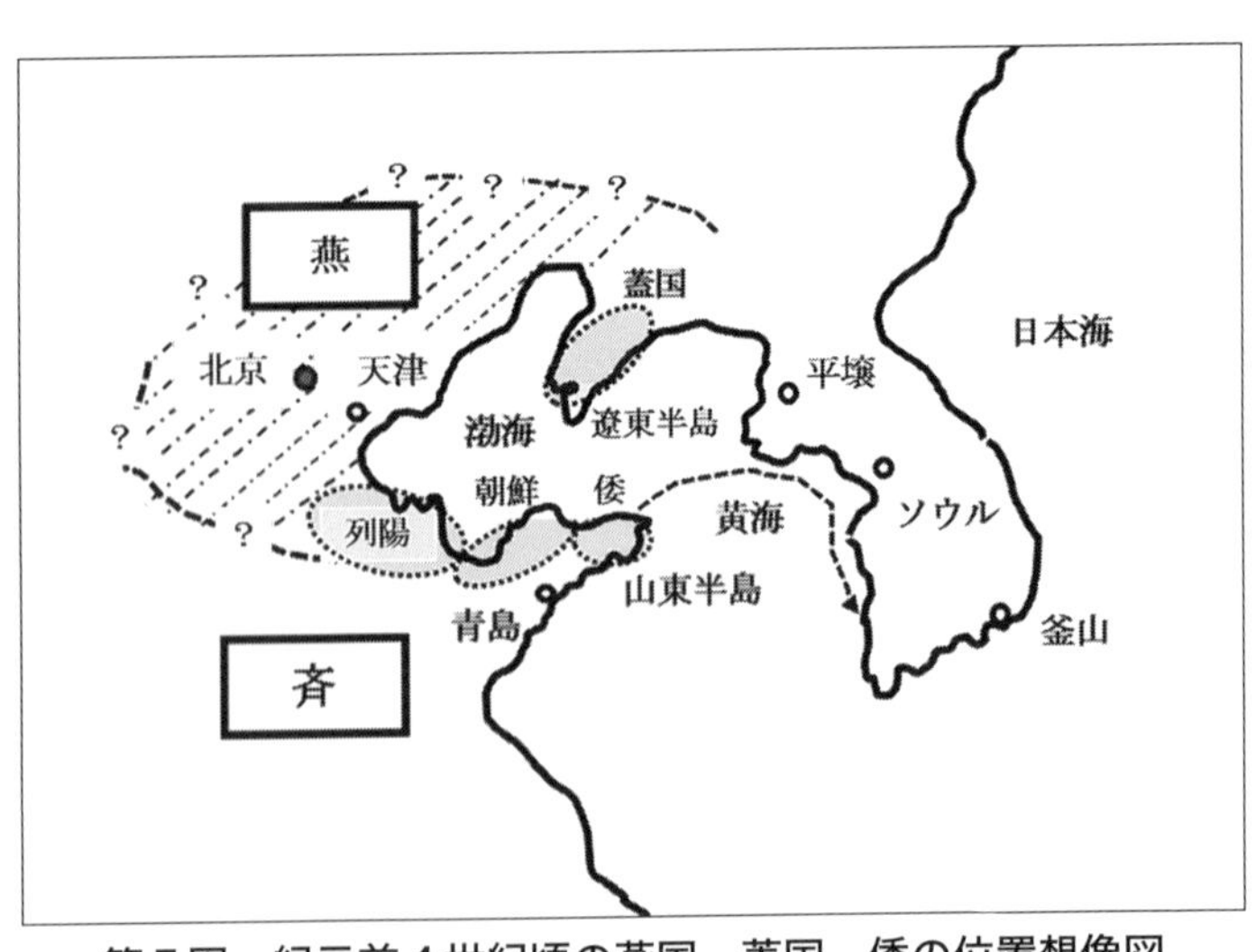

第５図　紀元前４世紀頃の燕国、蓋国、倭の位置想像図

えられる。この節の最後に記載する》は山東半島まで逃れ、その後、さらに楽浪の西の沿岸部を南下して朝鮮半島南部へと移動したと推測されるのである。

『山海経』に記述された倭、朝鮮、列陽の大略の推定位置と朝鮮半島西側を南下した【倭人】の推定経路を第5図に示した。

朝鮮と列陽の位置を推定した理由について述べていきたい。

後漢末の学者であった王符（生没年未詳）は『潜夫論』の中で【博望城内有成湯、伊尹、箕子冢、今皆為丘。】「博望城の内に成湯、伊尹、箕子の冢がある、今は皆丘となっている」と記述している。成湯は殷の初代の王で天乙（湯王）とも呼ばれる。伊尹は殷の初期に宰相となった政治家である。

博望城の正確な場所は不明であるが、初期の殷が都とした河南省・鄭州市付近か、殷墟（現在の河南省・安陽市の西北）付近に存在していたと考えられるのである。

箕子は、殷（商）王朝の29代皇帝・帝乙（紀元前11世紀頃の王）の弟である胥余（生没年不詳）のことであり箕の国に封建されたので箕子と呼ばれたのである。

箕の国は殷の首都から見て星座の二十八宿のひとつである箕（大凡東北方向）の方向にあったので箕の国と呼ばれていたと思われる。この箕の国の位置を大雑把であるが、第6図（図中のA）に示した。殷の首都であった殷墟は現在の河南省安陽市郊外にある。

箕子は暴君であった紂王（帝辛：殷の30代王）を諌めたが、ついに幽閉されてしまった。のちに周の武王が紂王を倒して周朝を興すと、箕子を解放して朝鮮の地に封建したのである。それが箕子朝鮮と呼ばれた国であった。箕子が殷の開祖と同じ場所に葬られていること、及び武王は箕子を敬い臣下としなかったことから、囚人を僻地に追放するように当時絶遠の地と考えられていた現在の朝鮮半島へ封建することはなかったと考えられるのである。つまり箕子が冊封された朝鮮とは現在の朝鮮半島ではなく中国にあった地名だと考えられるのである。

朝鮮の地に関して、同じく『潜夫論』には【武王封微子於宋、封箕子於朝鮮。】「（周の）武王は微子を宋に封じ、箕子を朝鮮に封じた」と記されている。宋（紀元前1100年頃〜紀元前286年）の首都は商邱である。商邱（商丘）は現在の河南省・開封市の東南付近に存在した都市で、華北平野の中心

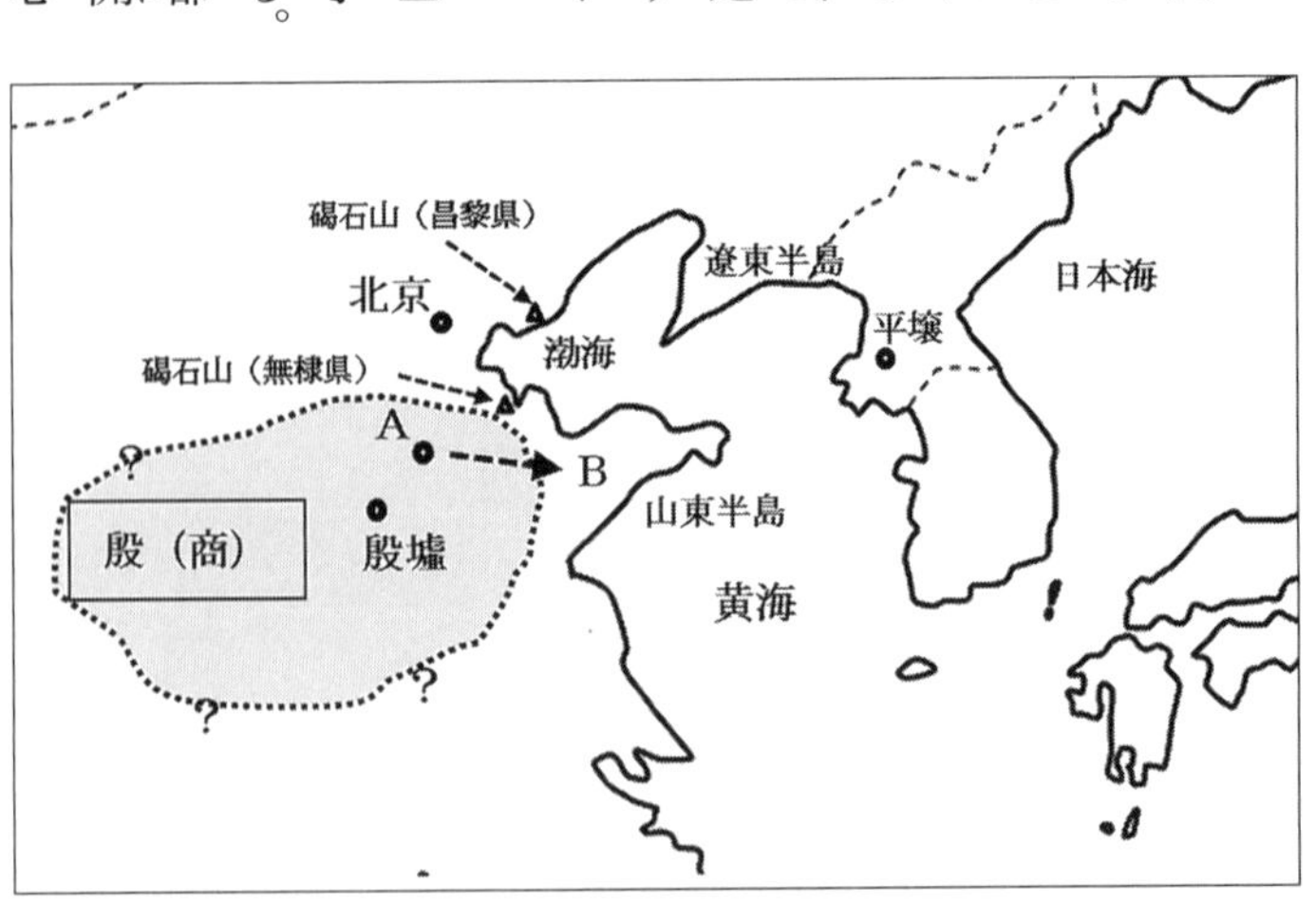

第6図　箕の国（A）と箕子朝鮮（B）の位置想像図

にあり歴史的に早くから開かれた地域であった。微子は帝乙（殷の29代王）の長子であり、紂王の兄にあたるが、庶長子であったために帝位には就けなかった。穏やかな性格であったらしく紂王の乱暴を何度も諫め、周との戦いでは和睦を主張したが聞き入れられなかった。戦争には参加せず周が勝利すると直ちに武王に降伏を申し入れたので快く許されて、宋に封建されたのである。

周の武王が箕子を解放したあと新たに封建した朝鮮の地は第６図の山東半島西側（Ｂ）方面に存在していたと推測されるのである。なぜならば既述したように箕子は殷王・成湯と伊尹と同じ場所に冢（墓）が作られているからである。その後、箕子朝鮮の支族は戦禍を避けて第５図に示した山東半島北側へと移動したあと渤海沿岸に沿って北上し、遼東半島を経て現在の平壌へ到ったと推測されるのである。

前漢の淮南王・劉安（紀元前１７９～紀元前１２２年）が編纂させた『淮南子』「時則訓」には【東方之極、自碣石山過朝鮮、貫大人之國、東至日出之次。】「東方の極（最果て）は、碣石山から朝鮮を過ぎ、大人の国を貫き、日の出の場所に至る」と記述されているのである。

碣石山の位置は山東省・無棣県（浜州市にある県）と推測されるが、河北省・昌黎県（秦皇島市にある県）にも同名の山が存在している。そして、いずれの碣石山の東には渤海又は黄海が存在しているのである（第６図を参照）。

ところが『史記』「蘇秦列伝」は【燕東有朝鮮遼東。】「燕の東に朝鮮、遼東がある」と記述しており、燕と遼東半島の間に朝鮮が存在していたかのように記しているのである。またそのあとに成立した『魏略』（三国時代の魏を中心に書かれた歴史書）は「昔、箕子の後の朝鮮侯は、周が衰え、燕が自ら王を自称して東の地を欲するのを見て、朝鮮侯もまた王を自称した。兵を興し、燕を逆撃しようとしたが、大夫の禮（生没不詳）より諫められたので攻めることを止めた。禮を燕に遣わして説得したので、燕もまた侵略を止めて、攻めなかった。のちに箕子の子孫は少し驕虐（驕り高ぶり攻める気配のあること）となったので、燕は将軍の秦開（紀元前300年頃の人？）を派遣して朝鮮の西方を攻めさせて、約2000里の土地を切り取り、満潘汗（中国の古地名）を境界とすると、ついに朝鮮は弱まった。秦が天下を併せると、蒙恬（将軍）に長城を築かせ遼東に至った。この時、朝鮮王は否が立っていたが、秦の襲来を恐れ、ほぼ秦に服属したが朝会（朝貢）は拒んだ。否が死ぬと、子の準が立った」と記述しており、西側の領土を失い次第に東方へと押しやられたことが記されているのである。満潘汗の位置については諸説がある。

また『史記』「秦始皇本紀」は次のように記述している。

【分天下以為三十六郡、郡置守、尉、監。更名民曰「黔首」。大酺。收天下兵、聚之咸陽、銷以為鐘鐻、金人十二、重各千石、置廷宮中。一法度衡石丈尺。車同軌、書同文字。地東至海暨朝鮮、西至臨洮、羌中、南至北向戶、北據河為塞、并陰山至遼東。】

「(始皇帝は) 天下を36郡に分けて、郡に守 (行政長官)、尉 (軍事長官)、監 (監察長官) を置いた。更に民 (庶民) の名を黔首 (黒首) と改めた。大いに祝飲した。天下の兵器を収容して、これを咸陽に集め、銷かしてつり鐘、鐻、金人12体を作った。重さはそれぞれ1000石 (約30トン) あり、宮中の庭に置いた。度 (長さ、ものさし)・衡 (体積、はかり)・石 (質量)・丈・尺の基準を一つにした。車幅、文字の書体を同一とした。地 (領土) は、東は朝鮮に達し海に至る、西は臨洮、羌中に至り、南は北向戸 (ベトナムとの国境辺りの地名か?) に至り、北は河に拠って砦とし、陰山 (河北省にある山脈) を併せ遼東に至る」

原文の【曁】は「達する、及ぶ」の意味であるので【地東至海曁朝鮮】の箇所は「地は、東は海に至り朝鮮に及ぶ」あるいは「地は、東は朝鮮に及んで海に至る」と解釈されるが、海を渡るという文字がないことから筆者は後者が正しいのではないかと考えている。もしも秦の領土が朝鮮半島まで及んでいたならば【北據河為塞、并陰山至遼東、朝鮮。】と記述されたのではないかと思うのである。

燕 (紀元前1100~紀元前222年: 姫姓、伯爵) は召公奭を始祖とする国家であるが、元々は山東半島の奄に封じられていたが、成王の時に薊 (現在の北京市) に移り国名を燕としたのである。その後、領土の東は遼東まで拡大させた古代国家である。蓋国の支配区域は不明であるが、第5図に示したように現在の遼東半島近辺を支配していたと推測される。列陽は燕に近接していたので燕の影響下にあったと思われるが、倭の位置は朝鮮を挟み東側にあったと想像され、燕国から離れていたと思われる。しかしながら倭の国姓は燕と同じ姫であったことから倭が燕に属していたとしても不思議なことではない。因みに山東半島地域にあって燕と対立した斉の国姓は「姜」である（のちに姜斉は田氏により滅ぼされ田斉に変わった）。この地域は塩、鉄の生産で栄えた。

また前漢のことを記した『漢書』「地理志下」は【玄菟、樂浪、武帝時置。皆朝鮮、濊貉、句驪蠻夷。殷道衰、箕子去之朝鮮、教其民以禮義、田蠶織作。樂浪朝鮮民犯禁八條。】「玄菟（郡）、楽浪（郡）は武帝の時に置いた。朝鮮、濊貉、句驪（高句麗）は皆蛮夷である。殷の道が衰え、箕子は朝鮮へ去（行）き、其の民に礼義、田作、養蚕、織物を教えた。楽浪、朝鮮の民へ八条を犯すことを禁じた」と記述していることから、北方系倭人が山東半島を経て朝鮮半島南部、九州北部へと移動したように箕子朝鮮の末裔も山東半島西部から次第に現在の朝鮮半島の平壌市まで移動して国家を築いたと推測される。その時期は戦国時代であったと思われる。

その後、箕子朝鮮は紀元前194年、衛満（燕の軍人）によって滅ぼされた。『史記』「朝鮮列伝」は【稍役屬真番、朝鮮蠻夷及故燕、齊亡命者王之、都王險。】「（衛満は）次第に真番、朝鮮の蛮夷及び昔の燕と斉の亡命者を従属させ、これらの王に就き、都を王険（現在の平壌市）とした」と記述している。

話を元に戻したい。さて山東半島に逃れた北方系倭人は陸伝いに遼東半島を経由して朝鮮半島へたどり着いたのであろうか？　それとも山東半島より船で楽浪郡の西海岸を通り朝鮮半島南部へ直接たどり着いたのであろうか？

山東半島から陸伝いに遼東半島を経て朝鮮半島の楽浪方面へ移動したと仮定して考えてみたい。現在では遼東半島を含む遼寧（りょうねい）省は水稲も盛んであるが、年間降水量は６００〜１０００㎜程度にすぎない低温少雨地域である。この地域は品種改良、育苗技術、灌漑設備などの進歩によって水稲栽培が始まったのは19世紀末以降のことである。遼寧省の気候及び当時の稲作栽培技術レベルから考えると、倭人がこの経路によって朝鮮半島まで陸路で移動したとは考え難いのである。そして、その証拠が『三国志』「烏丸鮮卑東夷伝」、『後漢書』「東夷列伝」の両史書に残されている。朝鮮半島にあった三韓（馬韓、辰韓、弁韓）のうち、最も南にあった弁韓（弁辰）だけが【土地肥美、宜種五穀及稲】「土地は肥美（ひび）（肥沃（ひよく））であり、五穀及び水稲に良い」と記述されており、弁韓の北にあった馬韓、辰韓には稲の記述がないことから、この二韓には稲作が伝播していないことになるのである。つまり総合的に判断すると北方系倭人は山東半島から船によって直接楽浪の南西方向に当たる黄海南道（ファンヘナムド）の沿岸部、白翎島（ペンニョンド）、大青島（テチョンド）などを経由して朝鮮半島南部へ移動して建国したと考えられるのである。北方系倭人の移動時期は紀元前５〜４世紀と見られ、秦が全土統一を成し遂げる以前の出来事であった。稲作は北方系倭人によって朝鮮半島にもたらされたのであり、朝鮮半島に居住していた民族から我が国にもたらされたものではないのである。

注：句呉王・寿夢（在位：紀元前５８５～紀元前５６１年）には諸樊、余祭、余昧、季札の四人の子があったと伝えられている。寿夢は末子の季札が優秀であったので跡を継がせたいと考えていた。寿夢が亡くなったあと長男の諸樊は季札に王位を継ぐよう願ったが、季札は兄に遠慮して辞退したので諸樊が王となった。諸樊が亡くなると次男の余祭は季札に王位を継ぐよう願ったが、またしても遠慮したので余祭が王位を継いだ。余祭が亡くなると、余昧は季札に王位を継ぐよう願ったが、またもや季札は受けなかったので余昧が王を継いだ。余昧が亡くなると使者は季札に王位を継ぐよう伝えたが季札は拒み、結局、三男の余昧の子である僚（在位：紀元前５２６～紀元前５１５年）が王となった。この時、諸樊の長子の公子光（闔閭）は将軍として仕えていたが不満をいだいていた。ちょうどその頃、楚の将軍、政治家であった伍子胥（？～紀元前４８４年）が呉に亡命してきて公子光に仕えることとなった。この時、光の野望を知った伍子胥は刺客の専諸（？～紀元前５１５年）を推挙して自身は下野した。紀元前５１５年、呉王僚は楚の討伐のために呉軍を派遣した。時機到来と見た公子光は宴会を催して呉王僚を招待し、この時にクーデターを決行したのである。呉王僚は専諸によって刺殺され、そして公子光（闔閭）が王座に就いたのであった。その報を聞いた僚の弟の公子掩餘（掩余）、公子燭庸はそれぞれ徐国（現在の山東省・臨沂市・郯城県）、鍾吾（楚の衛星国）に逃奔した。ところが、紀元前５１２年に呉の将軍・孫武が徐国、鍾吾を

攻略し、徐国は滅びたのである。これによって公子掩餘と公子燭庸は再び北へ逃れたと推測される。つまり、呉の滅亡前に王家の内訌によって王族が山東半島へと逃れ、北方系倭人となった可能性もあるのである。

８ 南方系倭人の渡来ルート

中国人が船によって日本列島に辿り着いて倭国を建国したのではないかと考えていた歴史家が存在していた。南朝、宋の政治家、歴史家であり、『後漢書』を著した范曄（はんよう）がその人である。彼は『後漢書』倭人条の中に秦の始皇帝が不老不死の秘薬を探すよう命じて徐福（じょふく）を海外に派遣した話を載せている。徐福が数千人の若い男女を連れて航海に出て戻らなかったという古事を范曄がわざわざ倭人条に意図的に挿入したのは、これら若い男女の一部が日本列島に辿り着いて邪馬台国を建国したのではないかと考えていたと思われるためである。『後漢書』倭人条には次のように記されている。

【自女王國東度海千餘里至拘奴國、雖皆倭種、而不屬女王。自女王國南四千餘里至朱儒國、人長三四尺。自朱儒東南行船一年、至裸國、黒齒國、使驛所傳、極於此矣。會稽海外有東鯷人、分為二十餘國。又有夷洲及澶洲。傳言秦始皇遣方士徐福將童男女數千人入海、求蓬萊神仙不得。徐福畏誅不敢還、遂止此洲。世世相承有數萬家。人民時至會稽市。會稽東冶縣人有入海行遭風、流移至亶洲者。所在絶遠不可往來。】

「女王国より東へ海を約１０００里渡ると拘奴国（狗奴国）に至る。皆倭種といえども、女王に属（従属）していない。女王国より南へ約４０００里で朱儒国に至る、身長は3～4尺である。朱儒国から東南へ船で1年行くと、裸国、黒歯国に至る、使驛（通訳）が伝える所、ここに極まる。会稽の海外に東鯷人あり、分かれて約20ヵ国を為す。また夷洲及び亶洲がある。伝えるところによれば秦の始皇帝が方士の徐福を遣わし、若い男女数千人を率いて海に入り、蓬萊神仙（不老不死の秘薬）を求めたが得ることができなかった。徐福は誅されることを恐れて戻らず、遂にこの洲に留まった。代々受け継ぎ数万家があった。人々は時に会稽に来て交易を行う。会稽東冶県の人が海に入行し強風に遭い、流されて亶洲に至った者がある。所在は絶遠にして往来すべきではない」

原文の【自女王國東度海千餘里】の【度】は【渡】の異体字である。また【使驛】（使駅）となっているが【使譯】（使訳）が正しい。『説文解字』は【驛】の意味を「置騎也」としている。すなわち背に跨るように鞍を装備した馬（騎）を置いた場所の意味である。

また原文の【自女王國南四千餘里至朱儒國】の箇所は『魏志倭人伝』又は『魏略』からの引

用である。

「会稽の海外に東鯷人あり、分かれて約20ヵ国を為す。また夷洲及び澶洲がある」と記されている国家は国数から考えて、倭国ではないことは明白である。東鯷人とは台湾に居住していた民族であろうと思われる。鯷はカタクチイワシ（anchovy）の意味と思われ、漁猟を行っていた民族と推測される。

徐福が日本列島に辿り着いたという伝説は日本各地にも多く残されており、とりわけ日本列島の太平洋沿岸の地に伝説が多い。徐福ゆかりの地として鹿児島県いちき串木野市、宮崎県延岡市、佐賀県佐賀市、和歌山県新宮市、三重県熊野市、山梨県富士吉田市、東京都八丈島などがある。また徐福の出航地は諸説あるが、河北省秦皇島と浙江省寧波市が有力地とされている。『資治通鑑注』（『資治通鑑』の注釈）を書いた南宋の政治家、歴史家の胡三省（１２３０〜１３０２年）も『後漢書』を読んで次のように記述している。

【後漢書東夷傳曰：會稽海外有夷洲及亶洲、傳言秦始皇使徐福將童男女數千人入海、求蓬萊神仙不得、福懼誅不敢還、遂止此洲、……(中略)……今人相傳、倭人即徐福止王之地、其國中至今廟祀徐福。】

「『後漢書』東夷伝に曰（言う）：会稽の海外に夷洲及び亶洲がある。傳言（うわさ）によれば秦の始皇帝が徐福を将（統率者）として子供の男女数千人を船で出港させ、蓬萊神仙（仙人が住むという蓬萊の島にある不死の薬）を求めたが得ることはできなかった。徐福は誅されることを怖れて帰らず、遂にその洲にとどまった……（中略）……代々伝わる話によると、倭人はすなわち徐福がその地にとどまり王となったのである、その国では今に至るまで徐福を祀っている」

胡三省は『後漢書』を読んで鵜呑みにしてしまったと思われる。しかしながら范曄、胡三省の説は間違いである。

9 天皇家のルーツ

『魏志倭人伝』には「倭の男は皆黥面文身（顔、身体に入れ墨をしている）」と記述されており、『魏略』逸文などには倭人は「自ら太伯の後（子孫）であると言った」と記述されている。もし范曄のいうように、徐福の航海によって中華民族が倭国の王となり国家を建設したのであれば、入れ墨は蛮夷を示すものであるので入れ墨をすること自体おかしいのである。また自分の出自をわざわざ蔑視されていた異民族であると名乗ることもなかったと考えられる。

史書によれば、呉の滅亡後、夫差の子の太子忌、公子鴻の兄弟は処刑されずに舟山諸島

（現在の中国・浙江省・舟山市に含まれる東シナ海にある群島）の甬東に流刑となったと記述されている。

南宋の儒学者・金履祥（１２３２〜１３０３年）が著した『資治通鑑前編』（13世紀末成立）には次のように記述されているのである。

【呉自太伯至夫差二十五世、今日本國亦云呉太伯之後、蓋呉亡其子孫支庶入海為倭也。】

「呉の太伯から夫差に至るまで二十五世である。今の日本国は太伯の後（子孫）と言われている。思うに呉の滅亡によって、その子孫である支庶（支族）が入海し、倭となったのである」

『資治通鑑』は、宋の英宗の命によって儒学者、歴史家であった司馬光（１０１９〜１０８６年）が編纂して、１０８４年に完成した歴史書である。内容は紀元前４０３年から９５９年までの１３６２年間の歴史を収録している。

この『資治通鑑』のあとに書かれたのが『資治通鑑前編』であり、古代伝説の聖帝・堯の時代から周朝の第32代の王である威烈王（?〜紀元前４０２年）までを収録した歴史書である。

『資治通鑑前編』に記述された倭人が南方系倭人のルーツである。話はやや横道にそれるが、縄文人は西欧、中国華北の人々のように穀物の収穫を上げるために森林の大規模な伐採、焼却などを行わなかった。自然を畏敬し、自然から恵みを受けているという考え方を強く持っていたのである。稲作を行っていた倭族もそのような考え方を持っていたと思われる。我が国の「神道」は縄文人が持っていた祖先崇拝信仰と自然崇拝の精神を強く引き継いでいるのである。また日本語の文法は「主語＋目的語＋動詞」の順番となり、中国語の文法「主語＋動詞＋目的語」とは異なっている。中国大陸から渡来した倭人は縄文人の口語文化を取り込んだことにより日本語が形成されていったと考えられるのである。

話を元に戻したい。天皇家のルーツは中国の史書に記録されている倭人であり、『資治通鑑前編』などに記述されているように倭人の渡来時期は秦時代より遥かに古く、呉の王族が滅亡によって渡来して縄文人と融合して建国したと考えられるのである。

それを裏付ける証拠が我が国の史料にも残されている。第52代・嵯峨天皇の命によって編纂された古代氏族の名鑑である『新撰姓氏録』には松野氏の出自が「出自呉王夫差也」と記述されているのである。松野氏には複数の系譜があるが、下野（しもつけ）松野氏は藤原氏の支流である。

第3章　弥生時代の始まり

1 稲作は縄文人によって持ち込まれた

縄文と弥生の違いは、元々は使用された土器の違いから区分された。

縄文土器は縄目模様があり肉厚のある土器である。一方、弥生土器は模様が少なく薄手の土器である。どちらとも野焼きと呼ばれる方法により作られているが、弥生土器は野焼きの際に土を上に被せて焼いた（覆い焼き焼法と呼ばれる）ので簡易的な窯で焼成された状態のようになり、縄文土器と比較して焼成温度が高く、薄くとも丈夫な土器である。薄いため弥生土器は熱が伝わりやすく米の炊飯に適するように作られたと考えられているのである。この二つの土器の肉厚の違いから渡来人の文化が入り、食文化が大きく変化したと考えられたのである。そして、その時期は中国で難民が多く発生した戦国時代の紀元前5～4世紀以降と考えられていたのであるが、近年佐賀県・唐津市の菜畑遺跡から水田遺跡が発見され、その遺跡が紀元前930年頃のものであることが判明したことから弥生時代の開始時期は紀元前10世紀頃まで遡ることができるとする説が出て、今日では水稲栽培が受容された時期以降を弥生時代とする説が定説となりつつあるのである。

しかしながら紀元前10世紀頃と言えば、我が国では金属器（特に青銅器、鉄器）が普及しておらず、金属利器を使わなければ田圃、水路の造成は容易ではないので縄文文化が依然として続いていたと考えるべきであろうと思われる。

司馬遷の『史記』「貨殖列伝」に「華南の楚、越の地域では米を炊き、魚を羹にする、沂水、泗水以北の華北地域では五穀（麦、粟、黍、稗、大豆）、六畜（馬、牛、羊、豚、狗、鶏）が宜しい（あたり前である）」と記述されているように、風俗、食文化の違いから、中国では古代から大きく異なる二つの文化圏（華北、華南）が存在していたのである。我が国の古代史は、この異なる二つの文化圏の存在を常に念頭に置いて考えるべきであろうと思われる。稲作（水稲）の伝来ルートも同様である。古代の交易に関して『史記』は伝説の虞夏時代（虞、夏の王朝、共に殷の前の王朝）から【農工商交易之路通、而龜貝金錢刀布之幣興焉】「農業、工業、商業の交易の路が通じ、そして亀貝、金、刀（刀銭）、布（布銭）の幣（貨幣）が新しくできた」と記述している。

亀貝とは宝貝の事で亀の甲羅のように丸い形から付けられたと思われるが、亀の甲羅と宝貝の両方を指しているかもしれない。宝貝はその美しさから装飾品、宝物、贈答品としての価値があり、交易の際の媒介物（幣）として使用されたのである。そのためカネに関係する文字には、貨、財、賃、費、貯、貿、贈、買などのように「貝」の字が含まれている。

宝貝（別名：子安貝）は幣（貝幣）として殷、周で広く使われており、始皇帝が貨幣を統一するまでは貨幣として広く使用されていたのである。

宝貝はサンゴ礁が存在する台湾、ベトナム以南の海域で採れる南海産貝類と考えてよい。『史記』に記述されている宝貝は、南海産の貝が華北まで交易によって運ばれたことを示している。

また日本各地の縄文遺跡からは南海産の芋貝、水字貝、護法螺、オオツタノハ貝などから作られた腕輪などが発見されているので縄文時代には既に北海道から九州、沖縄地方までを結ぶ交易ネットワークが存在していたと考えられるのである。

したがって、稲作の伝播ルートは次の四つが考えられるであろう。

Ⓐ　長江下流域から山東半島へ伝播したあと遼東半島、朝鮮半島を経由して我が国（九州）へもたらされた。

Ⓑ　長江下流域から山東半島へ伝播したあと直接黄海を横断して朝鮮半島へ伝わり、次に我が国（九州）へもたらされた。

Ⓒ　長江下流域から直接東シナ海を横断して我が国（九州）へもたらされた。

Ⓓ　長江下流域から台湾、南西諸島を経由して我が国（九州）へもたらされた。

菜畑遺跡の水田（紀元前930年頃）は、中国では周の第5〜6代目の穆王、共王の時代にあたり、周の全盛期は過ぎていたとはいえ社会は安定期にあったので華北の人々が我が国へ集団で渡来してきたとは考え難い。また華南には稲作（水稲）に適した広大な未開発地が残されていたことを考えると、長江以南に居住していた稲作農耕民族（華南人）がわざわざ畑作農耕民族の支配する華北地域を通過してⒶ、Ⓑのルートによって日本列島に稲作技術を持ち込んだとは考え難いのである。

菜畑遺跡の水田の築造時期から考えると、縄文人が貿易を通じて稲を知り、Ⓒ又はⒹの交易ルートによって稲を持ち込んだと考えるのが合理的であり、その可能性が高いのである。三内丸山遺跡（青森県青森市）の発掘で判明しているように縄文中期頃の縄文人は狩猟民族のように移動しながら生計を立てていたのではなく、既に定住して狩猟、漁猟、採集を行い、その地に適した堅果類（クリ、クルミ類）と植物栽培を行いながら暮らしていたのである。九州地方に居住していた縄文人も同様に定住して狩猟、漁猟、採集、草木栽培を行い、生計を立てていたのである。多分、稲の伝来は菜畑遺跡の水田遺跡より遥かに古いと推測されるが、金属器はまだ普及しておらず、田圃（水田）の開墾は難しく、水稲栽培（稲作農耕）は限定的であったと考えざるを得ないのである。

既に述べたように朝鮮半島へ稲作（水稲）を伝えたのは倭人であり、稲作（水稲）が朝鮮半島の民族によって我が国に伝えられたとする説は間違いである。朝鮮半島に存在した国は中国の史書から倭国を除き箕子朝鮮、燕、衛氏朝鮮、高句麗、公孫氏、韓（弁辰を除く）、新羅、百済などが挙げられるが、これらの国々の主食は史書の記述から華北と同様に五穀、六畜であった。

余談であるが、古くから我が国には山茶（山茶花とは異なる）と呼ばれる茶の木が自生している。唐時代（760年頃）に書かれた『茶經』（茶に関する最古の書）には【茶者、南方之嘉木也。】「茶は、南方の嘉木である」と記されており、農業、漢方の祖である神農は茶葉を薬として使ったという伝説が残されている。もともと茶の木は南方（雲南省など）に自生する樹木であった。縄文人が我が国へ茶木の種を持ち込んだのかもしれない。

２　鉄器の普及が社会を変えた

考古学、歴史学において人類は石器時代から青銅器時代、鉄器時代へと進歩したと考えられている。我が国では青銅器時代と鉄器時代はほぼ同時期に始まったとされている。

中国では夏時代から既に青銅の祭器が鋳造法（溶かした青銅を型に流して作る方法）で作られ、殷時代初期には全ての青銅器は鋳造で作られ、驚くほど複雑なものまで製作されていた。

鉄器は、鋳造法以前は高さの低い立型炉（低シャフト炉）に木炭と鉄鉱石を入れ鞴（吹子）により空気を炉に送り高温還元して海綿鉄を作り、これを叩き、再び熱して叩き、この作業を繰り返し鍛造法によって作られていた。『説文解字』には炉が方形の場合は【鑪】、円形の場合は【鏇】と記述している。その後、青銅器の鋳造技術が鉄にも応用されて戦国時代の初期（紀元前5世紀）に鋳造による鉄の大量生産が可能となり、紀元前４～３世紀頃には金型による鉄製利器（剣、工具、農具）が作られていた。中国の冶金技術は他国をはるかに凌駕しており、西欧において鉄の製造方法が鍛造から鋳造に変わるのは14世紀頃のことである。

鉄は武器として、農地の開墾、農作業、調理などの道具として不可欠なものであった。『三国志』「烏丸鮮卑東夷伝」弁辰伝には【國出鐵。韓、濊、倭皆從取之。諸市買皆用鐵、如中國用錢、又以供給二郡。】「国（弁辰）は鉄を産出する。したがって韓、濊、倭は皆これを取りに来る。諸々の市場の売買では、中国で銭（貨幣）が用いられるように、皆鉄を用いている。また二郡（楽浪郡、帯方郡）へ供給されている」と記述されている。楽浪郡、帯方郡が設置されたのは、それぞれ紀元前１０８年、紀元後２０４年である。漢の武帝によって鉄、塩が国家の専売とされたのは元狩４年（紀元前１１９年）のことであった。

3 国家形成

中国では春秋戦国時代以降に戦争によって多くの難民が発生した。そして、その一部の人々が我が国へと渡来した。大陸から移り住んだ人々は縄文人と混血して、或いは縄文人を制圧していた。

て国を形成していった。１世紀頃において日本列島には大きく分けて三つのグループが存在していた。

第一のグループは華南地域から渡来した倭人と縄文人との混血系弥生人である。このグループ（北方系倭人、南方系倭人）は封建的連合国家であり盟主国家（宗主国家）を有していた。第二のグループは中国華北地域から渡来して縄文人を制圧して専制的国家を建国していた。第三のグループは縄文人のグループであり、第一、第二のグループによって南北（沖縄地方、本州中央部以北）に分断された。

第4章　古代の測量技術

1 地球の歳差運動

現在の我々は夜空を見て北極星を探せば簡単に方角（北の方位）を知ることができる。しかし地球の自転軸は少しぶれており、およそ2万6000年周期の首振り運動（歳差運動）を行っているのである。そのため真北を示す北極星（恒星）が変わるのである。

第7図に地球の自転軸方向と北極星との関係を示した。

地球の北極と南極を結ぶ方向が南北方向であり、自転軸となる。図に示した点線（円）が地球の自転軸方向であり、点線上の星が北極星（ポラリス）となるのである。点線で示した円の中心は「天の北極」と呼ばれている。

紀元前3000年頃は、りゅう座のツバン（4等星）が北極星の位置にあった。現在の北極星は「こぐま座α星＝2等星」であるが、邪馬台国女王・卑弥呼が活躍した時代（図の中に示した西暦200年頃）には目印となる北極星は無かったのである。「こぐま座α星」が北極星と呼ばれるようになったのは１５００年以降のことである。したがって現在のように夜空の星を見て簡単に方角（真北方向）を知ることは困難であった。

２ 方位磁石

磁石は不思議な性質を持つことから慈石（じせき）と呼ばれていた。赤子が慈母に吸い寄せられる様子に似ていることから名付けられたのである。鉄器が製造された頃には既によく知られていたと推測される。黄帝（紀元前２５１０年頃〜紀元前２４４８年頃）の臣で医者であった伯高は黄帝との問答で【上有丹沙者、下有黄金。上有慈石者、下有銅金。上有陵石者、下有鉛錫赤銅。上有赭者、下有鐵。】「上に丹沙（硫化水銀からなる鉱物）が有ると、下（地下）には黄金が有

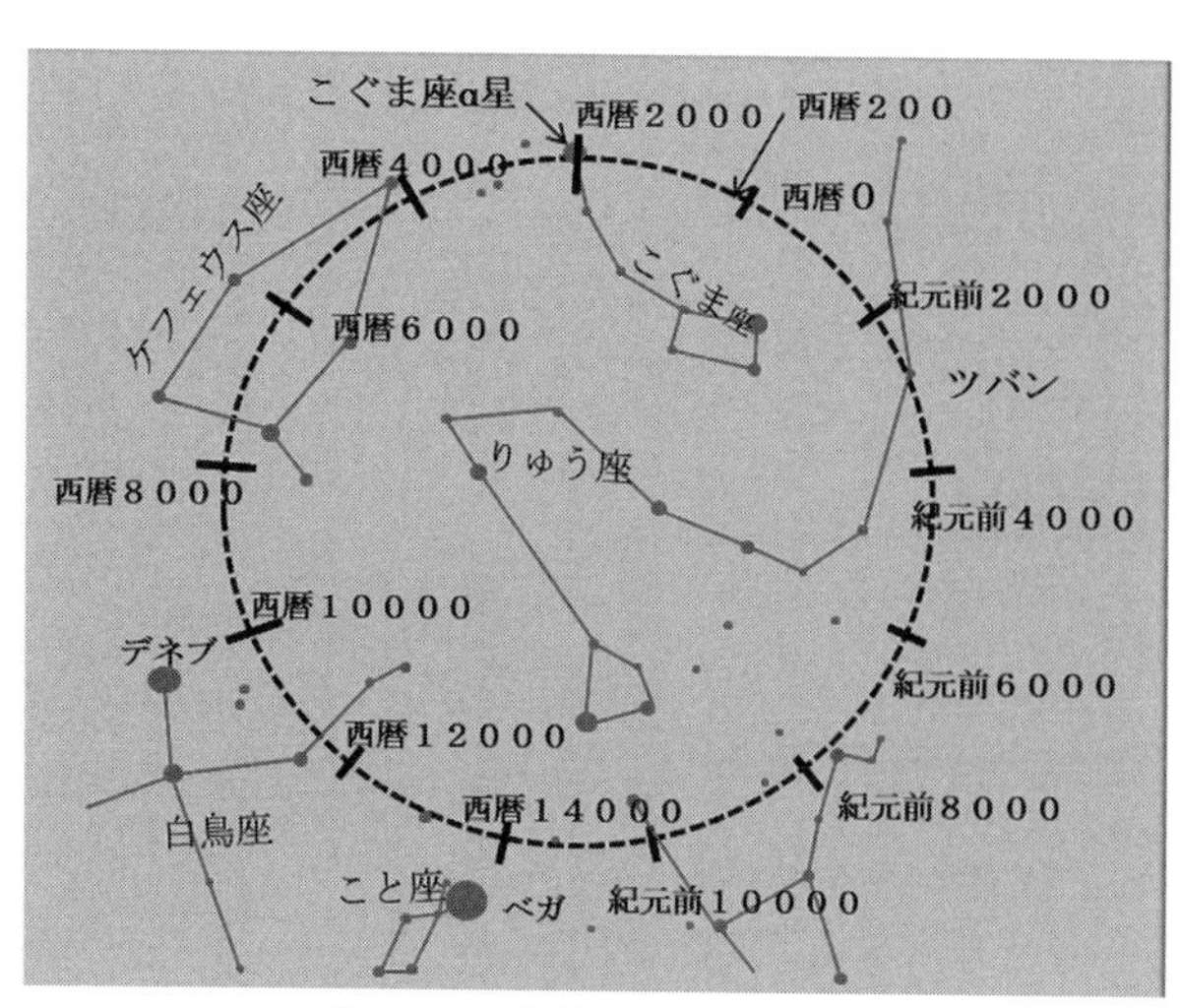

第７図　歳差運動と北極星

る。上に慈石が有ると、下には銅・金が有る。上に陵石が有ると、下には鉛・錫・赤銅が有る。上に赭（赤い層）が有ると、下には鉄が有る」と答えたと記述されている。このように中国では古くから慈石（磁石）は知られており、スプーン（蓮華形）の指南器や魚の形をした指南魚が既に紀元前には作られていた。水に浮かべたり、ひもに吊るしたりして使用したと考えられている。

N極が指し示す方向が磁北であり、真北方向とは少しズレている。このズレが偏角（偏差）と呼ばれるもので、日本での偏角は真北から反時計回り（西側）に3～9度ほどズレているという。狭い日本列島でも偏角が3～9度の開きがある。アメリカ大陸では偏角が15度以上に達する地域があることが知られている。また地球の磁極は年々移動しており、最近の北磁極は北極点（真北）を通過してシベリアへ向かって移動しているという。

魏の時代の学者達は、慈石（指南器、指南魚）が指し示す方向は真北とはズレがあること、そのズレ（偏角）は場所により異なること、さらにズレ（偏角）が年々変化することを既に知っていたと思われる。そのため大凡の方向を示すものと考えられていたのであろう。古代中国においては指南器、指南魚が作られていたが、風水師が建物を建てる時の地相占いや遊びに使っていたらしく、方位（羅盤）と磁石を組み合わせた羅針盤が実用化されるのは宋（960～1279年）時代になってからであった。

3 古代人の方位決定方法

さて古代人はどのようにして方位を知ったのであろうか。

北半球においては、古代人は星の運行を観測して次のような方法により方位を決定した。第8図に示したように観測用の円形の壁を作り、明るい恒星を選んで観測するのである。観測者は円形の壁の中心から観測する。

その星が観測用の壁の〈仮の地平線〉から出てきた位置(a)に印を付ける。次に、その星が壁に沈む位置(b)に印を付ける。観測者の位置から二つの位置(a)と(b)の真ん中の点へ伸ばした方向（方角）が北（真北）である。このような決定方法は古代エジプト、西アジアなどでよく使われた方法であろうと思われる。この地域では曇天の日が少なく星がよく観測できたからである。

もう一つは太陽を利用して方位を決める方法であった。

漢字の「東」は象形文字であるが、甲骨文字として

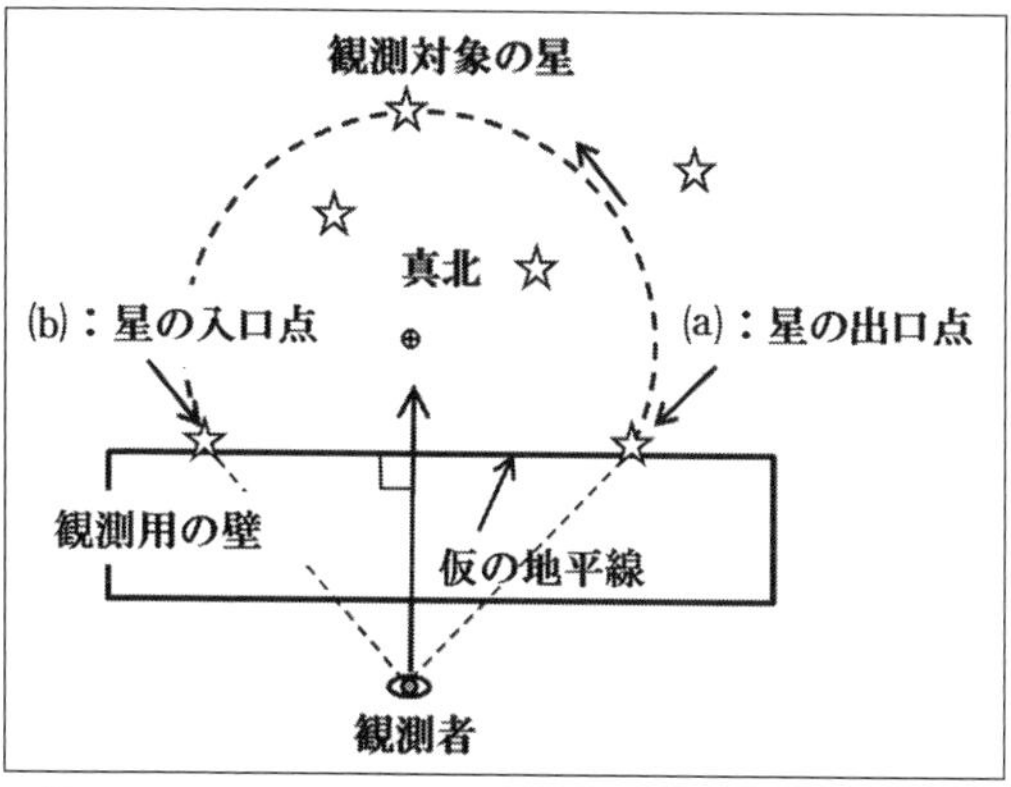

第8図　星の観測による方角（北）の求め方

残っている文字を見ると袋から棒（太陽）が飛び出すように描かれており、地平線から太陽が昇る様を表した文字である。一方、「西」の甲骨文字は小枝で編んだ籠の中に棒（太陽）が入るように書かれており、地平線に太陽が沈みながら暗くなっていく様を表した文字である。

中国最古の数学書である『周髀算経』は方位決定方法について次のように記述している。

【立正勾定之。以日始出、立表而識其晷。日入、復識其晷。晷之兩端相直者、正東西也。中折之指表者、正南北也。】

「正勾（円）を描く。そして日の出の時に、表（円の中心に立てた棒＝Gnomonノーモン）の晷（影）が円と交じわる点（A）を印す。日の入りの時に再び晷の交じわる点（B）を印す。晷と円の交じわる両端（AとBの方向）が正に東西となる。（AとBの）中点から表（棒）を指す方向が正に南北となる」

と記述されている。これを説明したのが第9図である。

ところが、第8図、第9図の方法では方位を決定するのに1日を要するという欠点があり、地図測量のように頻繁に測量場所が変わる場合には不便であり使用できなかったのである。

前漢の思想書である『淮南子』の「天文訓」は方位について次のように記述している。

【正朝夕、先樹一表東方、操一表卻去前表十步。以參望日始出北廉、日直入、又樹一表於東方、因西方之表、以參望日方入北廉則定東方。兩表之中、與西方之表、則東西之正也。日冬至、日出東南維、入西南維。至春、秋分、日出東中、入西中。夏至、出東北維、入西北維。】

「朝と夕に正す（調べる）、まず東の方に一表（衝立）を垂直に立てる、その衝立から10歩下がり反対側にもうひとつの表（衝立）を垂直に立てる。そして太陽が衝立の北廉（上端）から出る位置を参望（観測）する。また東方の表（衝立）側から、西方の衝立を見て、衝立の上部に太陽が入った位置を観測する。東西の衝立の中間に立てば、正に東西方

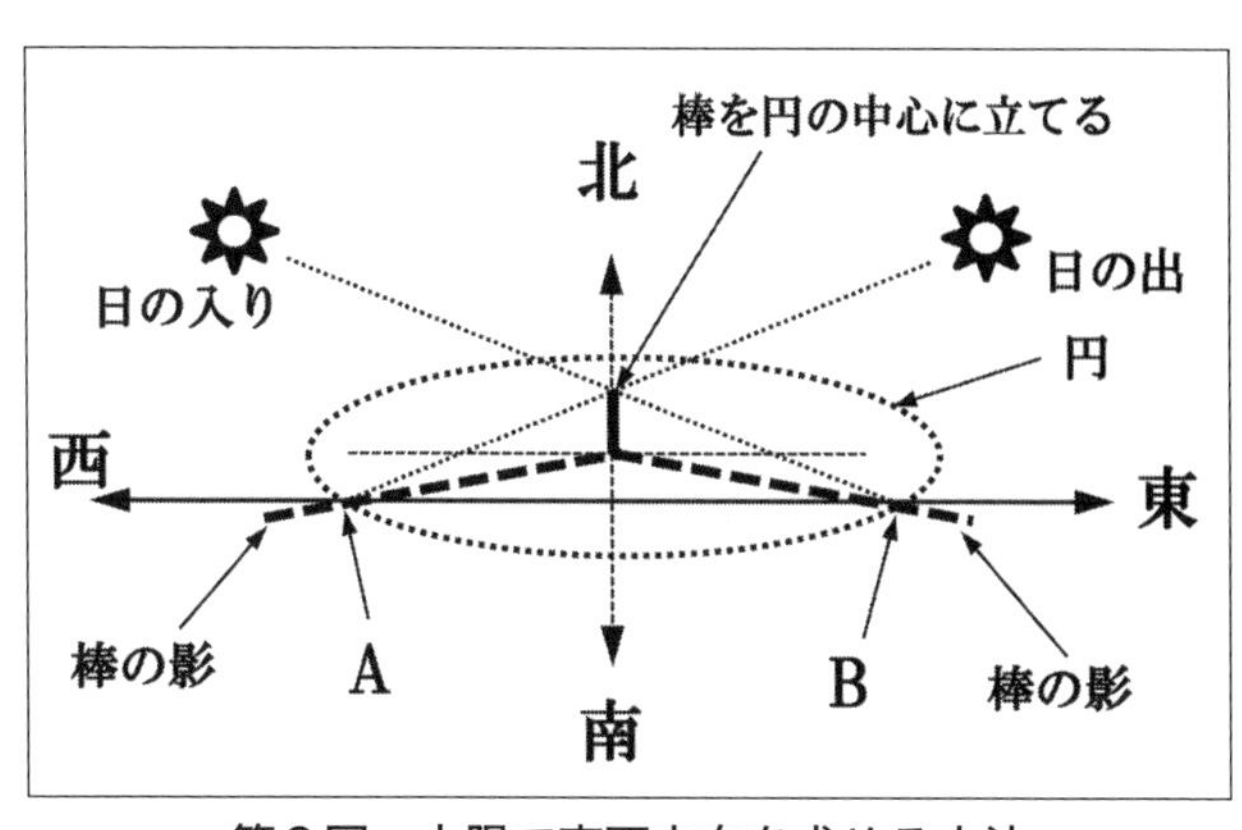

第９図　太陽で東西方向を求める方法

向となる。冬至の日は、太陽は東南維から出て、西南維へ入る。春分、秋分に至ると、太陽は真東から出て、真西に入る。夏至の日は、東北維から出て、西北維に入る」

原文中の【維】は端という意味である。

夏と冬では日の出、日の入り方向は大きく異なるので、単に「東」、「西」、「南」、「北」方向と言っても幅があったのである。春分、秋分、夏至、冬至の日の日の出方向と日の入り方向を第10図に示した。東・西・南・北を時計の文字盤で示せば真北は12時方向、真東は3時方向となる。夏至日の日の出方向は2時方向から出て10時方向へ沈み、冬至日は4時の方向から日が昇り8時方向へ太陽が沈むのである。

古代中国においては、東・西・南・北の開き

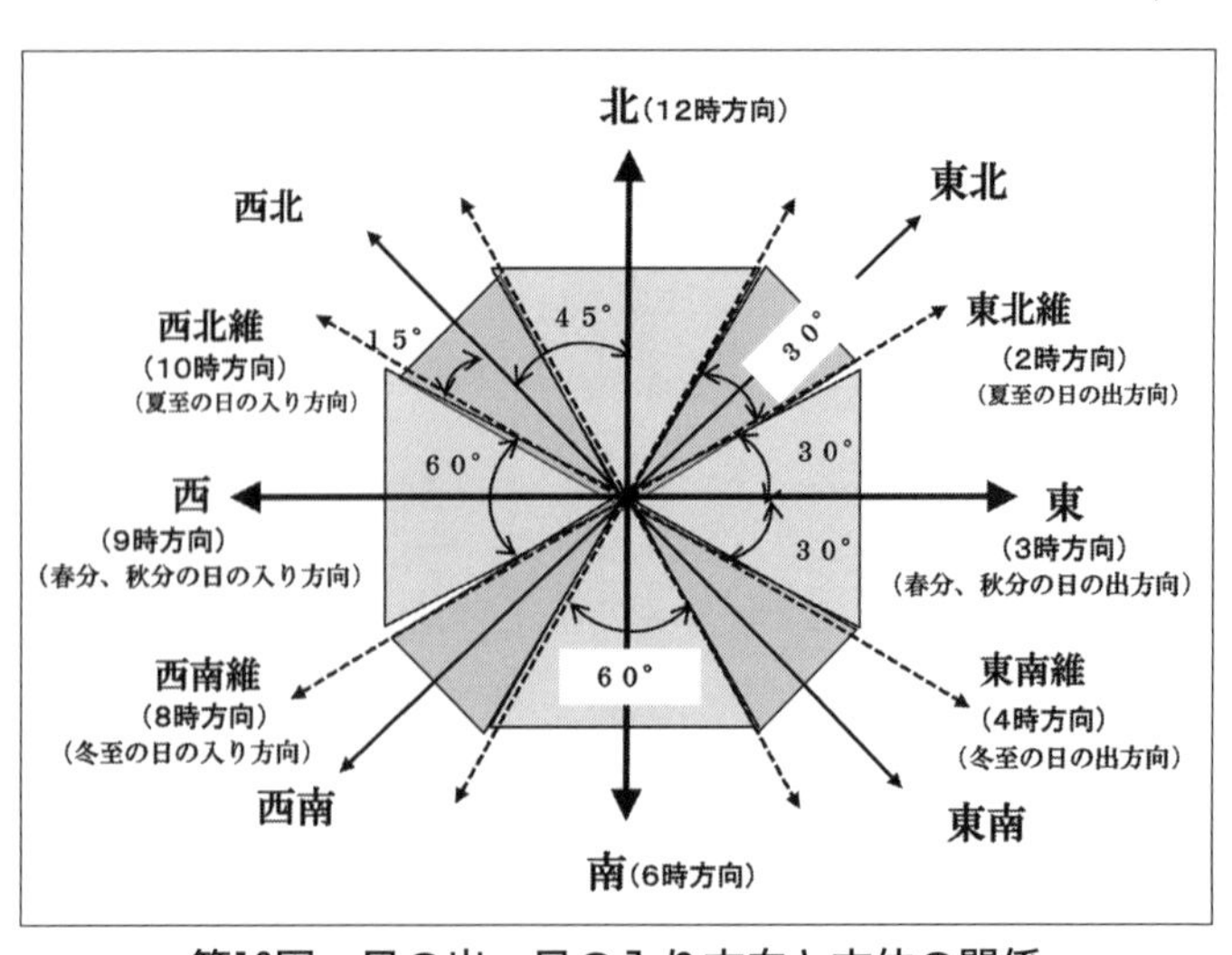

第10図　日の出、日の入り方向と方位の関係

角は60度となっていたが、風水学の発展により次第に東・西・南・北方向の幅は30度と小さくなり、東北・東南・西南・西北方向の幅が60度と大きくなっていった。

話は少し脱線するが、十二支のひとつに「酉」に似た字の「酉」がある。日が暮れると鳥が西の巣に帰るので西の方角を意味する「酉」が作られたという説がある。しかし、「酉」の字は壷の象形から生まれた文字であって、秋の収穫物のことを意味していた。この収穫物から作ったものが「酒」である。十二支の起源は古く、成立した時期は不明であるが、始皇帝が暦の統一を行った際に民衆が覚えやすいように、それぞれ動物名を当てたと推測される。たまたま収穫期にあたる秋（10番目＝旧暦の８月）に、鶏が当てられたので、我が国へ十二支が伝わったあとに「酉」を「酉」と読むようになり、方角と結びついて鳥が巣（西）に帰る話が作られたと推測される。

４ 古代ローマ時代の地図

筆者は１９８４年末から１９８５年秋にかけて北アフリカのリビア国に出張したことがある。その時に世界文化遺産に指定されていた古代ローマ遺跡のレプティス・マグナ及びサブラタと隣国チュニジアのカルタゴ、ハドリアヌス水道橋遺跡の一部を見る機会を得た。レプティス・マグナ（偉大なレプティスの意味）はリビアの首都トリポリから約１３０㎞東方に位置しており、フェニキア人が入植して町を作ったのが始まりと伝えられている（第11図）。

その後、アフリカ出身のローマ皇帝ルキウス・セプティミウス・セウェルス（在位：193～211年：レプティス・マグナ出身）が彼の治世に惜しげもなく国家の財源をレプティス・マグナに投入してカルタゴ（現在のチュニス）、アレクサンドリア（現在のエジプトの都市）に次ぐ大都市へと発展させて繁栄を極めたのである。またトリポリの約65㎞西方に位置するサブラタも同時期に繁栄した都市であった。レプティス・マグナ、トリポリ（オエア）、サブラタは古代にはトリポリタニアと呼ばれ、ローマ帝国の重要な穀倉地帯となっていた。

これらの都市はローマ帝国にとっては地方都市にすぎないが、集会場、裁判所、劇場、闘技

第11図　リビア、チュニジアのローマ遺跡

場、浴場など大規模な施設を備えていた。浴場は温水浴場、冷水浴場、サウナが設備されており、青銅製のコック（蛇口）を開くと温水、冷水が出る仕組みとなっていた。美しい大理石の化粧板が現在でも床や壁に一部残っており現代の施設と比較しても全く遜色がないほど豪華なものであった。市内の道路は石で舗装され、道路中央地下には排水溝が設置されていた。車道と歩道は区別され歩道は一段高くなっており、歩道には所々に石のベンチが置かれている場所もあった。数千人を収容できたと思われる劇場や闘技場は漏斗形状に造られており、小さな音でも観客席へ届くように設計されているのである。

チュニジアにあるハドリアヌス水道橋（１３８年完成）はハドリアヌス帝（在位：１１７～１３８年）の時代に建造されたものである。水源であるザグーアン山（チュニスの南に位置する）のダムからカルタゴ（チュニジアの首都、チュニスの近くにあった古代都市）へ水を供給した水道橋であり、ローマ帝国が建設した水道橋の中で最長といわれ、１３２㎞（一説には１４１㎞）の長さがあった。重力式により水を流すように設計された水路は１㎞当たり凡そ34㎝の傾斜（約3千分の1の傾斜）で作られたといわれている。ザグーアンからカルタゴまでの直線距離は60㎞もあるので建設費、メンテナンスを考慮して水道橋の高さがあまり高くならないようにルートを決めたものと思われる。水道橋に使用されたセメントはアルミニウム系のバインダーであり、現代のカルシウム系バインダーであるポルトランドセメントの強度と比較しても全く遜色がないと考えられている。ローマ遺跡は２０００年近くも存在しており、ローマ時代のセメントは現代のセメント（空気中の炭酸ガスによって中和化すると強度が低下する）と比較して遥かに耐久性があるのである。このハドリアヌス水道橋が完成したのは邪馬台国女王・卑弥呼が生まれる前のことであった。このような劇場、競技場の建設には精度の高い測量が不可欠であった。

ところが、これほど科学・技術が進んでいたローマ帝国でさえも方位磁石（羅針盤）が発明されていなかったために後述する「導線法」によって未知の土地の広域地図を作成することは困難であった。そのためローマ時代にはポイティンガー図と呼ばれる道路地図が作られていた。この地図は各都市間の道程（距離）と途中にある目印（山、河川など）を地図に書き入れたものである。各都市間の距離は正確であるが方位は無視されている。古代に作られた地図として、紀元前のエラトステネス（ギリシャ人：紀元前２７５年頃〜紀元前１９４年頃）やクラウディオス・プトレマイオス（83年頃〜１６８年頃）の世界地図が有名である。これらの地図にはヨーロッパ、アフリカ、インド、アジアまでが描かれているが、各地域の面積は実際よりも大きく又は小さく表現されており、方位も正確には描かれてはいない。

5 地図製作のための測量方法

北極星や方位磁石が無かった古代において未知の地域の地図製作は容易なことではなかった。

数学、天文学、測量学などに精通していなければできない仕事であった。それでは古代中国においてはどのようにして地図が製作されていたのであろうか？

古代の測量方法を知るためには江戸時代に精度の高い測量を行い『大日本沿海輿地全図』を作製した伊能忠敬（1745～1818年）の測量方法が参考になるので、彼が実施した方法を簡単に説明しておきたい。伊能忠敬は基本的に「導線法」と呼ばれる測量方法を用いた。その「導線法」を第12図に示した。

まず起点となる地点（起点A＝測点1）に棒の先につけた羅針盤（彎窠羅鍼）を設置して、磁北から測点2方向の挟角（図中のa）を測定した。次に測点間（測点1と測点2）の水平距離を「鉄鎖」、「間縄」又は「量程車」（車輪の回転数で距離を測定

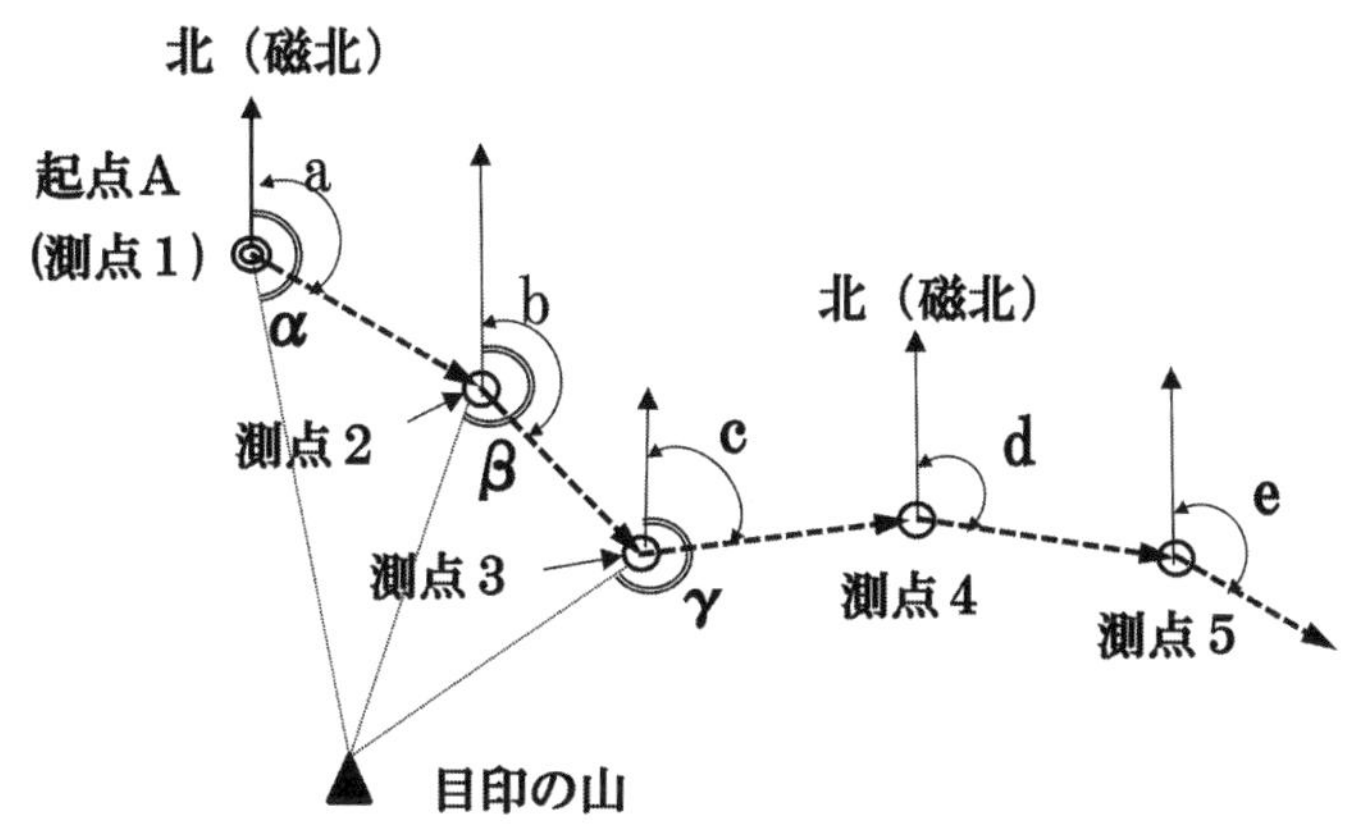

第12図　伊能忠敬の測量方法（導線法）

する機械）を用いて測定した。

勾配のあるところでは「小象限儀」を用いて勾配の測定を行い、水平距離を算出した。測点２、３、４、５……の地点において同様に磁北からの挟角ｂ、ｃ、ｄ、ｅ……と各点間の水平距離を測定した。また「交会法」を併用して目印となる高い山の方角（角度α、β、γ）を測量して測定ミスの発見や誤差の修正を行ったのである。関東地方の測量を行った際には目印の山として富士山、筑波山などが利用されている。

また測点の間に幅の広い川などがあり、鉄鎖・間縄では測れない場合は「三角法」により距離を算出した。

各測点には「梵天」（竹の先に白い短冊を付けた目標物＝測量ポールに相当）と呼ばれる目印を立てて測量を行った。間縄の長さは60間（約１０９ｍ）、鉄鎖は10間（約18ｍ）のものが使われたと伝えられている。

また北極星や星の高度を望遠鏡付の「中象限儀」で観測して緯度の計測を行った。伊能忠敬は測量経験から「彎窠羅鍼」を改良した「半円方位盤」（棒が傾いても彎窠羅鍼が水平となるようにしたもの）を新たに製作して使っている。因みに羅針盤が実用化されたのは中国の宋時代（９６０～１２７９年）であり、望遠鏡が発明されたのは16世紀後半から17世紀初めであった。レンズ職人あるいは眼鏡職人が２枚のレンズを重ねて見ると遠くの物が拡大して見えることに気付き発明されたと伝えられている。

⑥ 方位磁石がなかった時代の「導線法」の問題点

伊能忠敬が用いた「導線法」による測量は古代からよく知られていた測量方法であった。しかしながら古代中国ではまだ、伊能忠敬の時代のように羅針盤（方位磁石）が発明されておらず、しかも目印となる北極星もなかったことから伊能忠敬が行った「導線法」とはすこし異なった方法によって行われたのである。第12図を使って説明していきたい。

既述したように日の出方向は時とともに変化する。起点（測点1）においては太陽の運行によって第9図に示したように南北方向を正確に知ることができる。起点においては基準方向（真北）から測点2方向の挟角aの測定は可能であった。しかし、測点2に移動した場合、真北方向を決定するためには1日を要するため測点2に移ると起点（測点1）方向を基準方向として、右回りに測点3方向を見て挟角を測定せざるを得なかったのである。その後、測点1と測点2の距離を測定して、次に測点3の位置に移ると同様に測点2方向を見て、次に右回りに測点4方向を見て挟角（測点2と測点4の挟角）を測定したのである。このような方法で行った「導線法」では各点における挟角の測定誤差が累積していくために観測点が多くなればなるほど誤差が大きくなり正確な地図の作製ができなくなるのである。つまり、精度の高い地図を作るためには基準となる方位（例えば羅針盤の北方向）を基準方向として挟角を測定していくことが不可欠なのである。

7 測量に使われた方位

古代中国の地図製作者が使った方位を説明する前に周角について記述しておきたい。現在の我々は周角を360度として使っているが、これは古代メソポタミアで太陽が地球の周りを一周するのに360日かかると考えたことによるものであった。1日を1度として円周の角度を360度としたのである。

中国の数学書『周髀算経』は1年の長さに関して【以應周天三百六十五度・四分度之一】と記述しており、1年は365日と4分の1日（365・25日）であるとしている。このことから古代中国では測量の際に使った周角は365・25度であったと思われる。しかし話が複雑になるので、周角を現在使われている360度として話を進めていきたい。

因みにローマ帝国では1年の長さを独裁官・執政官であったガイアス・ユリアス・カエサル（シーザー：紀元前100年頃?〜紀元前44年）が紀元前45年1月1日にユリアス暦を制定して、1年を365・25日とした。

その後、ローマ教皇グレゴリウス13世がユリアス暦を改良してグレゴリオ暦（1582年10月15日から用いられている）を採用した。この暦は1年を365・2425日とするものであり、現在でも多くの国で使用されている。現在では正確な1年は約365・24219日とされている。

古代中国の人々は、大地は不動であり、太陽、月、星が大地（地球）を中心にして回っているという天動説を信じていた。第13図に示したように地球から見た天空の仮想球体を天球というが、太陽は一年を掛けて天球を一周すると考えていた。この時の太陽の軌道を黄道（こうどう）といい、点線で示した水平線を天の赤道と考えた。

この時、黄道と天の赤道が交わる点が春分点、秋分点であり、それぞれ春分（3月21日頃）と秋分（9月23日頃）にあたる。春分、秋分の日は丁度（ちょうど）太陽が天の赤道を横切る点であり、太陽は真東（真北より時計回りに90度）の方向から昇り、真西へ沈む。また最も太陽が高くなる時が夏至点であり、その反対が冬至点である。夏至（6月22日頃）の日の出方向を時計の文字盤で示せば2時方向から太陽が昇り、日没方向は10時方向となるのである。冬至（12月22

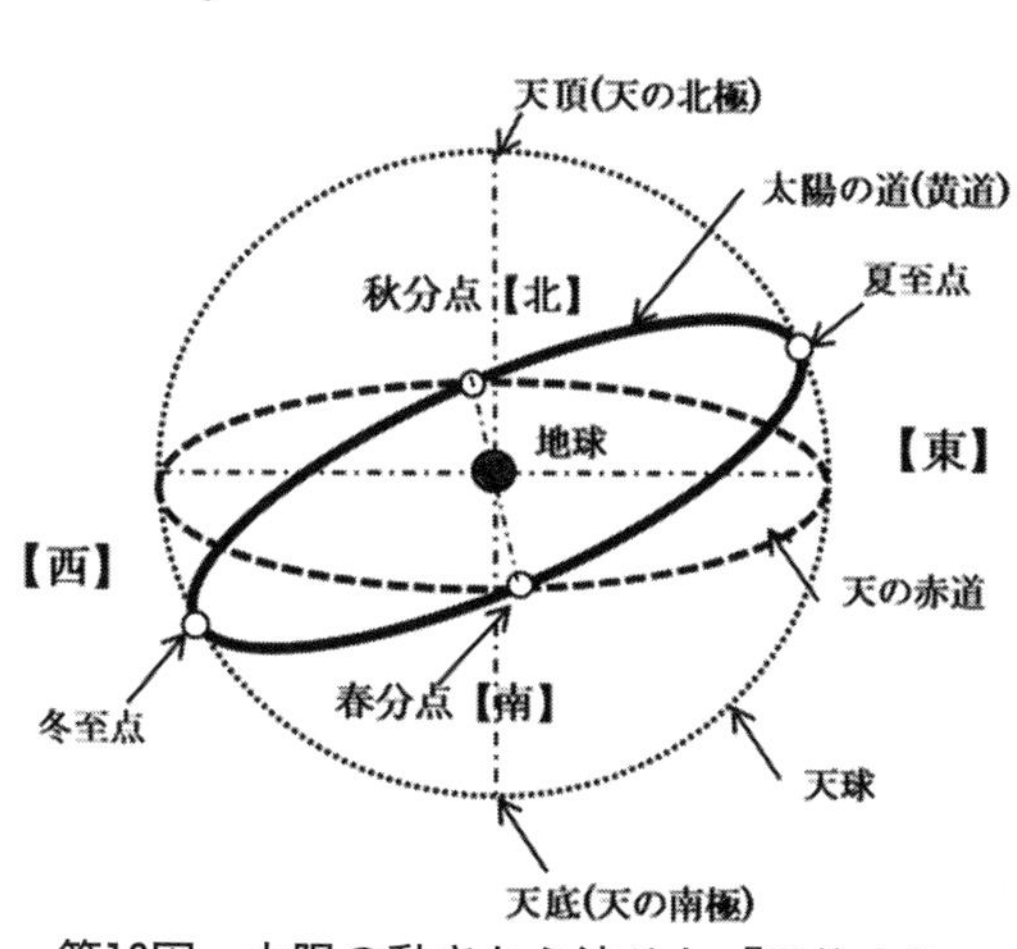

第13図　太陽の動きから決めた『民族方位』

日頃）の日は時計の4時方向から太陽が昇り、日没は8時方向となるのである。

第14図に福岡県・福岡市（凡そ北緯33・5度、東経130・4度）の1年間の日の出方向の推移を示した。日の出方向は緯度の違いによって変わり、暦年、経度の違いは影響しない。日の出方向は真北から時計回りの角度で示している。第14図で注目していただきたいのは夏至日、冬至日付近で日の出方向が一定となることである。古代中国の地理学者は天体観測によって夏至日前後においては日の出方向が一定となることを知っていたのである（注：冬至の日の前後も日の出方向が一定となるが、太陽光が弱く、測量のための方位には使用されなかった）。

中国・北京市（緯度39・91度）、佐賀県・佐賀市（緯度33・26度）、京都府・京都市（緯度35・01度）の3ヵ所（標高10m）の日の出方向を調べた結果を第3表に示した。日の出方向は真北より時計回りの角度で示している。

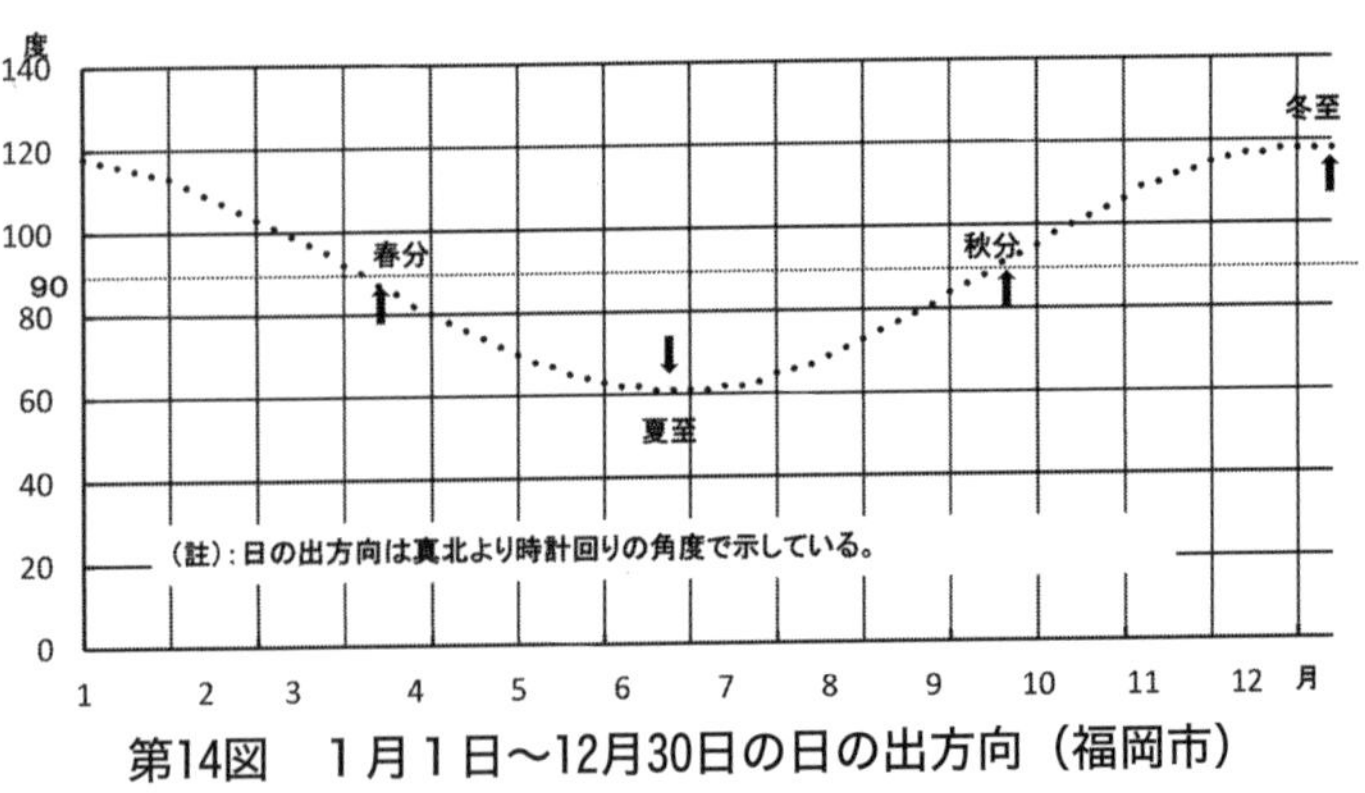

第14図　1月1日～12月30日の日の出方向（福岡市）

第３表　西暦200年の日の出方向

場所	中国・北京市	佐賀市	京都市
緯度(度)	39.91	33.26	35.01
経度(度)	116.38	130.30	135.76
5月1日	69度	71度	71度
5月5日	68度	70度	69度
5月10日	66度	68度	68度
5月15日	64度	67度	66度
5月20日	63度	65度	65度
5月25日	61度	64度	63度
6月1日	60度	63度	62度
6月5日	59度	62度	61度
6月10日	58度	61度	61度
6月15日	58度	61度	60度
6月20日	58度	61度	60度
6月22日	58度	61度	60度
6月25日	58度	61度	60度
7月1日	58度	61度	61度
7月5日	59度	62度	61度
7月10日	60度	62度	62度
7月15日	61度	63度	63度
7月20日	61度	64度	64度
7月25日	63度	66度	65度
8月1日	65度	68度	67度
8月5日	67度	68度	68度
8月10日	69度	71度	70度
8月15日	71度	73度	72度
8月20日	73度	74度	74度

第3表に示したように夏至日を挟む前後2週間程度は太陽の日の出方向はほぼ一定となるのである。つまり、この夏至前後の限られた期間だけ日の出方向を基準方向として「導線法」を使って測量が可能となるのである。今、夏至の日の出方向を東とする民族が存在していたとして、この方位を仮に「民族方位」と呼び話を進めたい。簡単に言えば「民族方位」とは現在の我々が使用している東・西・南・北とは反時計回りに約30度ズレており、古代中国の地理学者が測量に使用した基準方位のことである。したがって、この書では「民族方位」の場合は、【東】・【西】・【南】・【北】と表示する。【東】(夏至の日の出方向)を基準方位として「導線法」を使った場合の測量方法を第15図に示した。

測量手順は次のとおりである。まず第15図の測点1から測点2、測点3、測点4……と、その日に測量を実施する観測点(各観測点は互いに見える位置に設置する)にあら

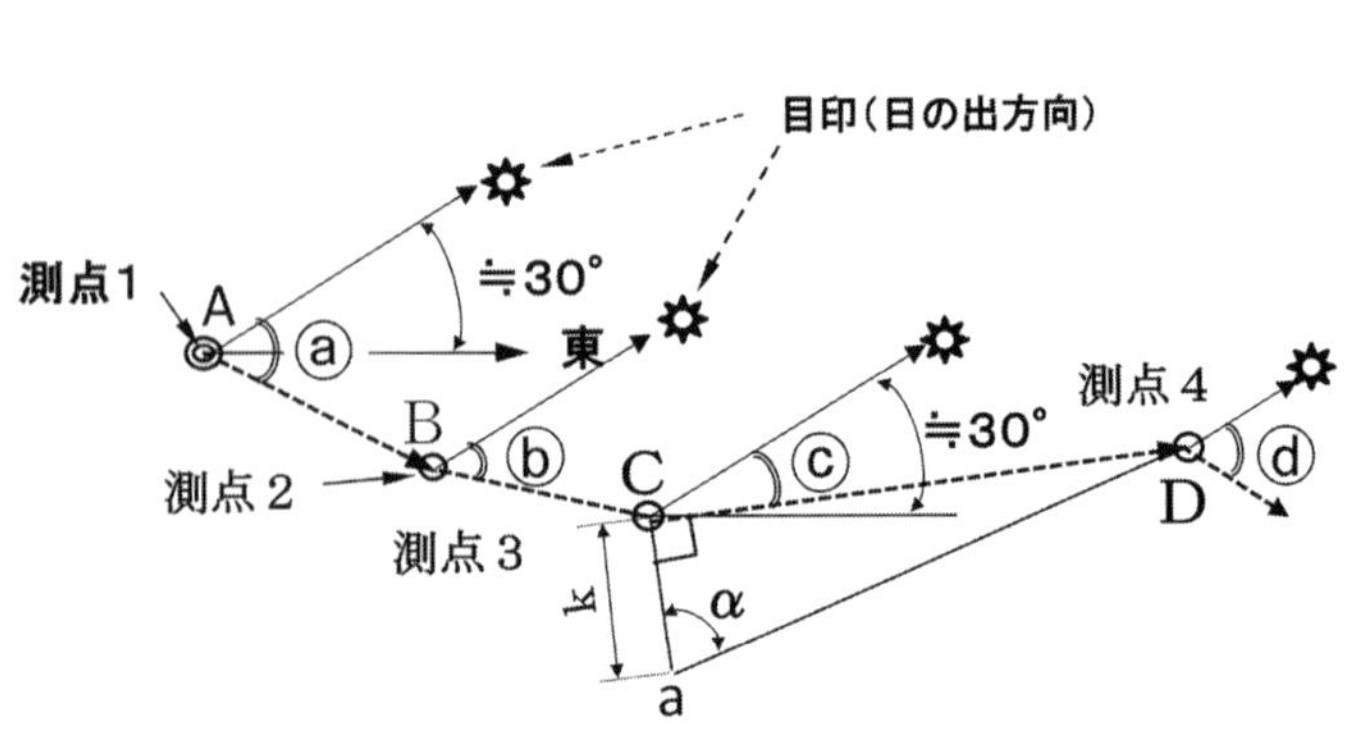

第15図　「民族方位」による測量(「導線法」)

かじめ人を配置しておき、【東】方向を各点から観測させて、その方向に目印を立てさせておく。起点（測点1）において基準方位（【東】）から測点2の方向の挟角ⓐを、角度計を用いて測定する。次に測点1と測点2の水平距離を計測する。次に測点2に移動して、同様に【東】方向に設置した目印方向から測点3方向の挟角ⓑ及び測点2と測点3の距離を計測する。これを繰り返していけば伊能忠敬が羅針盤（方位磁石）を使って行ったように、基準方位からの測量が可能となるのである。この方法は非常に手間が掛かり大変であったが、各測点の挟角を測定するよりも精度は格段に向上するのである。

1972年、湖南省・長沙市で前漢の墓が発見された。この墓は長沙国丞相であった利蒼（?〜紀元前186年）一家の墓であり『馬王堆漢墓』と呼ばれている。そして彼の子が埋葬された3号墓からは帛（絹布）に書かれた地図が出土したのである。『長沙国南部図』と呼ばれる地図は約96㎝の正方形の帛に17万〜19万分の1の縮尺で湖南省を流れる湘江の支流である瀟水の流域の地図が描かれていた。つまり、縦横凡そ170〜190㎞の範囲が描かれた地図となっているのである。この地図は中心部ほど正確に描かれ、中心部から遠ざかるにつれて精度が低くなっているといわれていることから、おそらくこの地図は「民族方位」と「導線法」を使って測量が行われたと推測されるのである。しかし測量誤差を修正するための目印となる山の測量を怠っていたために誤差が中心部から離れるにしたがって大きくなったと考えられるのである。

中国では「民族方位」を利用して測量が行われ、次第に精度の高い地図が作られていった。安全な国内の地域では多くの年数を掛ければ正確な地図の製作が可能であったが、盗賊などが出没する地域においては単年で測量が行われたと推測される。しかも「民族方位」が利用できる期間が限られていたために測量可能な距離には限界があったのである。

章帝（在位：75～88年）の建初年間（76～83年）に完成した『漢書』には首都の長安から西域の主な国々までの距離が第４表のように記述されている。

これらはタクラマカン砂漠の北側の天山南路と南側の西域南道にあった国々である。長安から各国までの距離は最大約1万２０００里となっている。この理由は既述したように測量期間が限られていたために測量可能距離には限度があったからである。「民族方位」を使って測量が行えない場合は目的地までの距離は日数によって表示されたのである。

古代では方向が既に判明している地域の地図製作（例えば市内地図）は容易であったが、「民族方位」が利用できる期間は限られており、未知の地域の広範囲な地図を製作することは事実上困難であった。掠奪など安全上の問題があったからである。ところが古代中国にはこれまで述べてきた以外に天文測量という測量方法が発見されていた。

第４表　漢の周辺の国々までの距離

国名又は地名	距離（里）	摘　　要
敦煌～遼東	11,500	自敦煌至遼東萬一千五百餘里
臨洮～遼東	約10,000	起臨洮至遼東萬餘里
大夏（バクトリア）	12,000	大夏去漢萬二千里（大夏、漢から萬二千里）
扜彌国	9,280	長安から扜彌国（うびこく）迄の距離
于闐国（ホータン）	9,670	長安から于闐国（うてんこく）迄の距離
皮山国	10,050	長安から皮山国迄の距離
西夜国	10,250	長安から西夜国迄の距離
依耐国	10,150	長安から依耐国迄の距離
難兜国	10,150	長安から難兜国（なんとうこく）迄の距離
罽賓国	12,200	長安から罽賓国（けいひんこく）迄の距離
烏弋山離国	12,200	長安から烏弋山離国（うよくさんりこく）迄の距離
安息国（パルティア）	11,600	長安から安息国（あんそくこく）迄の距離
大月氏国（クシャン）	11,600	長安から大月氏国（だいげっしこく）迄の距離
康居国	12,300	長安から康居国（こうきょこく）迄の距離
大宛国（フェルガナ）	12,250	長安から大宛国（だいえんこく）迄の距離
桃槐国	11,080	長安から桃槐国（とうかいこく）迄の距離
休循国	10,210	長安から休循国（きゅうじゅんこく）迄の距離
莎車国	9,950	長安から莎車国（さきょこく）迄の距離
疏勒国	9,350	長安から疏勒国（そろくこく）迄の距離
烏孫国	8,900	長安から烏孫国（うそんこく）迄の距離
烏貪訾離国	8,900	長安から烏貪訾離国（うたんしりこく）迄の距離

8 古代中国の天文測量

地図の起源は、「その地の自然現象の兆しによって禍福吉凶を判断する」ために作られたのであるが、時代が下がるにつれて目的は変化して覇者が自分の領土を示すために作られるようになっていった。

中国には地図にまつわる有名な話が残されている。敵国に自国の地図を渡すことは、その領土を割譲することを意味していた。中国戦国時代末期の刺客であった荊軻（?〜紀元前227年）は燕の太子・丹の命を受けて秦王の政（のちの始皇帝）を暗殺するために帛（絹布）に書かれた燕の督亢（現在の河北省・涿州市付近）の地図と、秦から亡命してきた将軍の首を持参して始皇帝に近づいたのである。地図には匕首が巻き込んであったのである。始皇帝が地図を広げたそのときに荊軻は始皇帝の袖を掴み、匕首で刺そうとしたのであるが、袖が破れて始皇帝は間一髪で逃れ、荊軻は暗殺に失敗して殺されたのであった。

さて秦の始皇帝は全土を統一すると、国家を一元化するため挟書律を制定して秦以外の多くの書籍を焼棄させた。そのため一時的に科学は後退した。しかし『周髀算経』、『九章算術』など測量に必要な幾らかの数学書が残った。両書は周時代から書き継がれ後漢の時代に成立したと考えられている。

秦の頃、大地と天は平行に存在しているという蓋天説が信じられていた。この説では太陽・

月・星よりも大地の方が大きいと考えられていた。そして太陽の照らす範囲は決まっており、太陽が移動することによって、夜と昼が生まれると考えられていた。

中国最古の『周髀算経』（古代中国の天文数学書：作者不詳）は次のように蓋天説を記述している。

【夏至南萬六千里、冬至南十三萬五千里、日中立竿測影。此一者天道之數。周髀長八尺、夏至之日晷一尺六寸。髀者股也。正晷者句也。正南千里、句一尺五寸。正北千里、句一尺七寸。日益表南、晷日益長。候句六尺、即取竹、空徑一寸、長八尺、捕影而視之、空正掩日、而日應空之孔。由此觀之、率八十寸而得徑一寸。故以句為首、以髀為股。從髀至日下六萬里、而髀無影。從此以上至日、則八萬里。若求邪至日者、以日下為句、日高為股。句、股各自乘、并而開方除之、得邪至日、從髀所旁至日所十萬里。以率率之、八十里得徑一里。十萬里得徑千二百五十里。】

「夏至の（太陽は）南1万6千里（北回帰線を指す）にあり、冬至の（太陽は）南13万5千里（南回帰線を指す）にある。日中に竿（棒）を立てて影を測る。これは天道（太陽）に関する数学のひとつである。周（の地）において長さ8尺の髀（垂直に立てた棒）の、夏至の日（の南中時）の晷（影）は1尺6寸である。髀は股（直角三角形の縦辺）である。この時の晷が、句（勾）である。正に（ちょうど）南に千里移動すると、句は1尺5寸となる。ちょうど北へ千里移動すると、句は1尺7寸となる。太陽が南へ移るほど、晷（影）は長くなる。句（影）が6尺となる時に、長さ8尺で内径が1寸の竹を用いて、空にある太陽を捉えて見ると、太陽の大きさは竹の内径と同じとなる。この観察結果から、（太陽の大きさは）80寸の長さに対し直径1寸の率が得られる。よって句を基準にして、髀を股とすると、髀から太陽が6万里移動してくると（太陽の真下では）、髀（棒）の影が無くなる。この場所から真上の太陽までは、すなわち8万里であるので太陽までの邪（斜辺の長さ）を求めると、日下（太陽の移動した距離）を句とし、日高（太陽の高さ）を股としているので、句、股それぞれ自乗して、合わせ、これを開放（√を開くの意味）すると、太陽に至る邪（斜辺の距離）が得られる。髀（棒）から太陽付近までの距離は10万里である。よって80里の長さに対する直径1里の比率に従うと、10万里から（太陽の）直径として１２５０里を得る」

前半部については太陽の高さの求め方が記されている。その方法を第16図に示した。『周髀算経』の記述では周の地に垂直に立てた8尺の棒・図中の髀①（e点）を基準点として南へ１０００里南下するごとに髀（棒）の影が一寸ずつ短くなるとしており、髀①から

１万６０００里南下してＢ点（北回帰線）に到ると太陽は真上に位置するので棒の影がなくなるとしている。これが有名な「一寸千里の法」である。

太陽の位置（高さ）に関しては髀①によってできる小さい直角三角形（△ｆｅＣ）と図中の三角形ＡＢＣは相似形であるので比率によって太陽の高さ（Ｈ）が求められるとしている。同様に髀②によってできる小さな直角三角形（△ｎｍＤ）と三角形ＡＢＤは相似形であるので、同様に相似

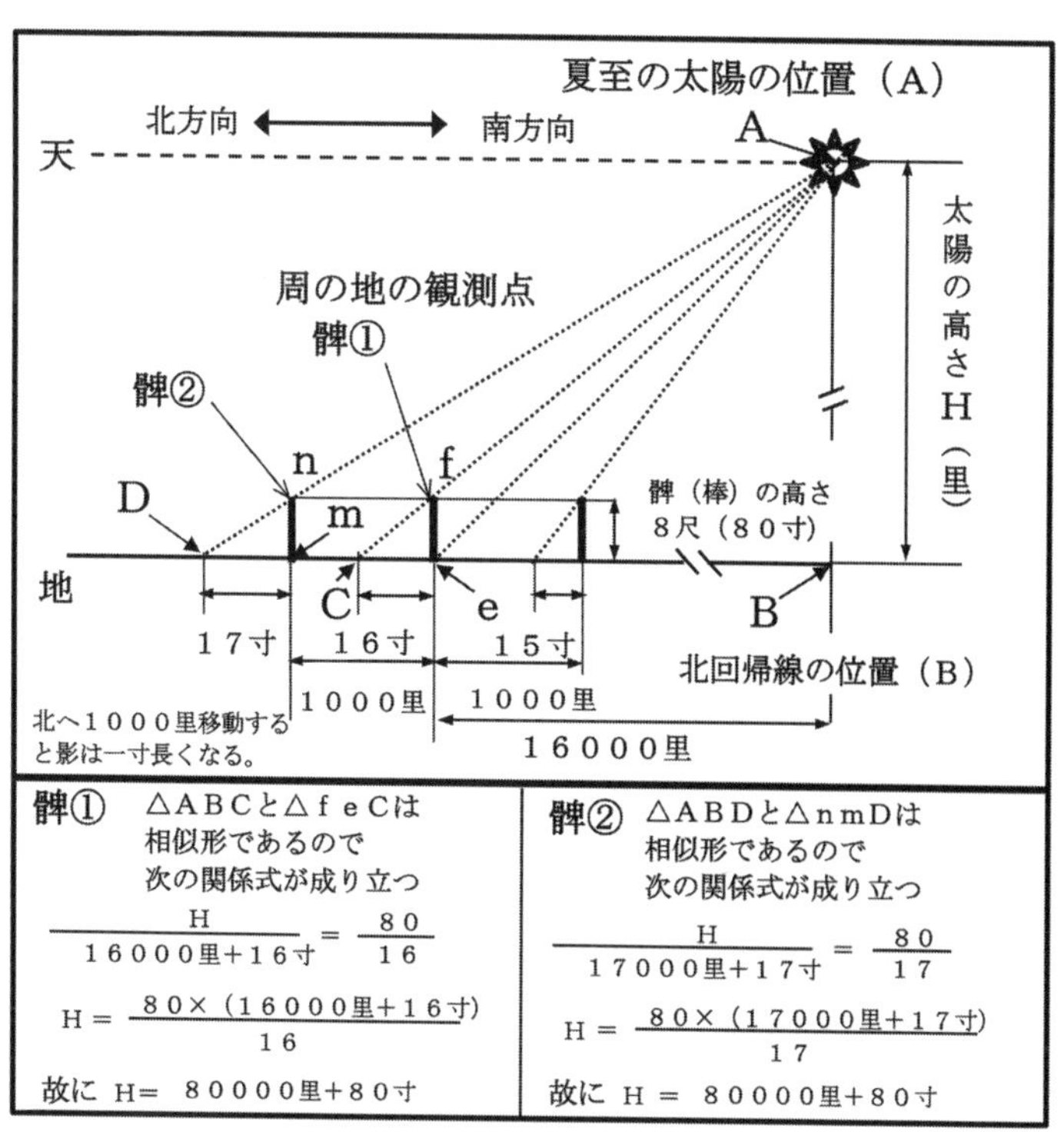

第16図　「一寸千里の法」の説明図

形の比率により太陽の高さ（H）を求めることができ、太陽の高さはH＝8万里であるとしている（正しくは第16図の下に示したように8万里＋80寸となる）。因みに地球から太陽までの実際の距離は凡そ1億4960万kmである。

蓋天説の後半部は、昼と夜の生じる理由を述べている。第17図のように太陽の真下から6万里離れて、長さ80寸（8尺）、内径1寸の竹筒で太陽を観察すると、竹の内径1寸と太陽の直径が一致するので、「80寸（8尺）」対「内径1寸」の率が得られ、これを使えば、太陽の大きさは直径1250里となり、照らす範囲は直径1250里の範囲であるとしている。

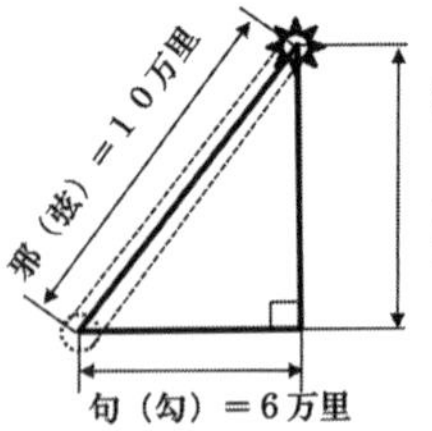

長さ80寸に対し直径1寸の比率が成立するので、太陽からの距離10万里では直径1250里の範囲が日照の範囲としている。
この時直角三角形のそれぞれの辺長の比は3：4：5となるとしている。
古代中国の人々がピタゴラスの定理を知っていたことがわかる。

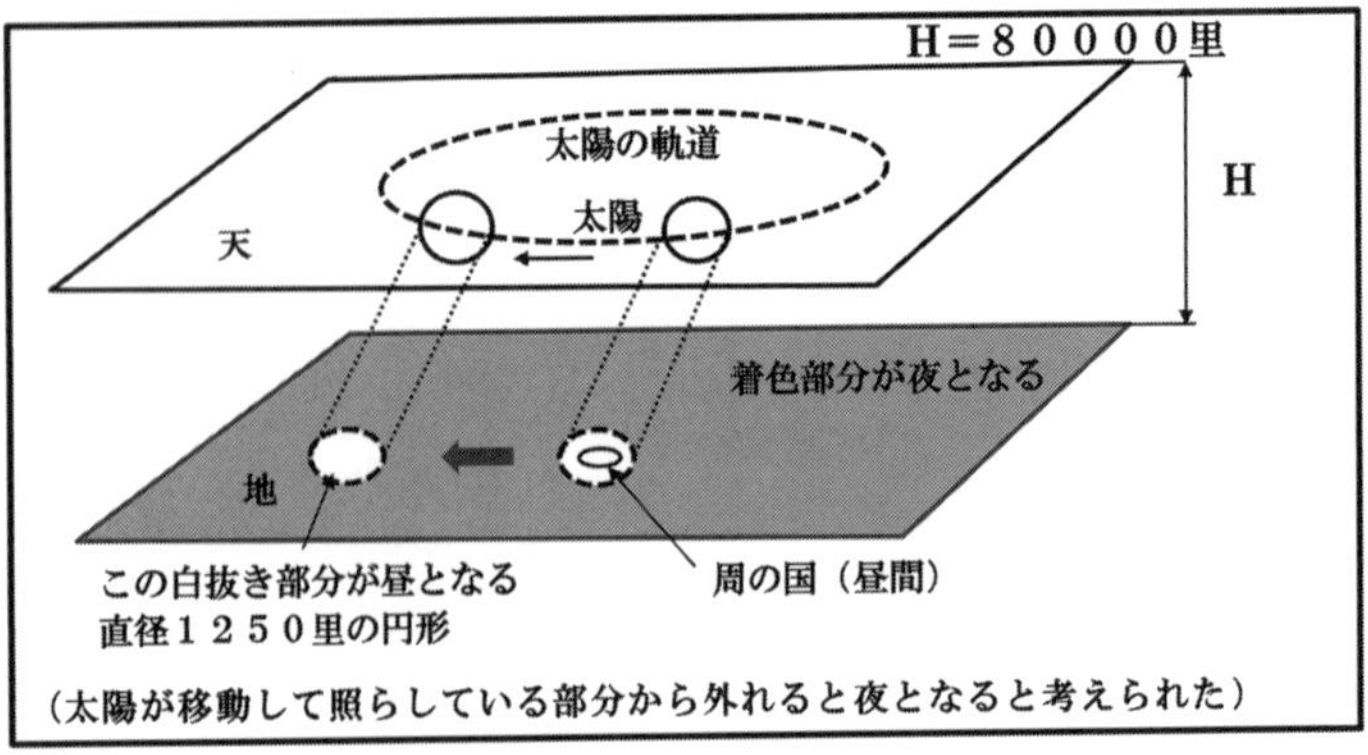

第17図　蓋天説による昼夜の説明図

そして太陽が移動することにより太陽の照らす部分が移動するので、昼と夜が生ずると考えたのである。

因みに、夏と冬の違いについては次のように記されている。

【冬至晝極短、日出辰而入申。陽照三、不覆九。東西相當正南方。夏至晝極長、日出寅而入戌。陽照九、不覆三。東西相當正北方。】

「冬至の昼は最も短く、日（太陽）は辰（たつ）の方位（４時方向）から出て申（さる）の方位（８時方向）に入る。陽を照らしているのは（全体の）三であり、九は不覆（ふり）である（反応していない）。東西はかなり南側となる。夏至の昼は最も長く、日は寅（とら）（２時方向）から出て戌（いぬ）（10時方向）に入る。陽を照らしているのは（全体の）九であり、不覆は三である。東西はかなり北側となる」

つまり、夏と冬とでは太陽が明るく輝く部分と全く反応していない部分に違いがあると記述しているのである。

9 魏が用いた画期的な測量方法

秦は全土を統一すると、各国にあった重要な地図・地理に係わる図書を文書殿に保管していた。秦末の反秦戦争の中、劉邦（前漢の初代皇帝）は秦の首都・咸陽に一番乗りで入った。この時、漢の丞相となった蕭何（生没年?~紀元前193年）は諸将が宝貨を求めて宝物殿に殺到する中、ひとり文書殿に走り、秦の文書を確保した。広大な全土を治めるためには秦の文書、地図などが不可欠であると判断したのである。彼の行動によって古代からの地図、地理書がそのまま漢に引き継がれたのであった。劉邦は降伏した秦の最後の皇帝・子嬰を殺さず、財宝、後宮にも手を出さず、文書類を確保して引き揚げた。劉邦の少し後に入城した項羽は子嬰ら王族一族を皆殺しにすると、宝物、美女を掠奪し、暴虐の限りを尽くして咸陽を廃墟にして去ったのであった。その後、劉邦（漢王）と項羽（楚王）の間で覇権争い（楚漢戦争）が発生したが、劉邦（在位：紀元前202~紀元前195年）が勝利して前漢を興した。

さて前漢時代になると蓋天説の不具合が指摘されて渾天説が支持されるようになっていった。この説では、天は卵の殻のように丸い形をしており、天のところに星があり、大地は平坦で海の中央に浮いており、天と大地は「気」（自然のエネルギー）によって定位を保って存在していると考えたのである。大地は蓋天説と同じく平坦で不動であり、円形の天が大地の上で回転していると考えたのである。

前漢は第７代皇帝・武帝（在位：紀元前１４１～紀元前87年）の時に全盛期を迎え、領土拡大のための遠征が度々行われた。そのため各地までの位置測量が盛んに行われて測量に必要な知識と技術は進歩していった。

そして後漢から魏・晋時代にかけて偉大な科学者、数学者、地理学者が輩出して、地図製作は格段の進歩を遂げた。後漢の政治家、文人、科学者であった張衡（78～１３９年）は水力によって動く渾天儀（天球儀）、水時計を発明し、世界最初の地震感知計（知動儀）を発明した。また地図に初めて縦横線を入れた「方格図」を作った。同時期、古代ギリシャの天文学者プトレマイオス（83年頃～１６８年頃）も縦横線を入れた地図を作製している。

魏・晋時代には数学者の劉徽（２２０年頃～２８０年頃）が出ている。ちょうど女王・卑弥呼、台与の時代に活躍した人物である。彼は測量に関する数学書『海島算経』を書いた人物である。劉徽は『九章算術』の注釈を行い、無理数の円周率（π）を小数点以下４桁（３・１４１６）まで求めている。これは当時の世界最高水準にあった。因みに中国では5世紀には祖冲之（４２９～５００年）が円周率（π）を小数点以下6桁まで正確に求めており、イスラム、ヨーロッパの諸国がこの水準に達するのは15世紀になってからである。

さらに中国地図学の祖とされる偉大な地理学者の裴秀（２２４～２７１年）が出ている。現在、我々が使っている緯度（緯線）、経度（経線）は裴秀が名付けたものである。彼は画期的な測量方法を考案して、古代における最も精度の高い地図を作製して不滅の金字塔を打ち立てた。

裴秀の父である裴潜（?～244年）は後漢の太守、刺史を歴任した武将、政治家であり、魏時代に尚書令（皇帝の文書の管理を行う秘書官）となった。裴秀は魏、西晋に仕えた政治家、地理学者であり、幼い頃から学問を好み8歳にして立派な文章を作ったと伝えられているほどの秀才であった。

裴秀は父である裴潜が亡くなると爵位を継承して黄門侍郎（皇帝の勅命を諸官へ伝える官職をいい、皇帝の側近）となった。

さて彼は地図製作に必要な基本原則として「準則六体」【分率、準望、道里、高下、方邪、迂直】を示した。

『晋書』（648年成立）は「準則六体」について次のように記述している。

【制図之體有六焉。一曰分率、所以辯廣輪之度也。二曰準望、所以正彼此之體也。三曰道里、所以定所由之數也。四曰高下、五曰方邪、六曰迂直、此三者各因地而制、以校夷険之數也。】

「地図製作の體（基本）は六つある。一つは分率で、これは面積の大小を表すものである。二つは準望であり、これは基準となる方向から彼此（あちらとこちら）の位置関係を測定することである。三つは道里で、これは定所（定点）からの里数（直線距離）を表すものである。四つは高下、五つは方邪、六つは迂直で、これら三つはそれぞれの地形・状況によって決定して行い、よって平坦な地と険しい地の数（距離）を校正（補正）するのである」

この「準則六体」の【分率、準望、道里】の意味は比較的容易に理解できる。しかし【高下・方邪・迂直】はそれぞれの地形によって決定するとしており、現在でも解釈は定まっていない。一般的には【高下】とは二地点間の高度差の測定をすること、又は勾配（高度差）がある場合の二地点間については水平距離を求めるとの意味であるとされている。【方邪】は直角三角形の直角を挟む二辺を求め、次に斜辺の距離を求めること、又は二辺の交差角を求める意味であるとされている。【迂直】は地形が曲がりくねって出入りの多い場合、曲線ではなく直線と方位で測量を行う意味だとされている。しかしながら当時の測量方法は現在の測量方法とは全く異なっていたと考えられるため【高下・方邪・迂直】の意味を現在の測量方法に当てはめて解釈するのは間違いであろうと思われる。

裴秀が邪馬台国の位置測量に関与していたことは間違いなく、魏が邪馬台国の位置測量を行った方法と【高下・方邪・迂直】の意味を、私見を入れながら説明していきたい。

さて、朝鮮半島から対馬、壱岐、九州本島までの間には海が存在しており、「導線法」による測量は不可能であることは容易にわかる。それでは当時において、どのような方法によって朝鮮半島から九州までの距離測量を行ったのであろうか？

今、対馬に最も近い朝鮮半島・巨済島から対馬・下島までの距離（ＡＣ間の距離）を測量すると仮定する。巨済島と対馬を第18図に示した。

もし「三角法」によって距離測量を行おうとすれば、巨済島内に観測点2点（Ａ点、Ｄ点）を設けて、それぞれの二つの挟角（∠ＤＡＣと∠ＡＤＣ）及びＡＤ間の距離を正確に測る必要があるのである。

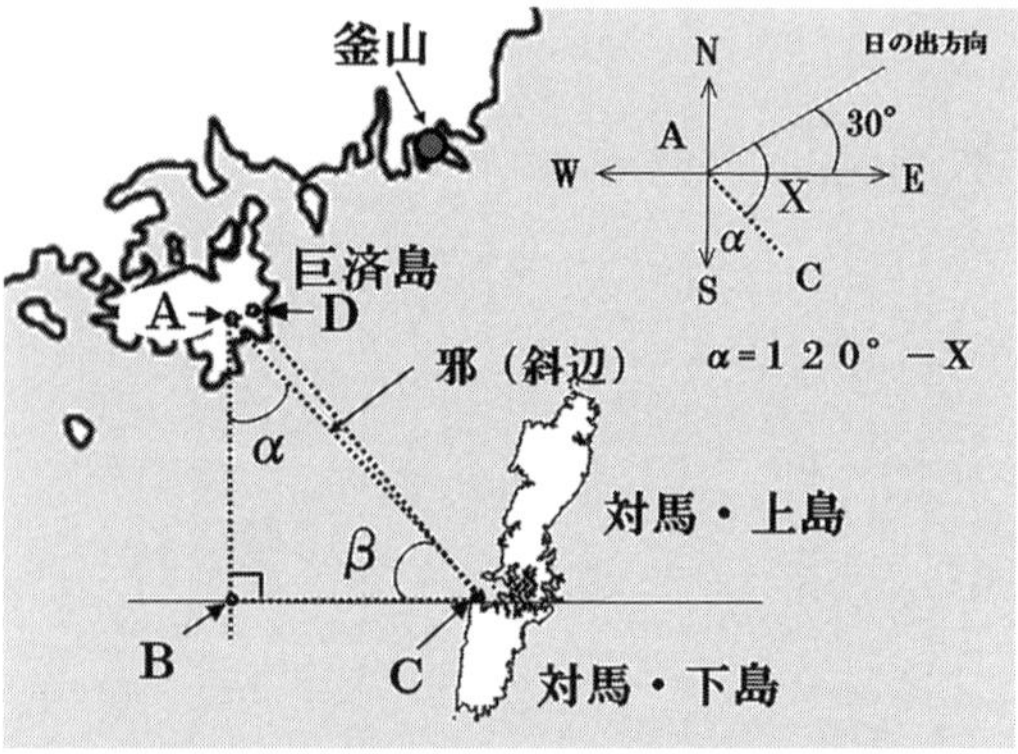

第18図　朝鮮半島と対馬の距離測量方法

地球は半径約６３７８㎞の球形（実際には自転によって赤道方向の半径が少し大きい楕円形をしている）をしているため、高度２ｍの目線から見える水平線までの距離は僅か５㎞ほどにすぎない。つまり、それより遠い所は見えないのである。

実際のＡＣ間の距離は70㎞ほどあるのでＡ点及びＤ点から対馬・下島（Ｃ点：海抜１ｍと仮定する）を観測するためにはＡ点及びＤ点を海抜４００ｍ以上の場所に設置してＣ点の位置を

正確に観測する必要があるのである。もし三角測量によって行おうとすれば望遠鏡が不可欠であろう。しかし、当時望遠鏡は発明されていなかった。しかもＡＤ間の距離が短いと、Ａ、Ｄ点における挟角は90度に近くなるため作図の際に誤差が出やすくなり、逆にＡＤ間の距離を長く取ると、ＡＤ間の距離測量が難しくなるのである。つまり、朝鮮半島から対馬、壱岐、九州北部までの長距離間の測量を「三角法」によって行うことは難しいのである。したがって現代の測量方法とは全く違った方法によって行われたと考えられるのである。

裴秀は《禹貢九州地域図論》の中で、

【彼此之實定於道裏、度數之實定于高下、方邪、迂直之算。故雖有峻山鉅海之隔、絶域殊方之迥、登降詭曲之因、皆可得舉而定者。准望之法既正、則曲直遠近無所隱其形也。】

（『芸文類聚』）

「彼此（こちらとあちら）の実際の道里（距離）を決定するには、高下、方邪、迂直より実際の距離を算出して決定するのである。故に峻山・巨海が存在し隔離されていたとしても、絶域で遥かに遠く、登降が普通でないほど（地表が）屈曲していたとしても、全て（の位置）を確定することができるのである。すなわち准望（方向）は正しく、曲直遠近を漏れなく地図にすることができるのである」

と記述しており、どのような高山、巨海が存在していても測量は可能であると自信をもって述べているのである。

彼が考えた画期的な測量方法とは夏至日において「8尺の棒」（8尺表）の影長を正確に測定する方法であった。彼は子午線（南北方向）に沿って影長一分（一寸の10分の1）ごとに対する南北方向の距離を正確に調査して、精密なデータベースを完成させていたと考えられるのである。この精密なデータベースによって夏至日の8尺表の日影長（A点及びC点における日影長）を計測するだけで2点間（ＡＣ間）の南北方向の距離成分（ＡＢの距離）を簡単に算出できたと考えられるのである。つまり裴秀が示した【高下】とはA点とC点の緯度の差（日影長の差）を計測することであり、第18図の南北方向の距離（ＡＢの距離）を求める意味だったと考えられるのである。

朝鮮半島から対馬までの測量は第18図に示したように夏至の南中時にA点、C点において影長を測定して、次にA点から「民族方位」を基準方向として篝火（かがりび）、又は烽火（のろし）、又は目印となる山を利用してC点方向の観測（挟角X）を行えば、挟角αはα＝１２０度－（マイナス）Ｘで簡単に求めることができるのである。次に△ＡＢＣと相似形の小さな直角三角形（△ａｂｃ）を描き、ＡＢ、ＡＣの辺長に対応するａｂ、ａｃの距離を実測して、相似形の比率を利用してＡＣ間の実距離を求めることができるのである。また【方邪】とは「民族方位」を基準方向としＡＣの斜辺（邪）の方向（挟角α）を求める意味だと考えられるのである。因みにC点において挟角

βを算出してもＡＣ間の距離を求めることができるのである。この測量方法を仮に「８尺表測量法」と称して話を進めたい。

裴秀は『禹貢地域図』（中国全土地図）を完成させたと伝えられている。彼は文書殿に保管されていた『禹貢』から古地名と、残されていた「８尺表の影長」から古地名の位置を確定し、地図上に書き入れて地図を完成させたと思われる。『禹貢』とは伝説の夏の帝王・禹が中国全土を九つの州に分けて、それぞれの地域の地理、産物などを記録した地理書のことである。裴秀が作製した『禹貢地域図』、『地域方丈図』はともに逸失して残されていないが、羅針盤、望遠鏡がなかった時代において、世界で最も精度の高い地図であったと考えられ、正角円筒図法（メルカトル図法）と呼ばれる地図に近いものであったと推測される。

裴秀は、その後司空（治水、土木工事などを掌る最高官）の地位まで上ったが、五石散（向精神薬）を飲んだ時に中毒して２７１年、47歳の若さで亡くなった。

ついでながら当時は、経度を計測することは容易ではなかった。地球は1日で1回転（３６０度）するので1時間では15度回転する。同じ時を刻む正確な二つの時計を二点（仮にＭ点とＮ点とする）に設置して太陽の南中時の時刻をそれぞれ計測することによって初めてＭ点とＮ点の（経度差）を求めることができるのである。筆者は古代における経度の測定方法を史書から見つけ出すことはできなかったが、当時、張衡によって精巧な水時計が発明されていたので水時計を利用して求めたか、あるいは月、恒星を観測することによって経度を求めたと推測している。
河川がある場合は「三角法」によって測量を行ったと考えられる。その方法を第19図に示した。

三角形のXの距離を求めたい時にはNM間の距離（m）を求め、次に相似形の小さな三角形NFEを実際に作りY、nを求め、これから相似の計算式X=Y×(m/n)を使って求めたと思われる。

【迂直】とは直角三角形MNOにおいて、OM間（X）の距離を求めるために直交するM点からN点までの距離（m）を、あたかも迂回するかのようにして求めることから名付けられたように思われる。つまり「三角法」による測量を指しているように思えるのである。

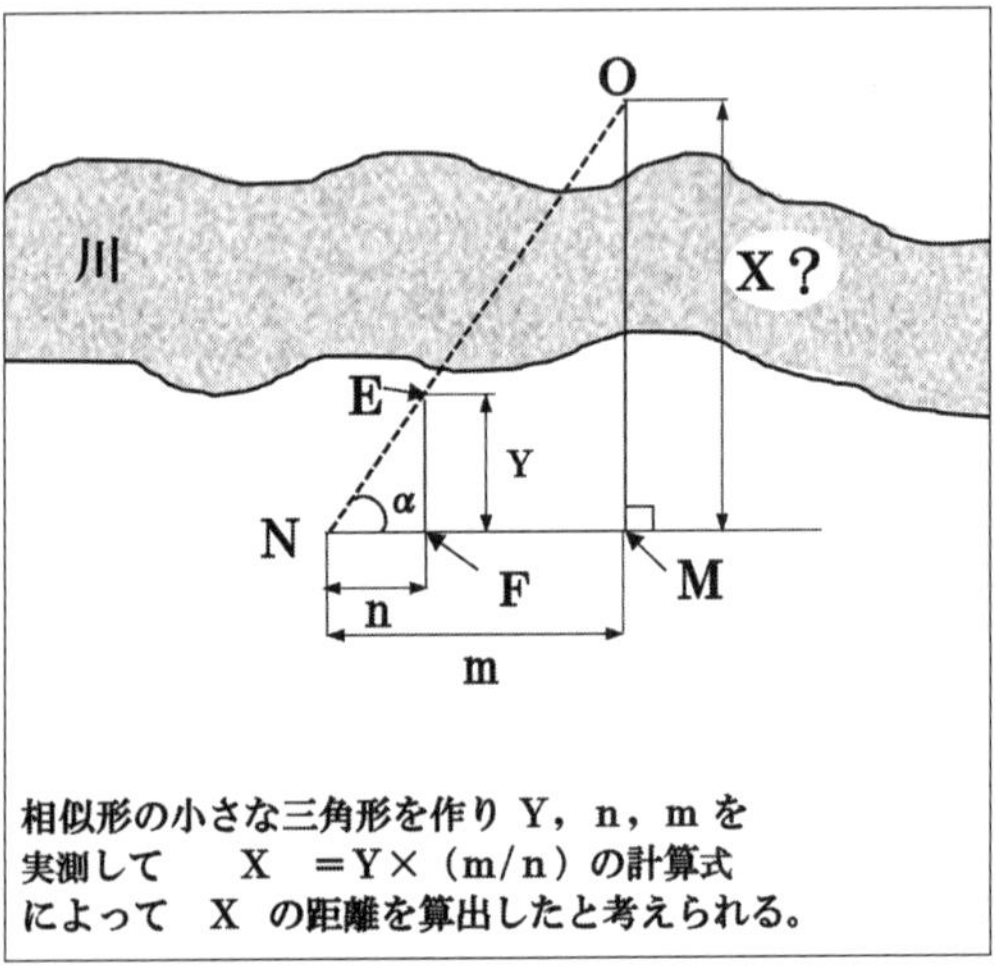

相似形の小さな三角形を作り Y，n，m を
実測して　　X　＝Y×（m/n）の計算式
によって　X　の距離を算出したと考えられる。

第19図　三角測量法の説明図

魏が行った邪馬台国の位置測量は国家的事業であったので裴秀、劉徽など一流の学者が関与していたと考えられ、『魏志倭人伝』に記述された邪馬台国の位置測量は非常に精度の高いものであったと考えられるのである。

ただし測量に使われた方位は現在の方位とは反時計回りに約30度のズレがあるので、現在の方位を使って導き出された邪馬台国の位置説は全て間違っていると言っても過言ではないのである。

唐時代の地理学者の賈耽（７３０～８０５年）は魏・晋時代の残されていた断片的な地図を基にして『海内華夷図』を作成している。現存するものはなく石碑に刻まれた『禹跡図』が残されている。裴秀が製作した地図よりも精度は劣っていたことは間違いない。けれども唐以降の中世において、この『海内華夷図』を超える地図を見いだすことはできない。

現在、１４０２年に李氏朝鮮で作られた『混一疆理歴代国都之図』（『疆理図』）という地図が残されている。この地図は日本列島が時計回りに90度ほど回転して描かれている。この地図をもって時代が遥かに古い魏の時代には正確な測量は不可能だったと考える人は多い。そして、この地図を根拠に『魏志倭人伝』の方位、距離の記述は正確ではないと考える学者も多く見られる。地図に興味のある人は『禹跡図』と『疆理図』をインターネットで見ることができるので、賈耽の『海内華夷図』の面影を残す『禹跡図』と『疆理図』を比較していただきたい。両地図を比較すれば時代が逆転したのではないかと錯覚するほどの差がある。『疆理図』が作製された時代は既に羅針盤（方位磁石）が発明されていたので地図製作者によって作製された地図とはとうてい考えられないのである。他の目的があって作製された地図と考えるべきであろうと思われる。もし実際に測量を行って作製されたのであれば李氏朝鮮の技術力は極めて低かったと言わざるを得ない。

古代の地図製作技術は魏、晋の裴秀の時代に世界最高点に達し、これを上回る精度の高い地図は長い間作製されなかった。

西欧においてもキリスト教（教会は人間社会には興味を示したが科学には興味を示さなかった）の広がりとともに地図製作技術は後退した。西欧において古代の地図を超える地図が作製され始めたのは十字軍遠征時代からルネサンス（14〜16世紀）以降のことであった。

中国の先進性を示すものとして世界の四大発明（紙の発明、印刷の発明、火薬の発明、羅針盤の発明）がよく知られているが、古代中国の地図製作技術は四大発明と同様にずば抜けて高いレベルにあったのである。

裴秀の『禹貢地域図』、『地域方丈図』が失われた理由は次のとおりである。

魏の次の晋（西晋）は三国時代を終わらせ１００年ぶりに全土の統一を果たしたが、武帝（司馬炎）は全土統一を果たすと堕落して政治に興味を失っていった。

そして武帝が亡くなると暗愚で知られた皇太子の司馬衷（恵帝）が皇帝となった。そのため王族同士の争いが発生した。これが「八王の乱」（２９１〜３０６年）であり国内は大混乱に陥ったのである。この混乱を好機と見た匈奴の劉淵は３０４年に晋より自立して大単于（大族長）を自称し、漢（前趙）を興した。劉淵が亡くなると長子の劉和が前趙の皇帝に就いたが、310年、弟の劉聡(りゅうそう)によって殺され、劉聡が第3代皇帝に就いた。311年、劉聡は晋（西晋）の首都であった洛陽を攻めて徹底的に破壊し尽くしたのである。この時に地図製作に不可欠であった「8尺表測量法」のデータベース及び『禹貢地域図』、『地域方丈図』など貴重な地図、地理書が失われたと推測されるのである。

異民族によって皇帝の座が奪われ、首都・洛陽が徹底的に破壊し尽くされたこの大事件によって中国の地図製作技術は下降線を辿ることとなったのである。

⑩ 短里について

『周髀算経』の「一寸千里」の記述から短里説（1里は76～77mに相当するという説）が提唱されている。有名な説なので本書では説明を割愛させていただいた。

「8尺表測量法」は鉛直（重力）方向に立てた8尺の表（観測棒）の影長を測定するのであるが、地球が静止している場合は、重力方向は引力方向と同方向となり、地球の中心を通る。ところが実際には地球は自転しているので遠心力が発生する。遠心力は赤道上で引力方向とは正反対方向に働き最大となる。両極（北極・南極）では遠心力はゼロとなるので重力方向は地球の中心を通ることになる。両極において体重100kgの人は赤道上で体重を測ると約99kgとなると言われている。重力方向は引力と遠心力の合力方向となるため第20図の上に示したように赤道と両極以外の場所では重力方向は地球の中心から少しずれるのである。図では重力方向を誇張して描いている。

『周髀算経』の「一寸千里」の場合を考えてみよう。中国古代の人々は天と地は平行に存在していると考えていた。第20図の下に古代人の考えた地表（点線）と実際の地表（実線）での影長の違いを示した。

『周髀算経』によれば夏至の南中時（正午）には太陽は周の地（図中のB点）の南1万6千里（北回帰線の真上）にあり、この場所では8尺表（観測棒）の影はないとしている。この北回帰線から北に1万6千里に

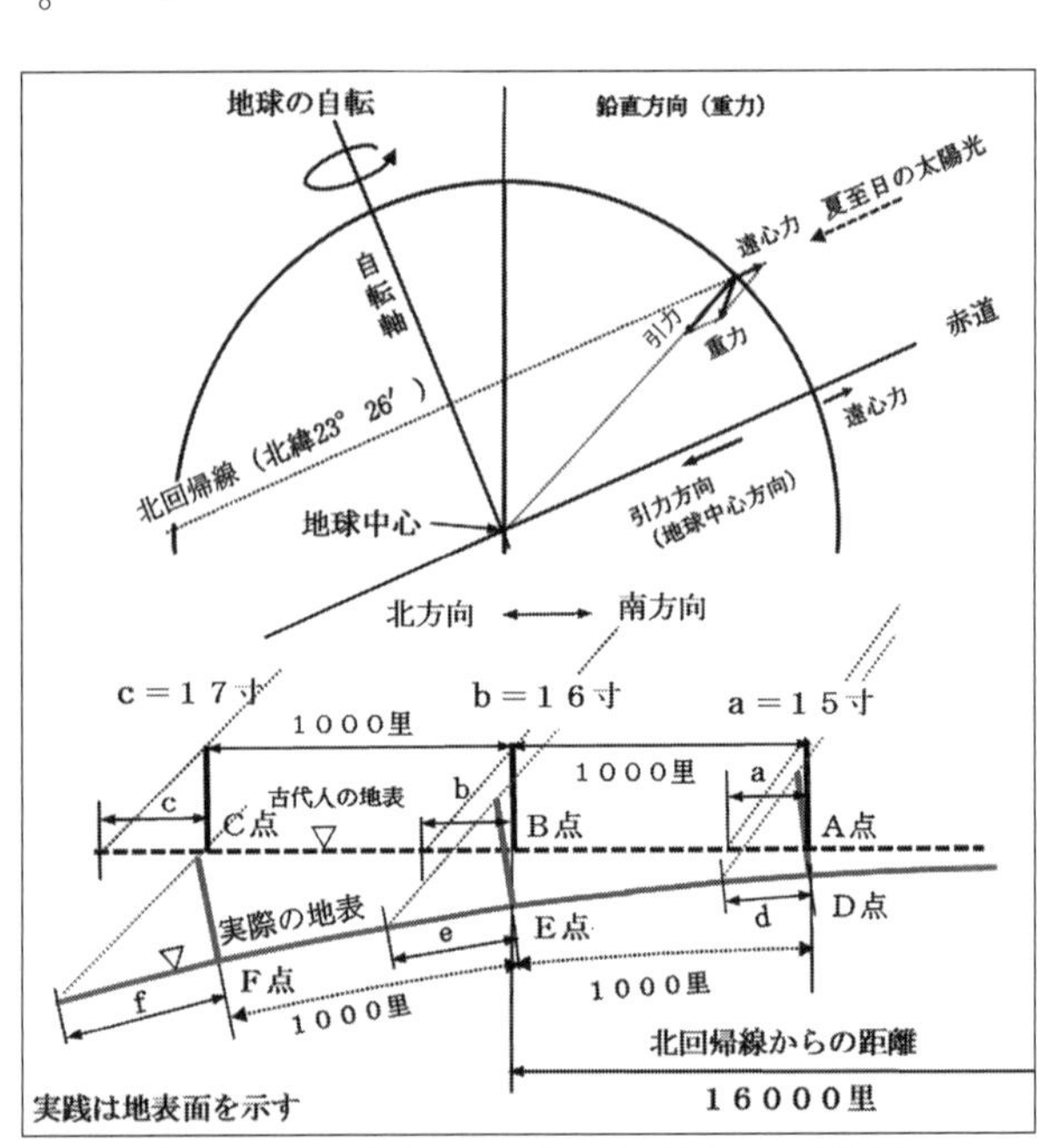

第20図　古代中国の「一寸千里」の問題点

ある周の地（B点）において8尺表の影長bは1尺6寸（16寸）であった。南へ千里南下したA点での影長aは1尺5寸（15寸）であり、B地点から北へ千里北上したC点の影長cは1尺7寸（17寸）であったと記述されている。つまり北回帰線から北へ千里ずつ離れるにつれて影は正比例的に一寸ずつ長くなると説明しているのである。

ところが地球は球体（地表面を実線で示している）をしているので事情が変わってくる。今、周の観測地点（B点→E点）において影長が両方とも16寸（b＝e＝1尺6寸）であったと仮定した場合、E点から千里南下したD点においてa＝15寸（1尺5寸）≠d（aとdは同じではない）となる。またE点から千里北上したF点においては、c＝17寸（1尺7寸）≠f（cとfは同じではない）となる。つまり大地は球体であるので『周髀算経』に書かれているように北回帰線から北へ千里ずつ離れるにつれて影は正比例的に一寸ずつ長くなるとは言えないのである。「一寸千里」は蓋天説を説明するために実際の観測値d、e、fの値を丸めて、それぞれd↓a＝15寸、e↓b＝16寸、f↓c＝17寸としたと考えられるのである。また周の地（B点）から南へ南1万6千里の位置に北回帰線があるとした記述も蓋天説を説明するために創作されたと考えられるのである。

この「一寸千里」に関して、唐時代の太史監（天文・暦の役所の長官）であった南宮説（生没不詳）は蓋天説の「一寸千里」が正しいかどうかを実際に調査している。唐時代に「一寸千里」の実調査が行われていることから、魏、晋（西晋）が首都・洛陽に保管していた「8

尺表測量法」のデータベースが前趙の劉聡の徹底的な破壊行為によって完全に失われていたことを示しているのである。

945年に成立した『舊唐書』(旧唐書)は南宮説が実際に行った調査結果を次のように記述している。

【開元十二年、太史監南宮説擇河南平地、以水準繩、樹八尺之表而以引度之。始自滑州白馬縣北至之晷、尺有五寸七分。自滑州臺表南行一百九十八里百七十九歩、得汴州浚儀古臺表、夏至影長一尺五寸微強。又自浚儀而南百六十七里二百八十一歩、得許州扶溝縣表、夏至影長一尺四寸四分。又自扶溝而南一百六十里百一十歩、至豫州上蔡武津表、夏至影長一尺三寸六分半。大率五百二十六里二百七十歩、影差二寸有餘。而先儒以為王畿千里、影移一寸、又乖舛而不同矣。】

「開元12年(724年)、太史監の南宮説は河南の平地を擇び(選択して)、水準縄と、8尺の表(棒)を立てて各点間の距離と影長を測った。滑州白馬県の北に至り、影の長さが、1尺5寸7分の場所から始めた。滑州臺の表(観測台に立てた8尺棒)から南行198里179歩で、汴州浚儀の古臺(天文台)の表に至った、夏至の影長は1尺5寸よりわずかに長かった。又浚儀から南167里281歩で、許州扶溝県の表に至った、夏至の影長は1尺4寸4分であった。又扶溝から南へ160里110歩で、豫州上蔡武津の表に至った、夏至の影長は1尺3寸6分半であった。大率526里270歩で、影の差は2寸余りであった。すなわち先儒（昔の儒者、学者を指す）が王畿（帝王の直轄地）において千里の距離が1寸の影に相当するとしたのは、乖舛（食い違い間違っていること）しており、（1寸の影は千里の距離と）同じではない」

このように南宮説は実調査から、『周髀算経』の「一寸千里」説のように千里ごとに影長が1寸ずつ正比例的に増減することはないと結論を出しているのである。『旧唐書』に書かれた南宮説の実測結果をまとめたのが第5表である。

第５表　唐時代の南宮説による夏至日の８尺表の影長（調査結果）

位　置	北	→	→	南
観測地点	a.滑州白馬県	b.汴州浚儀古臺	c.許州扶溝県	d.豫州上蔡武津
影　長	1尺5寸7分 （15.7寸）	1尺5寸微強 （≒15寸）	1尺4寸4分 （14.4寸）	1尺3寸6分半 （13.65寸）
影長の差	a～b間 ≒0.7寸	b～c間 ≒0.6寸	c～d間 0.75寸	
距　離	a～b間 198里179歩	b～c間 167里281歩	c～d間 160里110歩	
影長1寸当たりの平均距離	a～b間 約283里212歩	b～c間 約279里268歩	c～d間 約213里246歩	
a～d　間	距離：526里270歩、影長の差：2.05寸、１寸当たりの平均距離：約257里7歩			

備考：１里＝300歩、１歩＝５尺、１尺＝10寸、１寸＝10分、１尺＝小尺（30 cm）

表に示したように1寸の影長に対する二点間の距離は緯度の高下によって違ってくるのである。

つまり第20図において周の地（B点）における影長が1尺6寸だったとすると、A点、C点の影長の実測値は丸められて、それぞれ1尺5寸、1尺7寸としたことが南宮説の調査結果からも判るのである。このように「一寸千里」は正しくなく『周髀算経』は蓋天説を説明するために、実測値を丸めた値を使っているのである。裴秀は南宮説が行った調査よりもはるかに精密なデータを保持していたと考えられ、各地の影長とそれぞれの都市間の距離をデータベース化していたと考えられるのである。裴秀は『禹貢地域図』を完成させた時には、大地が平坦でないことを既に知っていたことは間違いなく、地球が球体であることを認識していたかもしれない。

『魏志倭人伝』に記述されている【1里】の長さは『旧唐書』の1里（450m）の長さとは明らかに異なっている。魏が使用した【1里】の長さと意味については次章で述べたい。

第5章　邪馬台国の位置

１ 邪馬台国に至る行程

邪馬台国の所在地は我が国の国家形成、天皇家の歴史を知る上で極めて重要なので解明しなければならない課題である。『魏志倭人伝』には魏の測量隊が報告した測量結果が次のように記されている。

【倭人在帯方東南大海之中、依山島爲國邑。舊百餘國、漢時有朝見者。今使譯所通三十國。從郡至倭、循海岸水行、歴韓國、乍南乍東、到其北岸狗邪韓國、七千餘里。始度一海、千餘里至對馬國。其大官曰卑狗、副曰卑奴母離。所居絕島、方可四百餘里。土地山險、多深林、道路如禽鹿徑。有千餘戸。無良田、食海物自活。乖船南北市糴。又南渡一海千餘里、名曰瀚海、至一大國。官亦曰卑狗、副曰卑奴母離。方可三百里。多竹木叢林、有三千許家。差有田地、耕田猶不足食、亦南北市糴。又渡一海千餘里、至末盧國。有四千餘戸、濱山海居。草木茂盛、行不見前人。好捕魚鰒、水無深淺皆沈沒取之。東南陸行五百里、到伊都國。官曰爾支、副曰泄謨觚、柄渠觚。有千餘戸。世有王、皆統屬女王國。郡使往來常所駐。東南至奴國百里。官曰兕馬觚、副曰卑奴母離、有二萬餘戸。東行至不彌國百里。官曰多模、副曰卑奴母離、有千餘家。南至投馬國、水行二十日。官曰彌彌、副曰彌彌那利、可五萬餘戸。南至邪馬壹國。女王之所都。水行十日、陸行一月。官有伊支馬、次曰彌馬升、次曰彌馬獲支、次曰奴佳鞮、可七萬餘戸。自女王國以北、其戸數道里可得略載、其餘旁國遠絶、不可得詳。次有斯馬國、次有已百支國、次有伊邪國、次有都支國、次有彌奴國、次有好古都國、次有不呼國、次有姐奴國、次有對蘇國、次有蘇奴國、次有呼邑國、次有華奴蘇奴國、次有鬼國、次有爲吾國、次有鬼奴國、次有邪馬國、次有躬臣國、次有巴利國、次有支惟國、次有烏奴國、次有奴國。此女王境界所盡。其南有狗奴國、男子爲王。其官有狗古智卑狗、不屬女王。自郡至女王國、萬二千餘里。】

「倭人は帯方郡の東南大海の中にあり、山島に依(よ)って国邑を為(な)している。古くは１００ヵ国余りあって、漢の時に朝見する者があった。現在は使譯(しえき)(通訳)をもって言葉が通じる所は30ヵ国。帯方郡より倭に至るには、海岸に沿って水行し、韓国を経て、南に行ったり、東に行ったりして、その北岸の狗邪韓国(くじゃかんこく)に到る、(帯方郡から)約７０００里である。始めて一海(いっかい)を約１０００里渡ると對馬国(つま)に至る。其の国の大官は卑狗(ひく)、副を卑奴母離(ひぬもり)と言う。四方、４００里ばかりの絶海の島に居住している。土地と山は険しく、深林が多く、道路の幅は獣道の如し。約１０００戸存在する。（稲作に適する）良田が無く、海産物を食べて自活している。船に乗り南北の市場に行き米（又は穀物）を購入している。また南へ一海を渡ること約１０００里、名を瀚海と言い、一大国に至る。官をまた卑狗、副官を卑奴母離と言う。四方、約３００里である、竹木・叢林が多く、３０００ばかりの家がある。ふぞろいな田地があるが、田を耕しても、なお食糧が不足するので、（對馬国と同様に）南北の市場に行って、米（又は穀物）を購入している。また、一海約１０００里を渡り、末盧国に至る。約４０００戸あり、海に近い山や浜辺に住んでいる。草木は繁茂し、前を行く人が見えないほどである。魚・鰒を好んで捕り、水深に関係なく、皆潜水してこれを捕る。東南へ陸行５００里で、伊都国に到る。官を爾支と言い、副を泄謨觚、柄渠觚と言う。約１０００戸ある。代々王がいて、皆女王国に属している。郡使の往来で常に駐まる所である。東南へ１００里で奴国に至る。官を兕馬觚、副を卑奴母離と言い、約２万戸が有る。東へ１００里行くと不彌国に至る。官を多模、副を卑奴母離と言い、約１０００家が有る。南へ投馬国に至る、水行20日。官を彌彌、副を彌彌那利と言い、戸数約５万戸である。南へ邪馬台国に至る。女王の都する所である。水行10日、陸行1ヵ月。官に伊支馬あり、次に彌馬升、次に彌馬獲支、次に奴佳鞮と言い、戸数約７万戸である。女王国より北の、それぞれの国の戸数と道のりは略載することができるが、それ以外の周辺国は遠く途切れているので、詳細を記載することができない。次に斯馬国、次に已百支国、次に伊邪国、次に都支国、次に彌奴国、次に好古都国、次に不呼国、次に姐奴国、次に對蘇国、次に蘇奴国、次に呼邑国、次に華奴蘇奴国、次に鬼国、次に爲吾国、次に鬼奴国、次に邪馬国、次に躬臣国、次に巴利国、次に支惟国、次に烏奴国、次に奴国。これが女王（国）の境界の尽きる所である。（女王国の）南に狗奴国が有って、男子を王としている。その国の官に狗古智卑狗があるが、女王国に属していない。（帯方）郡より女王国へ至るには、約1万2000里である」

陳寿は魏の調査隊の報告書を実際に見て記述したと考えられ、『魏志倭人伝』に記された邪馬台国までの行程を纏めると第21図となる。

これまで多くの研究者によって邪馬台国の位置が書かれているが、いまだに決着を見ないのは『魏志倭人伝』に記述された次の3点の解釈に問題があったと考えざるを得ないのである。つまり、①方位、②1里の長さ、③《日数表示》と《里数表示》である。

筆者は、これまで①の方位については、方位磁石（羅針盤）が実用化されていなかった中国古代においては夏至日を挟む限られた期間内で測量が行われたことを述べてきた。つまり基準方位として「民族方位」（**【東】**：日の出方向を基準方向とした。現在の東方向とは反時計回りに約30度のズレがある）が使用されていたことを述べた。そして、朝鮮半島から九州までの測量は古代から使われていた「８尺表測量法」によって行われたことを説明してきた。

魏が精度の高い位置測量を行ったことは明らかであり、『魏志倭人伝』の【１里】の意味と長さを解明すれば『魏志倭人伝』の記述に従って各国の位置と邪馬台国の位置を確定できるのである。

『説文解字』には、【里】の意味は【居也。従田従土。】「居る也(なり)。田と土からなる」とあり、(人が)そこに留(とど)まる意味としている。

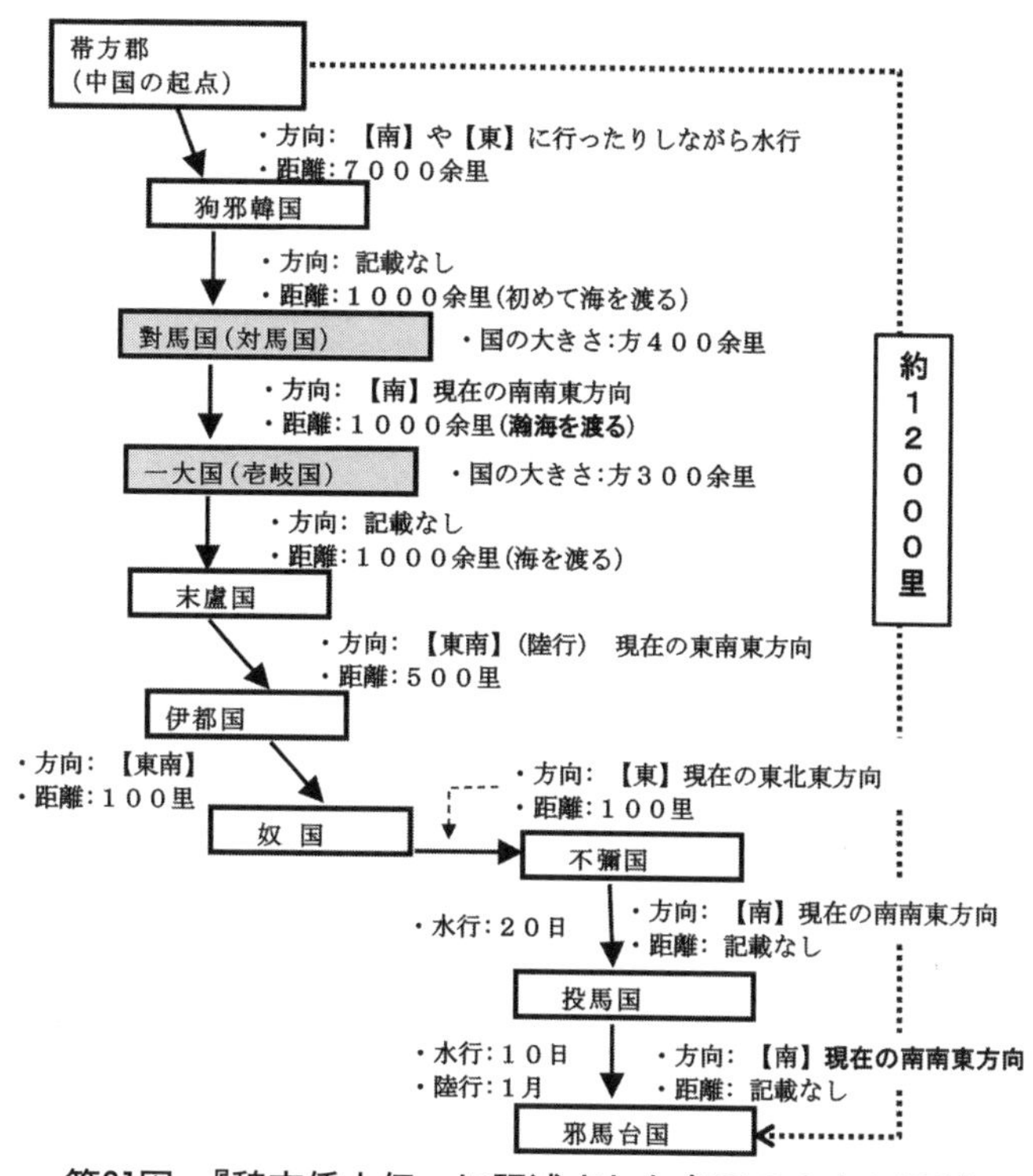

第21図　『魏志倭人伝』に記述された各国の方向と距離

また中国最古の類語字典である『爾雅』(秦時代から漢時代の間に成立)には【里】の意味は「邑也」としている。元々【里】は田の神を祭る社のあった場所を意味していたが、人々が社の周りに住むようになって里を意味するようになった。その後、次第に長さや行政単位を表す意味を持つようになったのである。

始皇帝によって「度量衡」の統一が行われ、1里の長さは300歩に統一された。秦の時代の1歩は約1・3mであったので1里は400mほどの長さであった。次の漢時代には1歩は約1・5mとされたので1里は約450mとなった。魏では1里は約435mの説もあるがはっきりしない。その後、地域、時代により1里の長さは変遷して、現在の中国では1里は500mとなっている。キロメートル(km)の場合も里を当てているため、1kmの場合は1公里と表示して区別している。

2『魏志倭人伝』に記述された【1里】の算出方法

『魏志倭人伝』に記述された【1里】の長さは国家が統一した「度量衡」の1里の長さとは明らかに異なっているのである。

魏が精度の高い測量を行ったことで『魏志倭人伝』の記述から【1里】の長さを求めることが可能である。そして【1里】の確定方法としては、次に示した方法が最も正確であると考えられるので求め方を説明していきたい。

その前に海岸線について述べておきたい。今から5千～6千年前の海岸線は現在よりも高かったが、その後、海退方向に転移して卑弥呼の時代には1～2ｍほど現在の海岸線より海退（低下）していたと考えられている。その後、海進（上昇）に転じ現在に至っている。

第22図に對馬国（対馬国）、一大国（壱岐）の位置を示した。

『魏志倭人伝』には朝鮮半島の「狗邪韓国から一海千余里を渡ると對馬国に至る、また【南】（5時方向）へ一海、名前を瀚海といい、千余里

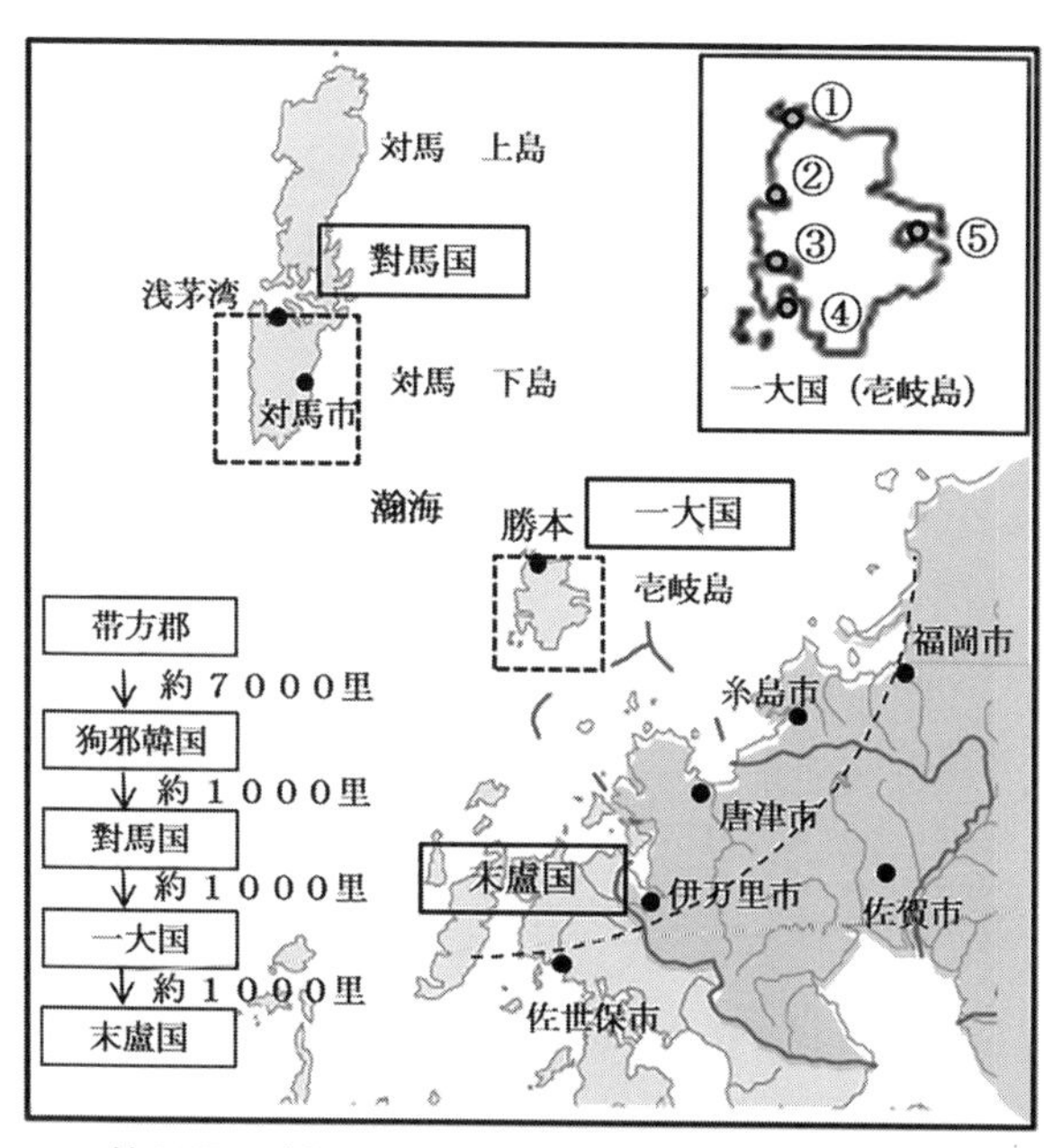

第22図　對馬国、一大国及び末盧国の候補地

を渡ると一大国（壱岐島）に至る」と記述されている。この對馬国とは現在の対馬（つしま）のことであり、本島は上島（かみじま）と下島（しもじま）から成り立っている。どちらが對馬国なのかは書かれていない。しかしながら一大国（壱岐島）の大きさは「方３００里ばかり」と記述され、對馬国の大きさは「方４００余里」と記述されているので島の大きさの比較から【對馬国】とは対馬・下島であることがわかるのである。因みに対馬・上島は【方６５０里】ほどの大きさ（長さ）となる。第22図に一大国（壱岐島）と対馬・下島の大きさ（島嶼（とうしょ）＝本島及び周辺の小島を含む）を正方形の点線で示したので参照願いたい。

古代においては対馬の上島と下島は繋がっていた。江戸時代になって大船越瀬戸（おおふなこしせと）が開削（１６７２年）され、対馬西側の浅茅湾（あそう）と対馬東側の三浦湾が連絡した。開削後には朝鮮通信使は大船越瀬戸を通り府中（現在の対馬市・厳原港（いずはら））へ寄港していた。明治時代になり、その北に幅が広く水深のある万関瀬戸（まんぜき）が開削されている。

狗邪韓国の所在地は不明であるが、定説として釜山（プサン）が挙げられているので候補地に選んだ。もう一つの候補地として対馬・下島に最も近い韓国の巨済島（コジェド）を選んだ。この候補地２ヵ所から対馬・下島の浅茅湾と対馬市（厳原港）までの直線距離をインターネットの地図を利用して計測した。その結果を第６表に示した。

第６表　狗邪韓国から対馬国までの距離（1000余里）

朝鮮半島 ＼ 對馬国	釜山港	巨済島
浅茅湾	約８５ｋｍ	約７０ｋｍ
対馬市（厳原港）	約１００ｋｍ	約８３ｋｍ

次に壱岐島の寄港地（測量地点）として５ヵ所（①勝本港〈壱岐の北端〉、②湯本湾内、③半城湾内、④宇土湾・郷ノ浦湾内、⑤内海湾内）を選んだ。これら候補地５ヵ所の位置を第22図の右上に示した。

対馬・下島の２ヵ所（浅茅湾内、対馬市）から壱岐島の候補地５ヵ所までの直線距離をインターネットの地図を利用して同じく計測した。その結果を第７表に示した。

「狗邪韓国から対馬国までの距離」（第６表）と「対馬国から一大国までの距離」（第７表）は両方とも同じ１０００余里であると記述されていることから両表の直線距離が一致する場所が「民族方位」と「８尺表測量法」を使って距離測量を行った地点と考えられる。

第６表及び第７表から狗邪韓国は定説となっている釜山ではなく巨済島であり、對馬国の観測地点は浅茅湾内であったと判断される（これは魏の使節団が出港した港が巨済島の港であり、到着した場所が浅茅湾内であったことを示している）。そして、１０００余里はおよそ70㎞に相当することがわかる。すなわち『魏志倭人伝』に記述されている【１里】

第７表　対馬国から一大国までの距離（1000余里）

對馬国／一大国	浅茅湾	対馬市（厳原港）
①勝本港（壱岐の北端）	約６８ｋｍ	約５４ｋｍ
②湯本湾内	約７０ｋｍ	約５６ｋｍ
③半城湾内	約７３ｋｍ	約６０ｋｍ
④郷ノ浦	約７７ｋｍ	約６２ｋｍ
⑤内海湾内	約７８ｋｍ	約６４ｋｍ

の長さは約70ｍであったと考えられるのである。

狗邪(くじゃ)韓国は現在の巨済(コジェド)島を領土とした国と考えられる。「巨済(コジェ)」の中国発音（拼音(ピンイン)）は（jù-jì）である。この地域は倭国の領土であったので倭人は巨済と呼んでいたのではないかと推測される。それを中国側が「狗邪」（拼音：gǒu-xié）と記録した可能性が高いのである。

『魏志倭人伝』には【到其北岸狗邪韓國】「その北岸の狗邪韓国に到る」と記述されており、「北岸」の意味は「倭国の北の国境」と思われる。或いは狗邪韓国の領土の北岸の意味かもしれない。いずれにしても『魏志倭人伝』の記述から狗邪韓国は倭国に属する国家であった。

第7表から一大国の寄港地は①勝本港（壱岐の北端）、②湯本湾内、③半城湾内の３ヵ所に絞られる。勝本の１㎞ほどの沖合には三つの小島があり、その真ん中の若宮島(わかみやじま)の標高（約１００ｍ）が高いためこの山頂を目印として、或いは目標物（烽火(のろし)、又は篝火(かがりび)、又は鏡の反射光）を設置して【方邪】（挟角）を求めた可能性がある。

對馬国から一大国への方向は『魏志倭人伝』には【南】と記述されているが、この方向は現在の南南東と南東の間の方向（時計の5時方向）となる。実際は対馬の浅茅湾(あそう)から壱岐の勝本方向は南東方向に近い方向となっている。これは目視できる対馬下島の東側に出て壱岐島方向を観測したためと思われる。

『魏志倭人伝』には、次に一海１０００余里（約70㎞）を渡ると末盧(まつろ)国に至ると記されている。ところが方向は書かれていない。今、壱岐の候補地３ヵ所（①勝本、②湯本湾内、③半城湾内）から九州各地の候補地までの直線距離をインターネットの地図を利用して調べた。その結果を第8表に示した。

勝本から伊万里（いまり）市までの距離は、若宮島から伊万里市の東側に位置する現在の伊万里川橋までの距離を計測した。江戸時代にはこの伊万里川は陶器を運ぶために利用されていたので卑弥呼の時代には現在よりも堆積物が少なく川幅が広く、船で上流まで遡ることが可能であったと考えられる。

第8表に示した計測結果から、壱岐の北端勝本港（①）を経由した場合の末盧国の候補地は伊万里市、福岡市の2ヵ所となる。また湯本湾内（②）を経由した場合は福岡市が候補地となる。同様に半城湾（③）を経由した場合は佐世保市、福岡市が候補地となる。

私見であるが、現在、遺跡の存在から末盧国を唐津市付近にあてる説が定説となっているが、第8表に示したように一大国（壱岐島）からの直線距離が非常に短く、唐津市付近を末盧国に比定する説は間違ってい

第８表　末盧国の候補地（一大国から1000余里）

一大国 ＼ 末盧国	① 勝本港（壱岐の北端）	② 湯本湾内	③ 半城湾内	判定
平戸市	約５６ｋｍ	約５１ｋｍ	約４６ｋｍ	×
佐世保市	約７７ｋｍ	約７２ｋｍ	約６８ｋｍ	○
松浦市	約５６ｋｍ	約５２ｋｍ	約４７ｋｍ	×
伊万里市	>約６７ｋｍ	>約６０ｋｍ	>約５６ｋｍ	○
玄海町・仮屋湾	約４６ｋｍ	約４２ｋｍ	約３９ｋｍ	×
唐津市	約５２ｋｍ	約４８ｋｍ	約４６ｋｍ	×
糸島市・加布里	約５５ｋｍ	約５４ｋｍ	約５３ｋｍ	×
福岡市・博多港	約７０ｋｍ	約７０ｋｍ	約６９ｋｍ	○

る可能性が極めて高いと考えている。また現在の平戸市、松浦市、玄海町・仮屋湾、糸島市・加布里も同様に壱岐島からの直線距離が短く末盧国が存在した可能性は極めて低いと考えられる。『魏志倭人伝』に記述された方位、距離を恣意的に変えれば邪馬台国の位置は永久に見つけることはできないのである。

『魏志倭人伝』に記述されている【里】は国家が定めた度量衡の長さの単位ではなく、また魏の時代に短里という長さの単位があったとは思われない。

『魏志倭人伝』に記述された【1里】は魏の測量技術者が使った専門用語と考えられ、伊能忠敬が距離測定に使った「間縄」（検尺縄）、「鉄鎖」と同じ意味であり、距離を測るための検尺の長さを【1里】（約70ｍ）としたと考えられるのである。

中国では未調査地の測量には現地人が多く使役されたと考えられ、距離測定において検尺縄の長さを【1里】として測量させたと考えられる。伊能忠敬が使用した間縄の長さは60間（約１０９ｍ）、鉄鎖は10間（約18ｍ）であったと言われており、１間（１・８２ｍ）の60倍と10倍の長さのものが使われている。

簡単に言えば、魏が測量に使った【1里】（検尺縄）は当時使用された度量衡の長さの倍数となっていたはずである。後漢時代に使用された1丈（＝10尺＝約２・３１ｍ）の30倍の長さである約69・３ｍ、又は魏の度量衡の1丈（＝10尺＝約２・４２ｍ）の30倍の長さである約72・６ｍのいずれかが使用されたと推測されるのである。筆者は後漢の測量で使われていた【1里】（検尺）＝1丈×30倍＝約69・３ｍを慣習的に使っていたのではないかと考えている。しかし本書では【1里】＝約70ｍとして記述する。

3 末盧国、伊都国、奴国、不彌国の位置

第8表の結果から末盧国の候補地として佐世保市、福岡市、伊万里市が考えられる。『魏志倭人伝』の記述から魏の測量専門家は方向を八方位で記述していたと考えられ、方位には多少の幅があると判断される。

『魏志倭人伝』には末盧国からは【東南】５００里で伊都国に到り、次に【東南】方向１００里で奴国に至り、さらに【東】へ１００里進むと不彌国に至ると記されている。くどくなるが『魏志倭人伝』に記されている方位は「民族方位」であり現在の方位とは反時計回りに約30度ずれている。したがって【東南】方向は現在の真東より時計回りに約15度傾いた方向となる。また奴国から不彌国へは【東】となっていることから、真東から反時計回りに約30度傾いた方向（2時の方向）となる。

それぞれの候補地（末盧国）から伊都国、奴国、不彌国の位置を地図上に落としたのが第23図である。

まず末盧国が佐世保市付近に存在していたと仮定した場合は、奴国、不彌国は有明海の中に存在していたことになるので末盧国を佐世保市付近に比定することはできない。

次に福岡市付近に末盧国が存在したと仮定した場合は、奴国の位置は現在の嘉麻市、添田町方向の山中に存在していたことになる。奴国は2万余戸を有する大国であるが、この付近に大きな平野はない。また『魏志倭人伝』には不彌国から【南】方向へ南下したと記されている。しかしながら、この付近には南流する川は存在していない。また末盧国はのちに松浦郡となった地域に存在していたと考えられるのであるが、福岡市は松浦郡には属していないので末盧国に比定することは難しい。

次に末盧国が伊万里市付近に存在したと仮定した場合は、奴国は佐賀平野に存在していたことに

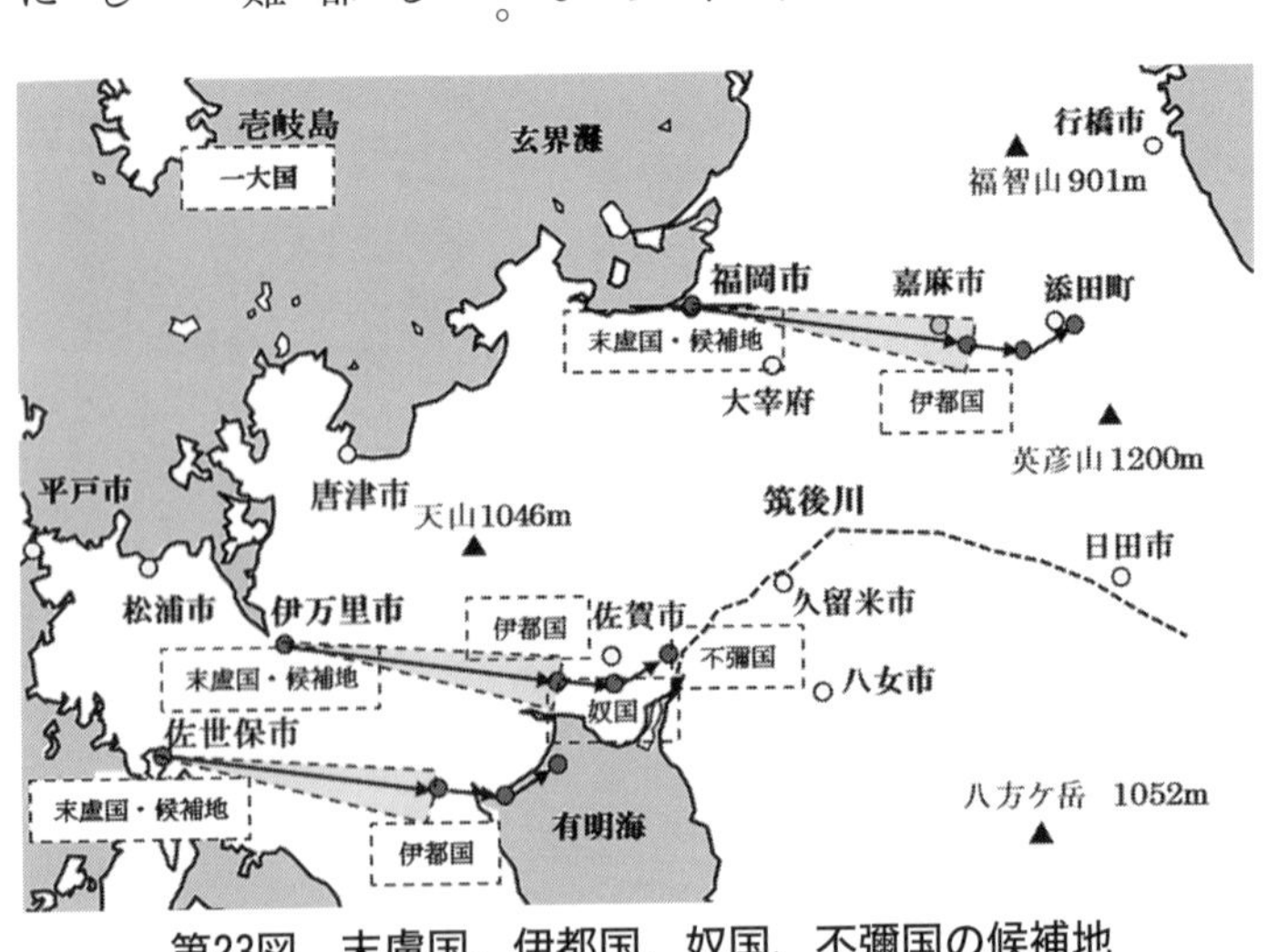

第23図　末盧国、伊都国、奴国、不彌国の候補地

なる。伊都国は現在の佐賀市嘉瀬町付近に存在していたと考えられる。嘉瀬町のすぐ西側には嘉瀬川（一級河川）が流れている。『肥前国風土記』（奈良時代初期に成立）によればこの川の古名が佐嘉川と記されており佐賀県の語源になったとの説もある。年魚（アユ）がいると書かれているので魏の一行はここでアユ料理を食したかもしれない。

伊都国の首都は内陸部に存在していたと考えられる。しかし嘉瀬川に近接していた可能性は高い。『魏志倭人伝』には、伊都国では【皆臨津搜露。傳送文書、賜遺之物。】と記されている。この部分は一般的に「皆、津（海港）に臨んで伝送文書、賜遺物の検閲を行う」と訳されている。【皆臨津搜露】の【津】の意味はもともと船（舟）で出港する前に安全を占った場所を意味していた。そのことから【皆臨津搜露】の意味は「（安全を占う場所で）皆で伝送文書、賜遺物を出して、きめ細かく点検を行う」という程度の意味と考えられる。『魏志倭人伝』の記述から伊都国は海港に面しておらず内陸部にあったと考えられるからである。伊都国に関しては【郡使往來常所駐。】「（帯方）郡の使者が往来の時に常に駐まる所である」と書かれており、この国は関所のような役割を持つ要衝であったと考えられる。しかし伊都国の近くには嘉瀬川があった可能性が高く河港が存在していた可能性が高い。伊都国を通過した魏の一行は現在の佐賀城（佐賀県庁）付近の奴国の南領域を通過している。奴国は2万戸を有する大国であるので領域はかなり広い範囲に及んでいたと考えられる。通過場所から考えると吉野ヶ里遺跡（佐賀県神埼郡吉野ヶ里町）が奴国の王城（首都）であった可能性が高い。

次の不彌国は現在の神埼市千代田町（かんざきしちよだちょう）付近に存在していたと推測され、筑後川に近い場所であったと考えられる。不彌国の河港から南下して有明海に出て【南】へ水行可能である。魏の測量隊はここで海上を高速で移動できる比較的大きな帆と複数の漕ぎ手を有する走舸（そうか）（快速軍船）に乗ったと推測されるのである。

これまでの九州説、大和説のほとんどの学者は遺跡の多い唐津市付近が末盧国としている。しかしながら、これまで述べてきた考察から末盧国は現在の伊万里市周辺に存在していたと考えられる。

４ 邪馬台国の位置

インターネットの地図を使い不彌国と推測される地点から【南】（５時方向）へ約１３００里（約91㎞）の地点を探すと熊本平野の南端の熊本県甲佐町（こうさまち）、美里町（みさとまち）、山都町（やまとちょう）付近から熊本県八代市付近までが邪馬台国の候補地となる。

戸数約７万を有する大国であったことから考えると邪馬台国は現在の熊本平野に存在していたことは間違いないと考えられる。或いは熊本平野から八代平野までを領域とした国家であった可能性もある。

『隋書』は俀国（倭国）について「俀国（倭国）には阿蘇山がある、その石は理由なく火を放ち天空に達し、民衆は奇異だと考え、禱祭を行う」と記述している。

話がまた少し飛ぶが、唐は貞観５年（６３１年）、新州刺史の高表仁を倭国に派遣している。『唐会要』（９６１年成立）には高表仁が帰国して報告した内容が次のように記述されているのである。

【白云路經地獄之門。親見其上氣色蓊鬱。又聞呼叫鎚鍛之聲、甚可畏懼也。】

「（高表仁は）経路は地獄の門のようであったと自ら語った。そのうえ気色（空の様子）は雲が蓊鬱（＝鬱蒼）として暗く覆い。また叫ぶような声や鎚で叩くような音を聞いた。甚だ畏懼（恐れかしこまるの意味）すべきものであった」

この記述は、明らかに台風、地震、竜巻などの自然現象とは異なっており、噴煙が天を覆い火山灰によって発生する雷と地響きの様子を描写したと考えられるのである。

話を元に戻したい。『隋書』は邪馬台国の都は邪靡堆であると記述している。また首都の状況を記述したと思われる記述が残されている。

【水多陸少。以小環挂鸕鷀項、令入水捕魚、日得百餘頭。】

「水（水辺）多く陸（陸地）が少ない。もって鸕鷀（鵜の意味）の首に小環を付けて、水中に入れ魚を捕り、1日に100匹あまりを得る」

この記述から推測すると邪馬台国の首都は、北は白川から南は緑川に挟まれた湖沼地帯にあった可能性が高く、現在の水前寺、江津湖周辺地域に存在していたと推測されるのである。

注：《里数表示》では帯方郡から邪馬台国まで1万2千余里となっており、帯方郡から不彌国までの距離を合計すると1万700余里となる。したがって不彌国から女王国（邪馬台国）までは残り約1300里（約91㎞）となるのであるが、測量は夏至を挟む測量可能時期を越えて行われているために、邪馬台国で行われた8尺表の影長が伸びている可能性が高い。簡単に言えば、不彌国から女王国までの距離（約91㎞）は、実際よりも長く出ていると考えられるのである。詳細は次の5節で述べる。

5《日数表示》の理由と意味について

魏の時代には現在のような北極星がなく方位磁石（羅針盤）、望遠鏡も発明されてはいなかった。しかしながら帯方郡から邪馬台国までの位置測量は「民族方位」と「8尺表測量法」

を用いて精度の高い測量が行われたのである。魏が精度の高い測量を行ったことから筆者は『魏志倭人伝』の記述に従って朝鮮半島の狗邪韓国から不彌国までの国々の位置と魏の使節団（調査隊）が経由したルートを解明してきた。

ところが不思議なことに不彌国から邪馬台国までの行程は《里数表示》と《日数表示》の二つの方法によって記述されているのである。

《里数表示》では帯方郡から邪馬台国までは約1万2千里と記述されており帯方郡から不彌国までは約1万７００里であるので不彌国から女王国（邪馬台国）までは約１３００里（約91㎞）となるのである。

一方、《日数表示》では、「不彌国から【南】へ水行20日で投馬国に至る、【南】へ水行10日、陸行1ヵ月で邪馬台国に至る」と記述されているのである。この矛盾するような二つの記述によって『魏志倭人伝』の記述は間違いである、あるいは誤写があるとして自説に都合の良い解釈を行っているのが現状であるといえよう。

陳寿は実際に魏の測量調査隊が作成した報告書の中に二つの記述を発見して記述したことは間違いないと考えられるのである。

筆者は、２０１４年に『邪馬台国と日本国成立の謎を解く』を上梓して「《里数表示》が正しく《日数表示》は水増ししたのであろう」と書いたが、その後の研究によって間違いであることがわかったので訂正しておきたい。陳寿がなぜ《日数表示》を記述したのか、その理由と意味について説明していきたい。

結論から先に述べると、当時の測量方法に関係しているのである。当時の測量は夏至日前後の日の出方向が一定となる限られた期間内で行われていたことは間違いないと考えられるのである。そのため「民族方位」、「8尺表測量法」が利用できる期間内で行われた測量については《里数表示》で報告し、測量可能期間を越えて行われた測量調査については《日数表示》で報告書が作成されたのである。実に単純な理由であったのである。

それでは実際にはどのような測量が行われたのであろうか？

『魏志倭人伝』には「草木が繁茂して、前を行く人が見えない」と記述されているようにジャングル（密林）のような我が国の状況に測量は困難を極め、予想外に日数が掛かったのである。そのため魏の使節団（調査団）は伊都国において倭人からの情報をもとに打ち合わせを行い、伊都国から先は使節団（調査隊・本隊）と測量隊は別行動で調査を行うことを決定したと推測されるのである。

伊都国から不彌国までの測量も大変だったと推測され、「民族方位」によって測量が実施できたのは不彌国までであったのである。そして不彌国以降は日数によって報告書をまとめることにしたと考えられるのである。

それではなぜ不彌国から投馬国まで水行20日、邪馬台国まで水行10日、陸行1ヵ月も掛かったのであろうか？

『魏志倭人伝』には次のように記述されている箇所（Ⓐ、Ⓑ、Ⓒ、Ⓓ）があり、測量隊の行動を推理することが可能である。

Ⓐ【自女王國以北、其戸數道里可得略載。其餘旁國遠絶、不可得詳。】
「女王国（邪馬台国）から北（の国）は、その戸数、道里は略載できたが、その他の旁国は非常に遠いので、詳細はわからない」

Ⓑ【女王國東、渡海千餘里、復有國、皆倭種。】
「女王国の【東】（時計の２時方向）には、海を約千里渡ると、また国が有る、みな倭種である」

Ⓒ【又有侏儒國在其南、人長三四尺、去女王四千餘里。】
「また侏儒（しゅじゅ）国が其の（＝女王国）の【南】（時計の５時方向）に有る、身長は３、４尺であり、女王国から約４千里である」

Ⓓ【參問倭地、絶在海中洲島之上、或絶或連、周旋可五千餘里。】
「倭地を参問（調査）すると、海中に洲島が点在し、あるいは孤立し、あるいは連なっ

ている、周旋（周りを巡ること）すると5千余里（直径約３５０㎞の円）ほどである」

Ⓐ〜Ⓓの記述から次のことがわかるのである。

Ⓐの記述から邪馬台国以北の国々の位置と距離は略記できると記述しているので倭国の国々の位置関係と道里（距離）を略記できるほどの調査を行ったことは間違いない。

Ⓑの女王国の【東】（時計の2時方向）とは「倭国の【東】」という意味であり、海を約千里（約70㎞）渡るとまた別の国が存在すると記述された国は、現在の四国にあたると考えられるのである。この記述から魏の測量隊が九州の東側（大分県側）の海岸まで到達して、九州と四国の距離測量を行ったと考えられるのである。

Ⓒの女王国（邪馬台国）から【南】方向（凡そ5時方向）へ約４０００里（約２８０㎞）に存在すると記述された侏儒国とは現在の種子島と考えられる。この距離の【南】方向には種子島と屋久島しか存在しないからである。住民の身長が低いので小人を意味する侏儒と呼ばれ、その後、侏儒が種子に変化してその後種子島と呼ばれるようになったと推測されるのである。この記述から測量隊が鹿児島の南端まで到達して種子島の位置測量を行ったことがわかるのである。方位と距離に誤差が見られるのは「民族方位」と「8尺表測量法」が使用できる時期を越えて測量が行われたため、方位、距離に誤差が大きく生じたと判断されるのである。

Ⓓに記述された倭地とは倭国の領域の意味である。魏の測量隊は倭国の領土の周囲を一巡し

て、直径5千余里（約350㎞）の円内に入ることを調査によって知ったのである（第24図を参照のこと）。

Ⓐ、Ⓑ、Ⓒ、Ⓓの記述から魏の測量隊が倭地（九州）を周回して倭国の領土範囲を調査したことは間違いないと考えられるのである。これらの事から測量隊の行動は次のようであったと考えられる。

測量隊が「民族方位」を利用して、正確に測量が行えたのは既述したように不彌国までであった。測量隊は不彌国の河港から走舸（快速軍船）に乗り築後川を南下して有明海に入ったあと九州を一周して調査を行ったと考えられる。右回りなのか、左回りなのかは『魏志倭人伝』には記述がないため残念ながらわからないが、邪馬台国、種子島の位置測量が「8尺表測量法」によって行われた可能性が高いことから左回りに調査を行ったのではないかと思われる。いずれにしても「民族方位」、「8尺表測量法」が使える期間を越えて測量が行われたために、不彌国から邪馬台国の距離、邪馬台国から種子島までの距離は実際よりも長く出ていると考えられるのである。

さて九州を船で一周すると大略1200㎞の距離となる。古代における帆船の巡行速度は時速3ノット（約5・5㎞／h）ほどであったと推測されている。追い風のある場合は6ノット（約11・1㎞／h）ほどの速度が出せたと考えられている。狗邪韓国（巨済島）から対馬国の浅茅湾（あそう）までは直線距離で約70㎞あり、当時の航行は、夜は危険なので昼（夜明けから日没の間）に行われたと考えられる。仮に夏至の時期は昼時間が一番長く14時間ほどであるので、これを使って計算すると、70㎞÷14h＝5㎞／hとなる。朝鮮半島と九州の間には対馬海峡があり、海流に逆らいながら進んだと考えられるため時速3ノット（約5・5㎞／h）以上の速度で航行できたことは間違いないであろう。

1日の昼時間（14h）だけ移動したと考えると、1200㎞を約218時間で航海できることがわかる。即ち約16日間で九州を一周することは可能なのである。倭人達は海上を櫂走、帆走できる走舸（そうか）（快速軍船）を有しており、九州を16日間程度で一周できる航海術及び季節風、潮流、潮汐流などの知識を有していたと考えられる。関門海峡付近では潮汐により海流は最大9ノット＝約16・6㎞／hに達するが、当然ながら倭国の船乗りは潮汐流を熟知していたことであろう。

不彌国を出発して10日後、一行は九州の東側の現在の大分県に到達したと考えられる。そして二手に分かれて調査を行ったと考えられる。その一隊は船で九州を一周して有明海に戻り投馬国に至ったのである。それが「不彌国から投馬国に至る、水行二十日」の意味であり、不彌国が始点であり、投馬国が終点であるので【南至投馬國、水行二十日。】と報告書に記述したと考えられるのである。そして、もう一隊は大分県側で下船して、1ヵ月かけて大分県側から九州を横断（東から西へ横断）して各国の位置調査を行いながら有明海側の邪馬台国の地に至ったと考えられるのである。それが「不彌国から邪馬壹国に至る、女王が都する所である、水行十日、陸行一月」の意味であり、不彌国が始点であり邪馬台国が終点であるので位置関係から【南至邪馬壹國。女王之所都。水行十日、陸行一月。】と報告書に記述したと考えられるのである。

つまり、不彌国から邪馬台国の行程は「不彌国↓投馬国↓邪馬台国」ではなく途中から二手に分かれて調査を行ったことから「不彌国↓投馬国」と「不彌国↓邪馬台国」の意味となるのである。

6 陳寿の誤解

『魏志倭人伝』を読むと倭国の人々の生活、習慣、風俗、植生、産物など現地調査を行わなければ知り得ない記述が多く見られることから、魏の使節団（調査団）は実際に邪馬台国の首都に【到】（都に到達）して調査を行ったことは間違いないと考えられるのである。邪馬台国の首都の位置は《里数表示》では距離に伸びが生じていると考えられることから熊本平野に存在していたことは間違いないであろう（支配領域は八代平野まで含まれていた可能性がある）。

『隋書』が「倭国には阿蘇山がある、その石は理由なく火を放ち天空に達し、民衆は奇異だと考え、禱祭（とうさい）を行う」と記述しているように、魏の調査隊は火山に関する記録を残していたに違いない。ところが不思議なことに『魏志倭人伝』には火山に関する記述がないのである。

陳寿は峻険な山脈、砂漠などによって直線距離が短くとも大きく迂回せざるを得ない地域が多く存在していることをよく知っていたはずである。

しかしながら、中国には活火山（全て休火山である）がないために陳寿は火山の存在をどうしても信じることができなかったようである。陳寿は確信の持てない事を簡単に史書に記述する歴史家ではなかったのである。それ故、何らかの理由（戦争なども含まれる）によって大きく迂回を余儀なくされたのであろうと考え、敢えて火山のことを記述せず、その理由は後世の歴史家が明らかにするだろうと考えて、測量隊が残した《日数表示》と《里数表示》の両方を書き残したと推測されるのである。陳寿が当時の測量方法について知らなかったことも誤解した理由のひとつに挙げられるのである。

7 倭国は正に会稽東治の【東】に存在する

『魏志倭人伝』には倭国と会稽東治（かいけいとうち）の位置関係について【計其道里、當在會稽東治之東。】「その道里を計算すると、（倭国は）会稽東治の【東】に在る」と記述されている。会稽は紹興市の南部にある会稽山から付けられた地名であり、会稽東治は現在の浙江省（せっこうしょう）・紹興市（しょうこうし）付近にあたる。

第24図に3世紀中頃の倭国の領土範囲と会稽東治の位置関係を示した。魏の測量隊が使った

方位を右下に示している。

『魏志倭人伝』に記述された【東】は現在使われている東西南北の「東」方向とは反時計回りに約30度のズレがある。倭国の位置は『魏志倭人伝』に記述されているように、正に会稽東治の【東】（時計の2時方向）に存在しているのである。会稽東治と倭国の位置関係については「8尺表測量法」と経度の測量結果から導き出されたものであり、当時の測量技術が極めて高かったことを示しているのである。

会稽東治は『後漢書』には會稽東冶（かいけいとうや）となっている。東治は紹興市より４５０㎞ほど南にある現在の福建省（ふっけんしょう）・福州市とする説もある。『後漢書』を著した范曄は会稽東治の出身であり、会稽東治を東治と間違うことはなかったと考えられる。書写時の単なる誤写と思われる。范曄の

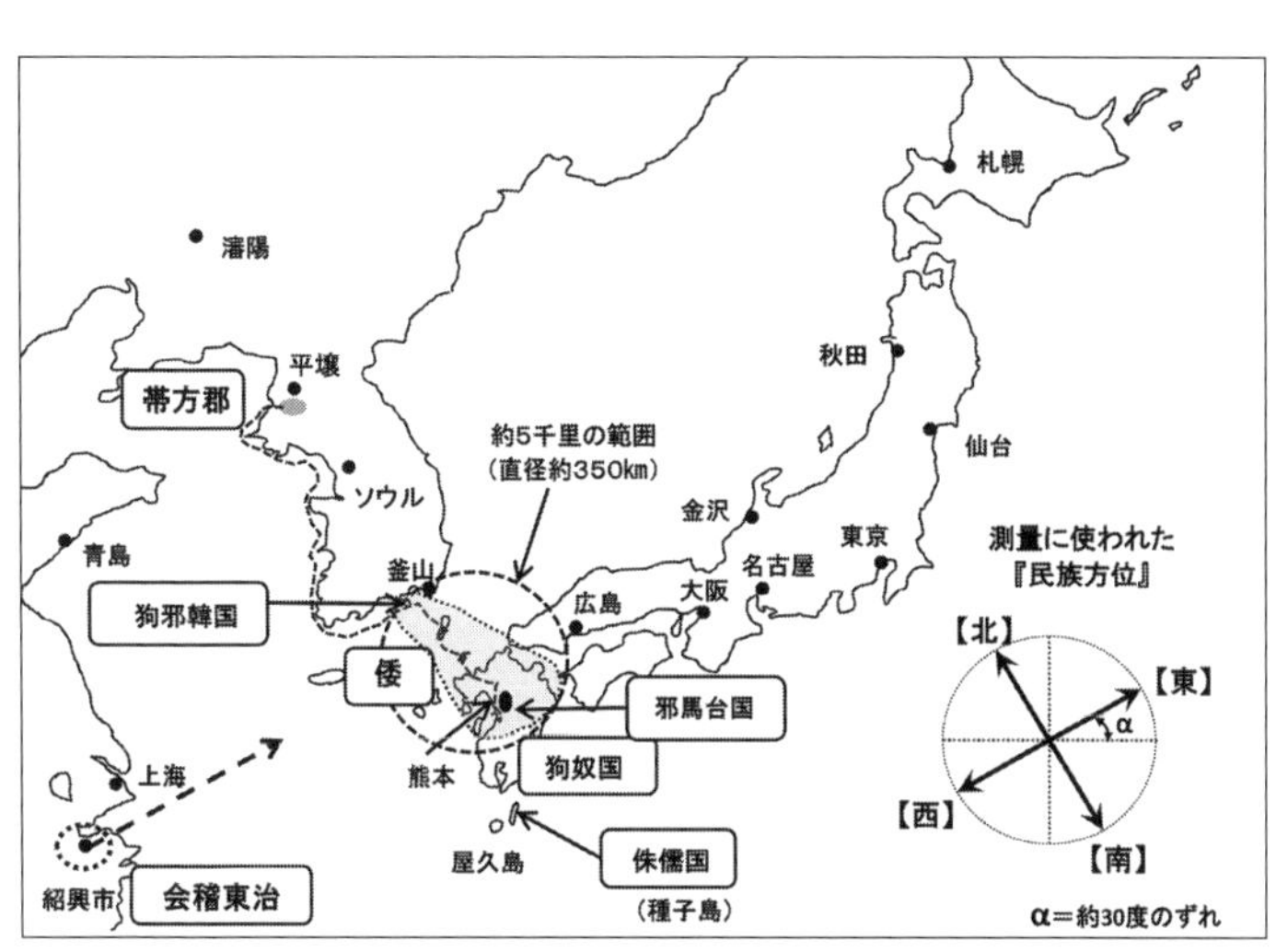

第24図　３世紀中頃の倭国と会稽東治（紹興市）との関係図

時代には既に「8尺表測量法」及び影長のデータベースが完全に失われており、彼には魏の地理（地図）学者がどのような方法によって会稽東治と倭国の位置を測量したのか、全くわからなかったに違いない。

8『到』と『至』の違い

『魏志倭人伝』には【到】と記述された箇所と【至】と記述された箇所が見られる。『魏志倭人伝』で使われた【至】と【到】の箇所を第9表に纏めた。

『三国志』の著者の陳寿がわざわざ【到】、【至】に書き分けていることから意味に何らかの違いがあったはずである。そこで陳寿が著した『三国志』「魏書・武帝紀第一」の中に使われている【到】と【至】の用例を幾つか調べてみた。太祖（武帝）とは魏王の曹操（155〜220年）のことである。

用例(1)【會靈帝崩、太子卽位太后臨朝。大將軍何進與袁紹謀誅宦官。太后不聽、進、乃召董卓欲以脅太后。卓未至而進見殺。卓到廢帝爲弘農王而立獻帝。京都大亂。】

「霊帝の崩御に遭い、太子（劉辯）が即位して太后が臨朝（政務を行うこと）した。大

第９表　【至】と【到】が使われている箇所

【到】が使われた箇所	【至】が使われた箇所
ⓐ【到其北岸狗邪韓國】「その北岸の狗邪韓国に到る」 ⓑ【到伊都國】「伊都国へ到る」 ⓒ【帯方太守劉夏遣使送汝大夫難升米、次使都市牛利、奉汝所獻男生口四人、女生口六人、班布二匹二丈、以到】文中の到るは魏の首都であった洛陽に到るとの意味である。 ⓓ【到錄受、悉可以示汝國中人】「帰還したら目録を受領し、汝の国人にこれら全てを見せよ」この箇所の到るは邪馬台国の首都に帰還してから公示せよという意味で使用されている。 ⓔ【太守王頎、到官】「太守・王頎が洛陽の官庁(又は宮中)へ到着した」	①【從郡至倭】「帯方郡より倭に至る」 ②【至對馬國】「對馬国に至る」 ③【至一大國】「一大国に至る」 ④【至末盧國】「末盧国に至る」 ⑤【東南至奴國】「東南へ奴国へ至る」 ⑥【東行至不彌國】「東行し不彌国へ至る」 ⑦【南至投馬國】「南へ投馬国に至る」 ⑧【南至邪馬壹國】「南へ邪馬台国に至る」 ⑨【自郡至女王國】「帯方郡より女王国へ至る」 ⑩【船行一年可至】「船行一年で至ることができる」

将軍・何進と袁紹は宦官を誅殺しようと謀った。太后は聴かず（認めなかった）、進（何進）は、そこで董卓を召して太后が聴くように脅そうとした。卓（董卓）は至らず（来ず）進を見殺しにした。卓が到り、帝（劉辯）を廃し弘農王とし、献帝（劉協）を立てた。京都（洛陽）は大いに乱れた」

用例⑴の【卓未至】は単に「董卓が来なかった」との意味であろう。一方、【卓到】の場合は帝を廃位させた場所（宮殿）であったので【到】を使ったと考えられる。

用例⑵【邈、遣將衞茲、分兵隨太祖。到滎陽汴水遇卓將徐榮。】

「邈（張邈）は、将軍の衛茲を遣わし、兵を分けて太祖に随行させた。太祖は滎陽の汴水に到り、卓（董卓）の将（中郎将）の徐栄と遭遇した」

用例⑵は滎陽の汴水の地に太祖が到着したので【到】が使用されたと考えられる。すなわち敬語として使われている。

用例⑶【太祖到酸棗。】「太祖は酸棗（地名）に到った」

用例(3)の場合も酸棗の地に太祖が到着したので【到】を使ったと考えられる。この場合も用例(2)と同じであり、敬語として使われている。

用例(1)~(3)から【到】は一般とは異なる特別な場所（首都、宮中）或いは特別な人物（皇帝・王）がその場所に到った場合に使用されており、敬語（もしくは丁寧語）として使われたと考えられるのである。

【到】、【至】の使用に関して、司馬遷が著した『史記』には【二十九年、始皇東游。至陽武博狼沙。】「29年（前２１８年）、始皇（始皇帝）は東游した。陽武の博狼沙（現在の河南省・原陽県の古地名）に至る」と記されており、始皇帝の場合でも【至】が使用されている。班固、班昭によって編纂された『漢書』の場合も【至】で統一されている。また『梁書』でも【至】で統一されている。したがって【到】と【至】の使い分けは陳寿独特の表現方法であり、【到】と【至】を使い分けることによって精緻な表現ができると考えていたと推測される。この使い分けを見ても陳寿が優れた歴史家であったことがわかるのである。

9 経由した国について

魏の使節団が経由した国は狗奴国を加え10ヵ国となる。
第10表に経由した10ヵ国の官名と戸数・家数を示した。

陳寿が【到】と【至】の使い分けを行ったことで、当時のそれぞれの国の情勢をある程度推測することが可能である。

最初に記述されている狗邪韓国については【到】が使用されていることから魏の使節団（調査隊）は首都を経由したと考えられる、にもかかわらず官名と戸数が記述されていない。これは陳寿がうっかり書き忘れたとは考えにくい。私見であるが、その理由は三韓の勢力拡大により狗邪韓国が混乱状況にあったため官名と戸数が把握できなかったと考えられる。『三国志』「烏丸鮮卑東夷伝」の弁辰の条には「12ヵ国があり、その瀆盧国は倭と境界を接すると書かれている。民は男女とも文身をしており倭に近い」と記述されている。また狗邪韓国に酷似する

第10表　『魏志倭人伝』による各国の官名と戸数

【到】が使われた国は着色している

国名	大官	副官	次の官	次の官	戸数・家数
狗邪韓国					
對馬国	卑狗	卑奴母離			約1千戸
一大国	卑狗	卑奴母離			約3千家
末盧国					約4千戸
伊都国	爾支	泄謨觚	柄渠觚		約1千戸
奴国	兕馬觚	卑奴母離			約2万戸
不彌国	多模	卑奴母離			約1千戸
投馬国	彌彌	彌彌那利			約5万戸
邪馬壹國	伊支馬	彌馬升	彌馬獲支	奴佳鞮	約7万戸
狗奴國	狗古智卑狗	?	?	?	?

弁辰狗邪国の名がある。このことから倭族が雑居していたことは間違いない。そして、かつて半島南部に存在していた倭国（約100ヵ国があった）の一部の国家が弁辰に従属していったと推測されるのである。

末盧国については戸数が4番目に大きく、約4000戸を有する大国であるが、官名が記されていない。この理由については次のように推測される。朝鮮の正史である『新羅本紀』には新羅の第9代の王であった伐休尼師今（在位：184〜196年）の治世の193年6月に【倭人大饑、來求食者千餘人。】「倭人が大いに飢え、食を求めて来る者千余人に及ぶ」と記録されており、この飢饉は倭国大乱のあと間もなくして発生しているのである。6月（旧暦）と言えば海に潜り漁が行える季節であるので自然災害による飢饉とは考え難く、人為的な原因によって発生した可能性が高いのである。おそらく卑弥呼の政策に反対する人々が追放されて、それらの人々が食を求め朝鮮半島へ渡ったと考えられるのである。

一方、『魏志倭人伝』には【國國有市、交易有無、使大倭監之。自女王國以北、特置一大率、検察諸國、諸國畏憚之。常治伊都國。於國中有如刺史。】「国々には市場があり、あらゆる物が交易されている。大倭は使者を派遣して監視させている。女王国以北には、特に一大率を置き、諸国を検察しているので、諸国は一大率を畏憚している。常に伊都国に常駐して治めており、中国の刺史（監察官）のようである」と記されていることから卑弥呼は北方系倭人国家を支配下に置くと伊都国に【一大率】（一人の軍事指揮官）を派遣し、北方系倭人の国々を監察させたと考えられる。【一大率】は末盧国に派遣された軍隊の指揮官でもあったことから末盧国には官を置く必要がなかったと考えられるのである。この【一大率】に関して『新唐書』（1060年成立）は【置本率一人、檢察諸部。】と記述しており、本率とは【一大率】のことであろう。「大」を「本」と誤記したと思われる。或いは「大率（たいそつ）」では（おおかた、おおむね）の意味となるので「本率」と書き変えた可能性もある。

奴国については【至】が使用されており、魏の使節団（調査隊）は奴国の領域を通過しているが首都を経由していないと考えられる。奴国は不彌国の北側に存在していたと考えられ、大規模な環濠集落遺跡として有名な吉野ヶ里遺跡が奴国の首都であった可能性が高いことは既に述べた。

⑩【戸】と【家】の違い

第10表に示したように『魏志倭人伝』では狗邪韓国を除く邪馬台国までの8ヵ国の国家の規模を【戸】又は【家】で記載している。当然ながら【戸】と【家】の意味には違いがあったことは間違いないが違いがはっきりしない。

『説文解字』には【戸：護也】は「戸は護（まも）るなり」としており両開き門の意味としている。【家：居也】は「家：居る所なり」としている。

【戸】で記述されている国は住民調査を完了している国と思われる。つまり家族の人数、性別、年齢など、詳（つまび）らかな調査が完了していることを示していると見られる。邪馬台国の時代には既に住民調査に基づく租税制度が存在していたことを窺わせる。【家】は人数、性別、年齢などの詳細調査が完了していないことを示しているように思われる。

【戸】と【家】に関して、『三国志』「烏丸鮮卑東夷伝」には馬韓について「大国は万余家、小国は数千家、総数で十余万戸である」と記され、辰韓については「合計すると24ヵ国である。大国は４千〜５千家、小国は６百〜７百家、総数４万〜５万戸である」と記されている。馬韓、辰韓では国の大小を家数により記述している。これは倭国に比べ人の出入りが激しかったためと推測される。

11 測量調査の実施年

２３８年、魏は遼東、朝鮮半島を長い間支配していた公孫氏を遼隧（りょうすい）の戦いで破り滅亡させた。その後、魏は反旗を翻した高句麗を討った。

『三国志』「烏丸鮮卑東夷伝」の序文の中には魏の討伐軍が高句麗王の東川王（とうせんおう）（生没年２０９〜２４８年）を追撃して日本海に達した時の事を次のように記している。討伐軍が日本海に達したのは２４４年のことである。

【東臨大海。長老説、有異面之人、近日之所出。遂周觀諸國、采其法俗、小大區別各有名號、可得詳紀。】

「東に大海を望む。長老の説明によると、異面の人々が、日の出所(いずるところ)に居住していると言う。遂に諸国を周観（詳しく調査すること）し、その国の法制度、習俗、大小の区分と国名と号を、詳しく記録することができた」

魏と邪馬台国との交通（往来）の記録は次のとおりであるが、魏が倭国へ使者を派遣したのは２４０年、２４５年、２４７年の3回である。

(1) 景初2年（２３８年）6月：倭の女王・卑弥呼が難升米(なしめ)等を帯方郡に遣わす。同年12月、難升米、牛利が皇帝に謁見した。

(2) 正始元年（２４０年）：建中校尉・梯儁(ていしゅん)等が倭国を訪れる。

(3) 正始４年（２４３年）：女王・卑弥呼が伊聲耆(いせいき)、掖邪狗(えきやく)等8人を魏へ派遣する。

(4) 正始６年（２４５年）：魏が倭の難升米に黄幢を假授した。

(5) 正始８年（２４７年）：邪馬台国と狗奴国の争いにより、帯方郡から塞曹掾史(さいそうえんし)・張政等が邪馬台国へ派遣される。

(6) 同年（２４７年）：女王・台与が大夫の率善中郎将・掖邪狗など20人を塞曹掾史・張政に付随させて帯方郡まで送り届ける。

『三国志』「魏書」烏丸鮮卑東夷伝によれば、正始６年（２４５年）、韓が帯方郡の崎離営（郡治所）を襲ったために帯方郡・太守の弓遵は兵を興してこれを討った。この後太守の弓遵は戦死（２４５年、又は２４６年）したので正始８年（２４７年）に新しく王頎が帯方郡太守となっている。この頃、魏の国内では皇族の曹爽と実力者の司馬懿の対立が激化しており、２４９年、遂に司馬懿がクーデターを起こして権力を掌握している。
「烏丸鮮卑東夷伝」の序文及び帯方郡太守の交代、司馬懿のクーデターから考えると邪馬台国の位置測量は、女王・卑弥呼が亡くなる前の２４５年（おそらく単年）に行われた可能性が高い。

　魏は倭国の測量調査を行ったが、正式な地図の作製まで至らなかったと推測される。その理由は倭国が極遠の地に在り、その領土が小さく、脅威になり得ないと判断されたためと推測される。あるいは魏から晋へと変わる動乱期であったので作製まで手が回らなかったのかもしれない。

12 邪馬台国の名称について

我が国では「倭」、「大倭」、「和」、「大和」、「日本」と書いて、全て「ヤマト」と読んでいる。『魏志倭人伝』には【邪馬壹國】と書かれており、【壹】は現在では【壱】（一）の字にあたり、発音（拼音（ピンイン）：中国語の発音）は（yī）である。また『後漢書』には【邪馬臺國】と書かれており、【臺】の字は現在では【台】にあたり、拼音は（tái）である。さらに『隋書』には【都於邪靡堆、則魏志所謂邪馬臺者也。】「都は邪靡堆である、すなわち魏志にいう邪馬臺（邪馬台）である」と書かれている。【堆】（拼音：duī）と記述されているように『魏志倭人伝』、『後漢書』、『隋書』はいずれも倭人の発音「ヤマト」を漢字に写し取ったものと思われる。したがって『魏志倭人伝』の【壹】の字は誤写の可能性もある。或いは【豆】（拼音：dòu）の字を含んでおり、華南ではトォ（ドゥ）に近い発音であった可能性もある。また唐時代に編纂された『通典（つてん）』（北宋版）には【倭面土国】となっており【土】の拼音は（tǔ）であるので、これも「ヤマト」の音に近い文字を当てたと考えられる。唐時代に編纂された『翰苑（かんえん）』には【倭面上国】と記述されているが、【上】の字は書写時の単なる誤写と見られる。

『魏志倭人伝』、『後漢書』、『隋書』、『通典』はいずれも中国側が「ヤマト」を漢字に当てたと考えられるのである。そのため「邪馬台国（やまとこく）」が正しいと考えられるが、一般的に「邪馬台国（やまたいこく）」も定着しているので、本書では「邪馬台国（やまとこく）」又は「邪馬台国（やまたいこく）」で記述する。

13 帯方郡の位置

公孫康が定めた帯方郡（屯有県以南の地）の位置と魏の明帝が帯方郡・太守劉昕（りゅうきん）、楽浪郡・太守鮮于嗣（せんうし）を派遣して（新しく）２郡（楽浪郡、帯方郡）を定めた位置は異なっていたかもしれないが、本書では『魏志倭人伝』に記述されている帯方郡の位置について記す。

帯方郡の位置については次の諸説がある。

Ⓐ京畿道ソウル説：現在のソウル市とする説。

Ⓑ京畿道広州説：ソウル市の東南約40㎞の広州市とする説。

Ⓒ黄海北道鳳山郡説：現在の平壌の南約50㎞の沙里院（サリウォン）市とする説。

Ⓓ黄海南道安岳郡説：平壌の南西約60㎞の安岳（アナク）郡とする説。

『魏志倭人伝』には帯方郡から狗邪韓国までの直線距離は７０００余里（1里約70ｍ）であると記述されている。狗邪韓国の首都があったと考えられる巨済島からインターネットの地図を利用して該当する地域までの距離を計測したのが第11表で

第11表　帯方郡の候補地

帯方郡（候補地）	狗邪韓国からの距離（巨済島からの距離）
Ⓐ ソウル説	約　３４７　Km
Ⓑ 広州説	約　３２４　Km
Ⓒ 沙里院説	約　４９０　Km
Ⓓ 安岳郡説	約　５０３　Km

ある。

帯方郡の位置はⒶ、Ⓑの南方説（ソウル説、広州説）とⒸ、Ⓓの北方説（沙里院説、安岳郡説）に分かれるが、南方説は距離が大きく違っているため帯方郡に比定することは難しい。距離から判断して北方説の方が正しいと考えられる。そして沙里院の唐土城からは楽浪郡と同時代の瓦、煉瓦(レンガ)などが見つかっている。また沙里院の東北6～7㎞の黄海北道鳳山郡智塔里(ちとうり)の墳墓群からは【帯方太守張撫夷】と刻まれた塼(せん)（煉瓦）が発見されていることから考えると帯方郡は沙里院市に存在した可能性が高い。

14 帯方郡から邪馬台国までの寄港地、経由した国々のまとめ

『魏志倭人伝』の記述に基づいて解明してきた帯方郡から邪馬台国までの国々の寄港地・経由地を第12表にまとめた。

熊本平野の南部（熊本市南区城南町塚原）には塚原古墳群と呼ばれる国内有数の墳墓群が存在している。遺跡の位置と規模から考えて邪馬台国王の墓が存在していると考えられるのである。

第12表　帯方郡から邪馬台国までの寄港地・経由地

郡名・国名	位置（現在の地名）	摘要
帯方郡	北朝鮮・沙里院市付近	出発地は大同江の支流、載寧江の港と考えられる
狗邪韓国	韓国・巨済島	狗邪韓国の首都を経由。国の管理機構は崩壊途中にあったと推測される
對馬国	対馬・下島	対馬・下島浅茅湾内に寄港
一大国	壱岐島	壱岐島の北端の勝本に寄港
末盧国	佐賀県・伊万里市付近	卑弥呼が派兵して作った国家と推測される
伊都国	佐賀県・江北町付近	内陸に存在していたと推測される
奴国	首都は吉野ヶ里遺跡が有力	首都を経由せず
不彌国	奴国の南に位置する小国	筑後川に面しており河港があったと考えられる
投馬国	玉名市付近又は菊鹿盆地に存在か	菊鹿盆地又は玉名市、大牟田市に広がる国家の可能性あり
邪馬台国	熊本平野	首都は水前寺、江津湖周辺地域が有力

第6章　倭国は朝鮮半島に存在していた

1 朝鮮半島に逃れた倭人

紀元前473年、越に滅ぼされた呉の王族の一部（北方系倭人）が山東半島へ逃れ、さらに船で朝鮮半島の西側沿岸部に沿って南下して朝鮮半島南部に定住して国邑を築いた。

これが『後漢書』に記述されている倭（倭国）であり、その盟主国家（宗主国家）が奴国であった。

『後漢書』には次のように記述されている。

【建武中元二年、倭奴國奉貢朝賀、使人自稱大夫、倭國之極南界也。光武賜以印綬。安帝永初元年、倭國王帥升等、獻生口百六十人、願請見。】

「建武中元二年（57年）、倭の奴国は貢物を奉じて朝賀した、使者は自ら大夫と称した、（奴国は）倭国の最も南に位置している。以て光武帝は印綬を下賜した。安帝の永初元年

（107年）、倭国の王帥升等は、生口160人を献じて、（皇帝への）謁見を請願した」

また『後漢書』「韓伝」には倭と三韓の国境及び三韓の広さについて次のように記述されている。

【韓有三種。一曰馬韓、二曰辰韓、三曰弁辰。馬韓在西、有五十四國。其北與樂浪、南與倭接。辰韓在東、十有二國。其北與濊貊接。弁辰在辰韓之南、亦十有二國、其南亦與倭接。凡七十八國。伯濟是其一國焉。大者萬餘戸、小者數千家、各在山海間、地合方四千餘里、東西以海爲限。】

「韓は三種がある。一つは馬韓という、二つは辰韓という、三つは弁辰という。馬韓は（朝鮮半島）の西に在り、54ヵ国がある。北は楽浪（郡）と、南は倭と接する。辰韓は（馬韓の）東に在り、12ヵ国がある。その北は濊貊と接する。弁辰は辰韓の南に在り、亦12ヵ国が有り、その南は倭と接している。（三韓全体で）およそ78ヵ国がある。伯済（後の百済）はそれらの一国である。大国は1万余戸、小国は数千家、それぞれ山海の間に在り、地を合わせると4千余里の方形である、東西は海をもって限られる」

また『三国志』(「烏丸鮮卑東夷伝」)も三韓と倭の国境及び三韓の広さについて同様に記述しているのである。

【韓、在帯方之南。東西以海爲限、南與倭接。方可四千里。有三種、一曰馬韓、二曰辰韓、三曰弁韓。辰韓者、古之辰國也。】

「韓は帯方郡の南に在り、東西は海を以て限られる。南は倭と接する。4千里ばかりの方形である。三種あり、一つは馬韓といい、二つは辰韓といい、三つは弁韓という。辰韓は、古(いにしえ)の辰国である」

このように中国の史書には倭と三韓は陸地国境で接していると記載されており、三韓の領土の広さは約4000里の方形であるとしているのである。また三韓の領土の東西は海をもって限られると記述されているのである。この「東西」方向は【東西】方向の意味と考えられ、今、時計の文字盤で示すと、2時と8時を結んだ方向が【東西】方向となるのである。その事からインターネットの地図で朝鮮半島の「2時－8時」方向の距離を計測すると大凡(おおよそ)280㎞となることから、1里の長さは『魏志倭人伝』に記述された1里(約70ｍ)の長さと同じであることがわかるのである。このことから三韓と倭の陸地国境及び三韓の領土と倭の領土を地図に示すと、第25図となるのである。

倭と韓の境界線は直線で示しているが実際は出入りがある。『三国志』「烏丸鮮卑東夷伝」弁辰伝には次のように記述している箇所がある。

【土地肥美、宜種五穀及稲。暁蠶桑、作縑布。乗駕牛馬。】

「土地は美く肥えている、五穀及び稲を種えるのに適している。養蚕を知っており、縑布（密に織った絹布）を作る。牛・馬

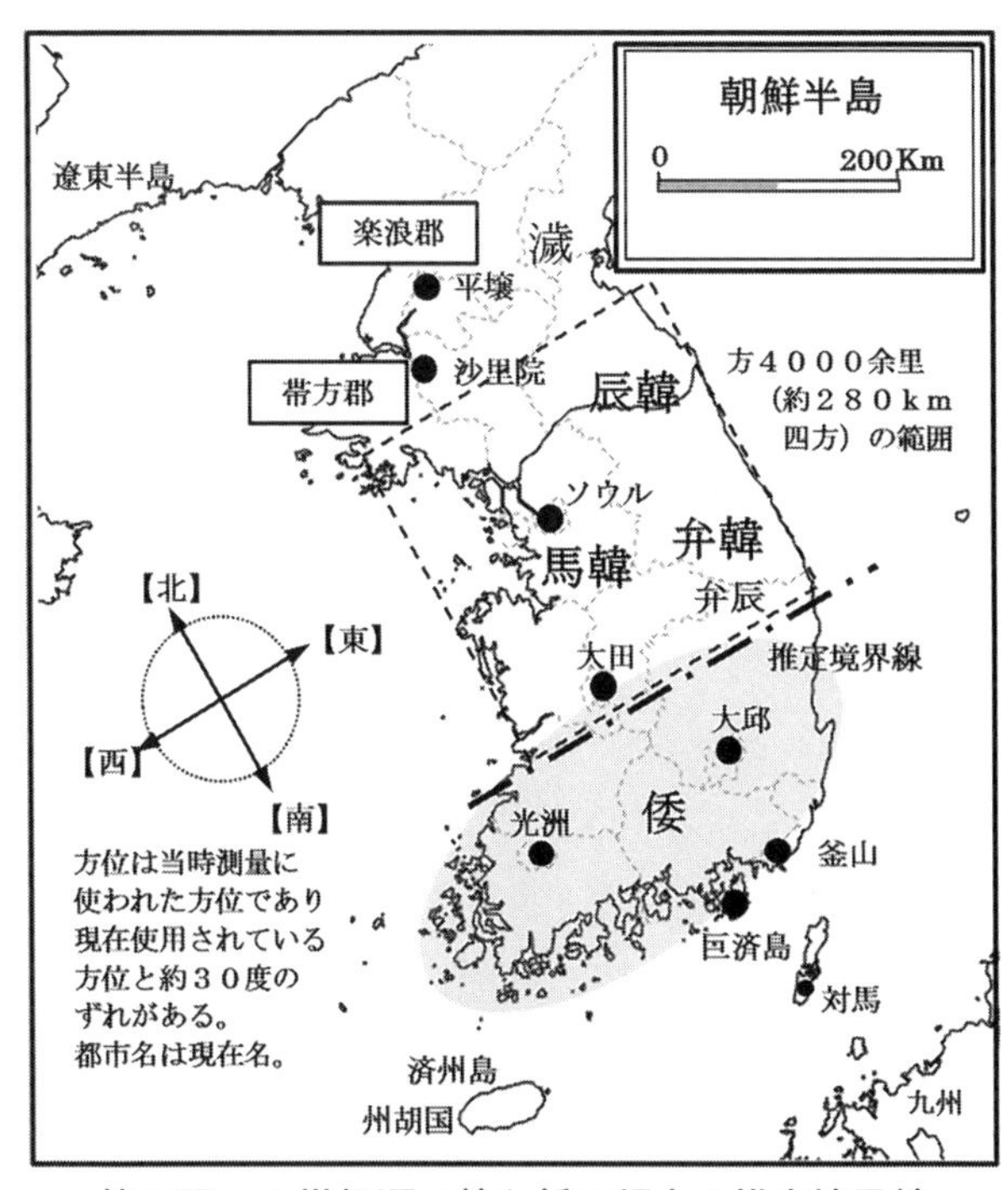

第25図　１世紀頃の韓と倭の領土の推定境界線

に乗ったり、車を引かせたりする」

このように中国の史書は五穀と稲（米）を明確に区別しているのである。これは五穀が華北の食文化であり、米が華南の食文化であったことから区別されているのであり、弁辰には華北と華南の民族が混在して居住していることがわかるのである。また弁辰伝には「男女は倭に近く文身をしている」と記述されており、弁辰人（韓人）と倭人が雑居していたことは間違いない。我が国では、五穀について『古事記』は稲、粟、小豆、麦、大豆を挙げており、『日本書紀』は粟、稗、稲、麦、豆（大豆、小豆）を挙げている。『記・紀』の記述から我が国では先住民である縄文人と華南及び華北からの渡来人の混血によって新しく日本の食文化が生まれたことがわかるのである。

2 稲作は倭人によって朝鮮半島へ伝えられた

稲作は間違った歴史教育のために朝鮮半島（の民族）から日本へ伝えられたと信じている人が多い。しかし実際には、稲作（水稲）は倭族によって朝鮮半島へ伝えられたものであった。中国の秦嶺（しんれい）・淮河（わいが）線よりはるか北にあった朝鮮半島では古代から中国の華北と同様に畑作（五穀の栽培）が行われていた。

『三国志』「烏丸鮮卑東夷伝」及び『後漢書』「東夷列伝」は三韓（（①馬韓、②辰韓、③弁韓（弁辰））の生計穀物（主食）について次のように記述している。

①馬韓については【其民土著、種植。知蠶桑、作綿布】「土着の民族であり、種を植える。養蚕を知っており、綿布（絹布）を作る」と記述されている。また『後漢書』には【知田蠶、作緜布。】「畑作と養蚕を知っており、綿（絹）布を作る」と記述されている。単に【種植】「種をうえる」と記述されていることから五穀（麦、粟、黍、稗、大豆）を生計穀物として植えていたと考えられる。尚、原文中の【緜】は絹を指しており、当時の綿布とは絹布を意味していた。綿がインドから伝わったのは前漢の頃であり、中国に綿の種子が伝わり栽培が開始されたのは唐時代になってからである。

②辰韓については『後漢書』は【土地肥美、宜五穀。】「土地はよく肥えて、五穀が宜しい（普通である）」と記述しており、畑作により五穀が栽培されていたことを示しており、辰韓の民族は華北と同じ食文化を持つ民族であることを示しているのである。

③弁韓（弁辰）については【土地肥美、宜種五穀及稲。】「土地はよく肥えて、五穀及び稲が宜しい（適している）」と記述されており、五穀のほかに稲が栽培されていた。既述したように弁韓（弁辰）では華北の食文化を持つ民族と華南の食文化を持つ倭族が混在して居住していたことを示しているのである。

倭の奴国が後漢から金印を下賜された1世紀中頃には、倭国は朝鮮半島の南部に広大な領土を有し、凡そ100ヵ国があった。しかし華北の食文化を持つ韓民族の勢力拡大によって米文化を持つ倭人国家は南下を余儀なくされ、残された多くの倭族の国家が弁韓（弁辰）に併呑されていったのである。その結果、朝鮮半島には倭族の米文化が残されたのであった。

弁韓の人々について『後漢書』は【弁辰與辰韓雜居、城郭衣服皆同。言語風俗有異。其人形皆長大、美髮、衣服絜清。而刑法嚴峻。其國近倭、故頗有文身者。】「弁辰は辰韓と雑居しており、城郭、衣服は皆同じである。言語と風俗には差異がある。人は皆（体が）大きく、美しい髪を持ち、衣服は清潔である。そして刑法は厳峻である。其の国（の風俗）は倭に近く、故に文身の者が非常に多い」と記述している。

3 名将・祭肜の活躍

さて漢（後漢）を再興した光武帝（在位：25〜57年）は国力回復を図るために軍縮を行った。その結果、遼東地域は手薄となり北方異民族の侵略や略奪が激しくなっていった。41年、光武帝は入寇（侵略）を繰り返す北方異民族を討つために祭肜（?〜73年）を遼東太守として派遣した。

『後漢書』は次のように記述している。

【時遼東太守祭肜、威讋北方、聲行海表、於是濊、貊、倭、韓萬里朝獻。】

「時に遼東太守・祭肜は北方を威讋し、聲は海表を進み、ここにおいて濊、貊、倭、韓は万里（遠方）より朝献（皇帝に接見して貢物を献上すること）した」

また【自中興之後、四夷來賓。雖時有乖畔、而使驛不絶。故國俗風土、可得略記。】「中興（後漢が樹立されて）から、四夷は（後漢）を訪れるようになった。時に乖畔（叛き離れること）があると雖も、使驛（通交）は絶えなかった。故に（東夷の）国名、習俗、風土を、略記することができた」と記述している。原文の【威讋】は「威圧して恐れさす」の意味。

57年、倭の奴国が中国へ朝貢できたのは名将・祭肜が遼東地域を平定したことによるものであった。おそらく倭人は陸路を利用して首都・洛陽へ朝貢したと推測される。将軍・祭肜は異民族からも畏敬されるほどの人物であり、のちに中央に戻り太僕（大臣）に進んだ。その後、北伐に参加した時に左賢王に欺かれ、帰還したところ逗留畏懦（怖れ弱気を出して留まったの意味）の理由で罷免され入獄し憤怒のあまり吐血して73年に亡くなった。

後漢は初代皇帝・光武帝から第3代皇帝・章帝（在位：75～88年）までが全盛時代であり、この時期に濊、貊、韓、倭が朝貢した際に国の位置、領域、習俗、風土などの聞き取り調査が行われたのである。この時、九州にあった投馬国、邪馬台国、狗奴国などの国々はまだ中国側には知られておらず、これら南方系倭人国家が中国の史書に登場するのは邪馬台国女王・卑弥呼以降のことである。

4 倭国の南下

『後漢書』「東夷列伝」によれば、朝鮮半島、遼東地域は章和年間（87～88年）以降も比較的平穏であり通交が行われていた。しかし【逮永初多難。始入寇鈔。桓靈失政、漸滋曼焉。】「永初（107年）に至り多難となった。（異民族の）入寇と鈔（略奪）が始まった。桓帝・霊帝（146～189年）の失政により、次第にこのような状況が長く続いた」と記述されているように永初年間（107～113年）に入ると侵略、掠奪が多発して危険な状態となったのである。

『後漢書』に【安帝永初元年、倭國王帥升等、獻生口百六十人、願請見。】「安帝の永初元年（107年）、倭国王・帥升等が生口160人を献上して謁見を請願した」と記述されている。この【倭國王帥升等】の箇所は解釈が分かれている。王の名を【帥升等】とする説と、王の名を【帥升】とする説である。後者の場合の【等】は複数の王を示している。筆者は後者の説を支持したい。なぜなら朝貢途中で襲われる危険があったために多くの国家の王が兵を率いて護衛のために参加したと考えられるからである。

107年に奴国の帥升等倭国の複数の王たちが後漢へ謁見を請願したのは侵略と寇鈔が増大したため、それを防止してもらう目的だったたと考えられる。しかしながら倭国王たちの願いは叶わなかった。

107年以降、濊、貊が強盛となり韓を圧迫したため、玉突き現象によって圧迫された倭国の国々は九州へと南下を余儀なくされたのであった。このとき倭国の一部の国は朝鮮半島に取り残され、馬韓、弁韓に併呑されていった。その後、3世紀に入ると公孫氏の勢力が新たに拡大したために半島南部に残っていた倭人の国家は韓と共に公孫氏に従属することとなったのである。

『三国志』「烏丸鮮卑東夷伝」は次のように記述している。

【桓靈之末、韓濊彊盛、郡縣不能制、民多流入韓國。建安中、公孫康分屯有縣以南荒地、爲帶方郡。遣公孫模張敞等、收集遺民、興兵伐韓濊。舊民稍出、是後倭韓遂屬帶方。】

「桓帝から霊帝の末（146~189年）に、韓、濊は強盛となり、（後漢の）郡県では制止することができず、多くの民が韓国に流入した。建安（196~220年）の中頃、公孫康は、屯有県以南の荒地を割いて帯方郡とした。（公孫康は部下の）公孫模、張敞等を派遣して、遺民を集め、兵を興して韓と濊を討伐した。旧民は僅かしか見出せず、こののち倭と韓は遂に帯方郡に従属した」

桓霊年間以降、倭国の国々は九州北部へと移動したのであるが、九州中部においては南方系倭人国家である邪馬台国、投馬国が勢力を拡大させており、ここにおいて北方系倭人国家と南方系倭人国家との戦争が勃発したのである。これが『後漢書』、『魏志倭人伝』などに記述されている「倭国大乱」と呼ばれる事件であった。これについては後述する。

5 公孫氏の勢力拡大と支配領域

１８９年、公孫度（生没年不詳）が後漢より遼東太守に任命されると後漢の衰退に乗じて遼東地域を中心に勢力を拡大させて、遂に自立して王を自称した。この年、中国では霊帝の子の劉協が第14代・献帝（在位：１８９～２２０年）として帝位に就いたが、既に実権はなく諸侯、軍閥などが対立する群雄割拠の様相を呈していた。民衆による反乱も多発しており、後漢は完全に統制力を失っていたのである。

このような後漢の弱体化に乗じて、２０４年以降、公孫度の子の公孫康（生没年不詳）は楽浪の南に帯方郡を設置して勢力を拡大させて韓と倭を従属させた。公孫康が亡くなると子の公孫晃、公孫淵が幼少であったので、公孫康の弟の公孫恭（生没年不詳）が跡を継いだ。

２２０年、長い間傀儡であった献帝が曹丕（魏の初代皇帝）に帝位を禅譲し後漢は滅亡した。皇帝となった曹丕（高祖・文帝）は公孫恭を車騎将軍・平郭侯に任命した。

２２８年、成人した公孫淵（?〜２３８年）がクーデターを起こして公孫恭から遼東太守の座を奪い取り燕王を自称した。そして魏の南にあった呉とも手を組むなど二枚舌外交を行った。そのため魏の怒りを買い驃騎将軍・司馬懿の討伐軍によって２３８年、嗣子の公孫脩と共に殺され、公孫氏は滅びたのである。

３世紀初め頃の各国の位置を第26図に示した。

『三国志』「烏丸鮮卑東夷伝」韓伝には「建安（１９６〜２２０年）の中頃以降、倭と韓は遂に公孫氏の帯方郡に従属した」と記述されている。些細なことのように見えるが、「倭が公孫氏に従属し

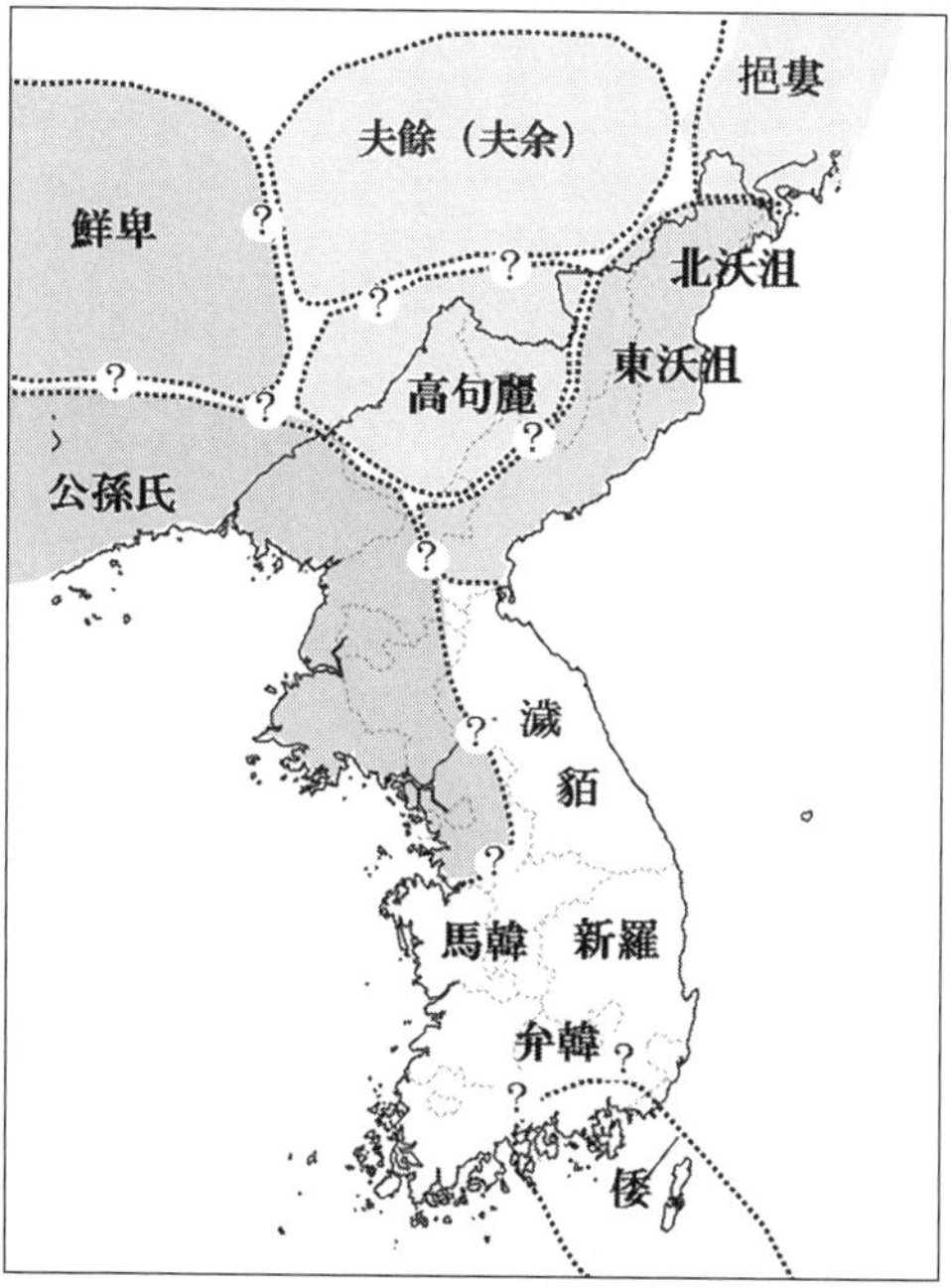

第26図　３世紀初め頃の各国の大略位置図

た」という記述は非常に重要である。

公孫氏の支配範囲が日本列島まで及んでいたかどうかに関わるからである。

結論を先に言えば、朝鮮半島に取り残された倭国の一部の国家が公孫氏に従属したのであり、日本列島の倭人国家が従属したのではなかった。公孫氏が魏によって滅ぼされると朝鮮半島南部に取り残されていた倭人国家は馬韓、百済、新羅の勢力拡大によって併合され、卑弥呼の時代には倭国の領土は巨済島にあった狗邪韓国を残すのみとなっていたのである。半島に残されていた倭族の国家は朝鮮民族の国家に併合されて同化していったのであった。

だいぶ時代が飛ぶが、『隋書』百済伝には次のように記述されている箇所がある。

【其人雜有新羅、高麗、俀等。亦有中國人。其衣服與高麗略同。】

「（百済の）人は新羅、高麗（高句麗）、俀（倭人）などが混在しており、また中国人もある。其の衣服は高麗とほぼ同じである」

⑥ 倭人に関する記録

時代を少し遡るが、濊（貊）、韓が勢力を拡大させていた丁度その頃、檀石槐（136年頃〜181年頃）という英傑が鮮卑族を統一して大人（部族長）に就いた。旧満州から敦煌に至る広大な地域を支配下に置いた檀石槐は光和元年（178年）冬、部族の人口が増加したために食糧不足に陥った。

『後漢書』「烏丸鮮卑列伝」には、その時の様子が次のように記述されている。

【檀石槐乃自徇行、見烏侯秦水廣從數百里、水停不流、其中有魚、不能得之。聞倭人善網捕、於是東擊倭人國、得千餘家、徙置秦水上、令捕魚以助糧食。】

「檀石槐は自ら徇行（広く巡るの意）して、烏侯秦水の広さ縦数百里の、水が停止して流れの無い、その川中に魚がいるのを見つけたが、これを捕ることができなかった。倭人がうまく網で捕ることを聞き、東の倭人国を討ち、約1000家を得て、秦水の辺に移し置き、魚を捕ることを命じ、食糧の助けとした」

原文中の【倭人】、【倭人國】の部分については『後漢書』より前に成立した『三国志』「魏書」鮮卑伝には【汗人】、【汗国】と記述されている。【汗】（拼音：hàn）は【汙】（拼音：wū）の可能性がある。【汙】は「汚」の古体字であり、濊（穢）とも書き、同意語である。旧満州地域に居住していた濊族は、のちに夫余、高句麗、沃沮、濊（濊貊）の四種族に分かれた。食糧難となった時期が冬と記述されており、汗人（汙人）とは氷結した川に穴を開けて網を入れて魚を捕獲していた種族と思われる。この地域は古くから班魚の皮が産物とされていた。班魚とはサケ科のアムールイトウ、又はカラフトイワナ、あるいはカワカマス（パイク）であろう。また『後漢書』には【濊貊二十餘邑為東部、從右北平以西至上谷十餘邑為中部、從上谷以西至敦煌、烏孫二十餘邑為西部、各置大人主領之、皆屬檀石槐。】「濊貊の約20邑（国）を東部とし、右北平より西の上谷に至る約10邑を中部とし、上谷から西の敦煌、烏孫に至る約20邑を西部とし、それぞれ大人を置いて領主とした。皆檀石槐に属す」と記述されている。

第26図に3世紀初め頃の各国の推定位置を示しているので参照願いたい。

鮮卑族の居住地域の東側には扶餘（夫余）、高句麗があった。烏侯秦水の正確な位置は不明であるが、満州南部を流れる遼河の一支流ではないかと思われる。汗人（汙人）はこの図の扶餘（夫余）、高句麗の西側の鮮卑との境界地域に居住していたと考えられる。この地域は低温少雨気候であり、当時の稲作技術から考えて倭族がこの地域で稲作を行って居住していた可能性は極めて低い。檀石槐の部族が178年の冬に食糧不足に陥っていた時、倭国は濊（濊貊）、韓に圧迫されて九州へと南下していた。

戦国時代末に性悪説を唱えた荀子（紀元前313年頃〜紀元前238年頃）の『勧学』には【干、越、夷、貉之子、生而同聲、長而異俗、教使之然也。】「干、越、夷、貉といった（異民族の）子は、生まれた時は同じ声（性質）であるが、大人になると習俗が異なるのは、教育がそのようにさせているのである」とあり、越の北にあった呉の周辺には干（かん）という民族が居住していた。范曄は【倭人】が魚を捕獲して食糧とする風習と呉の地域に居住していた【干人】を結び付け、【干人】→【汗人】（wū-rén）→【倭人】（wō-rén）と推理したのかもしれない。いずれにしても倭人がこの地域に居住しているとした『後漢書』の記述は間違いである。

第7章　邪馬台国時代

1 倭国大乱

倭国大乱に関して『後漢書』は【桓靈間、倭國大亂。更相攻伐、歴年無主。】「桓帝・霊帝の間（146～189年）、倭国は大乱となった。更に互いに攻伐して、歴年にわたり主（覇者となる王）がなかった」と記述している。

一方、『魏志倭人伝』は次のように記述している。

【其國本亦以男子爲王住七八十年、倭國亂、相攻伐歴年、乃共立一女子爲王。名曰卑彌呼。事鬼道、能惑衆。年已長大、無夫壻、有男弟佐治國。】

「その国もとは男子をもって王とした。70～80年経過してから、倭国は内乱となり、数年にわたり相手を攻撃しあい、しかる後、1人の女子を共立して王とした。名を卑弥呼という。鬼道をもって事を行い、巧みな言葉で民衆を惹きつけた。年すでに長大なるも、夫はなく、男弟が補佐して国を治めている」

原文中の【住七八十年】「(男王が)住まること70〜80年」の箇所の【住】は、多分【往】(経過してからの意味)が正しく、後世の単なる転写ミスであろうと思われる。【其國本亦以男子爲王往七八十年、倭國亂】「その国は、もとは男子を王としていたが、70〜80年経過してから、倭国は乱となった」が正しいと考えられる。

何時の時点から70〜80年経過したのか？　それは安帝の永初元年（１０７年）を最後に中国と倭国の通交が途絶えた時からを指している。つまり陳寿は「倭国の乱は１０７年から70〜80年経過した時（１７７〜１８７年の間）に起こった」と記述しているのである。

倭国大乱に関して『梁書』倭国伝は【漢靈帝光和中、倭國亂、相攻伐歴年。乃共立一女子卑彌呼爲王。】「後漢の霊帝の光和年間（１７８〜１８４年）、倭国は乱れ、互いに数年攻伐し合った。そこで女子の卑弥呼を共立して王とした」と記述している。同様の記述が『太平御覧』（北宋の初期に成立）にも見られる。これらの記述から倭国大乱は『魏志倭人伝』に記述されているように、１７７年から１８７年の間に起こったと推測されるのである。

『後漢書』は韓、濊（貊）が強盛となった桓帝・霊帝時代（１４６〜１８９年）の朝鮮半島における韓と倭国の戦争、及び倭国が九州北部へ南下したために起こった倭人同士の戦争の両方をまとめて記述しているようである。長く続いたと考えて「倭国大乱」としたのであろう。

57年に後漢の光武帝から印綬を下賜された倭の奴国は、このとき（57年）朝鮮半島南部にあり、連合国家である倭（倭国）の最も南に存在していた国家であった。ところが卑弥呼の時代、奴国は九州北部にあり、約2万戸を有する国家となっていた。奴国の南には投馬国（約5万戸）、邪馬台国（約7万戸）、狗奴国が存在していたことから、中国の史書に記述された倭国の乱とは北方系倭人国家と南方系倭人国家の戦いであったと考えられるのである。

２ 倭と大倭の違い

『後漢書』及び『魏志倭人伝』には【倭】と【大倭】と記述された箇所が見られるのであるが、両者の意味には違いがあった。

【倭】とは『後漢書』に「奴国は倭国の極南界なり」と記された、朝鮮半島南部において凡そ１００ヵ国を有していた北方系倭人の国家のことであり、奴国を盟主国（宗主国）とする連合国家を指していた。

一方、【大倭（やまと）】とは南下してきた倭（倭国）を邪馬台国が支配下に置いたあとの連合国家（邪馬台国を盟主国とする30ヵ国）を意味しているのである。

『魏志倭人伝』には【國國有市、交易有無、使大倭監之。自女王國以北、特置一大率、檢察諸國、諸國畏憚之。常治伊都國。於國中有如刺史。】「国々には市場があり、あらゆる物が交易されている。大倭は使者を派遣して監視させている。女王国以北には、特に一大率（だいそつ）を置き、諸国を検察しているので、諸国は一大率を畏憚（いたん）している。常に伊都国に常駐して治めており、中国の刺史（しし）（監察官）のようである」と記述されている。

『後漢書』は倭王（倭国王）について【其大倭王居邪馬臺國。】「其の大倭の王は邪馬台国に居住している」と記述しており大倭王とは女王・卑弥呼を指しているのである。

『魏志倭人伝』、『後漢書』の著者である陳寿と范曄は【倭】（倭国）と【大倭】（大倭国）を明確に使い分けているのであるが、時代が下がるにつれて【大倭（やまと）】（大倭国）も単に「倭国」と記述されるようになっていった。この書でも特に区別を要しない場合は【大倭】も「倭」又は「倭国」と記述する。

3 二重に記されている奴国について

連合国家・倭国は、『魏志倭人伝』には「今、使訳通ずる所は30ヵ国である」と記されている。『魏志倭人伝』の記述順序に従って記述すると次のようになる。

(1)狗邪韓国、(2)對馬国、(3)一大国、(4)末盧国、(5)伊都国、(6)奴国、(7)不彌国、(8)投馬国、(9)邪馬台国、(10)斯馬（しま）国、(11)已百支（いはき）国、(12)伊邪（いや）国、(13)都支（とき）国、(14)彌奴国、(15)好古都（ここと）国、(16)不呼国、(17)姐奴（そぬ）国、(18)對蘇（つそ）国、(19)蘇奴国、(20)呼邑（こゆう）国、(21)華奴蘇奴国、(22)鬼国、(23)爲吾（いご）国、

(24)鬼奴国、(25)邪馬国、(26)躬臣(きゅうしん)国、(27)巴利(はり)国、(28)支惟(きい)国、(29)烏奴(うぬ)国、(30)奴国。ところが奴国の国名が2ヵ所「(6)と(30)」に重複して記述されているのである。

私見であるが、(6)の奴国の首都は吉野ヶ里遺跡のある場所と考えられる。そして(30)の奴国の場所は【漢委奴國王】の金印が発見された志賀島を中心とした国であったと推測される。奴国の王族は後漢から下賜された金印を持って朝鮮半島から南下したが、倭国大乱の混乱時に奪われることを恐れて金印は隠されたと推測される。江戸時代に偶然発見されたこの金印は石で囲まれ、巨石を被せた場所から発見されたと伝えられており、意図的に隠されたことを示している。金印を隠した側近が戦死したために金印の正確な隠し場所がわからなくなったと推測される。そのために奴国は金印が隠された地域を飛び地として領有していたのではないかと推測されるのである。それが(30)の奴国であったと考えられる。また(30)の奴国には良港があり軍船の基地として必要であったので、(6)奴国が(30)奴国を支国として領有していたと考えられるのである。

4 共同統治について

『魏志倭人伝』は女王・卑弥呼について次のように記述している。

【事鬼道、能惑衆。年已長大、無夫壻、有男弟佐治國。】

「鬼道をもって事（まつりごと）を行い、巧（たく）みな言葉で民衆を惹（ひ）きつけた。年すでに長大なるも、夫はなく、男弟が補佐して国を治めている」

この記述から邪馬台国では姉弟（男女）による共同統治（ヒメヒコ制）が行われたとする説が見られる。だとすれば支配層は共同統治を支持していたことになる。共同統治であれば支配層は男弟を王として認めていたことになり、卑弥呼が亡くなった時に男弟が王となっても内紛は起こらなかったはずである。ところが卑弥呼が亡くなったあと内紛が発生している。また卑弥呼以降の倭国の歴史を通覧すると共同統治を行った形跡がないことから共同統治（ヒメヒコ制）はなかったと考えられる。

私見であるが、当時の中国では女王国は特殊なケースであったために鬼道と巫女（シャーマン）の側面が強調されて記述されたと考えている。男弟が補佐していた理由は、卑弥呼の宮殿（御屋拠（みやこ））が首都から少し離れた場所にあったので男弟が首都に常駐して統治を補佐していたのではないかと推測されるのである。

5 卑弥呼、台与の時代

『魏志倭人伝』によれば、景初2年（２３８年）6月、邪馬台国女王・卑弥呼は大夫の難升米、次使の都市牛利等を魏に派遣している。これは魏の司馬宣王（司馬懿）が公孫氏（公孫淵）を滅ぼす2ヵ月前のことであった。このことから朝鮮半島の情勢を女王・卑弥呼はよく把握しており、いち早く魏に君臣の礼をとることによって、倭国の安全保障を取り付けたと思われる。

中国皇帝は簡単に会える人物ではないが、初めての朝貢にもかかわらず謁見が許されている。貢物は「男の生口4人、女の生口6人、班布2匹2丈」（1匹＝4丈、1丈＝約２４０㎝）という貧弱なものであった。ところが貢物の返礼として絳地（赤色の布地）交龍錦5匹（一匹は二反分の長さ）、絳地縐粟罽（縮緬状の毛織物）10張、蒨絳（茜色染めの布）50匹、紺青（濃青染めの布）50匹のほか、女王・卑弥呼には特別に紺地句文錦3匹、細班華罽5張、白絹50匹、金8両、5尺刀2口、銅鏡１００枚、真珠、鉛丹各50斤（一斤＝約２５０g）が下賜され、「親魏倭王」の称号と金印紫綬を授けられている。更に使者の難升米と都市牛利は、それぞれ率善中郎将、率善校尉に叙正されており銀印青綬を授けられている。

魏の時代において金印を下賜された国に大月氏国（２２９年、「親魏大月氏王」）があるが、このクシャーナ朝は中央アジアから北インドまでを領土としたイラン系民族の大帝国であった。極東の小国であった邪馬台国が大帝国であったクシャーナ朝と同等の称号と金印を下賜されているのである。邪馬台国は破格の待遇を受けたと言っても過言ではない。この理由として、当時、魏に対し公孫氏は面従腹背の外交を続けており、魏の南にあった呉と通じていた。倭国が呉と通じれば公孫氏、倭国、呉の3国によって包囲網が形成される恐れがあったのである。そのため魏は倭国を味方に付けておく必要があったから厚遇したと考えられる。

二つ目の理由は、中国の東には伝説の国家が存在すると信じられていたことである。この伝説の国家が大国として実在すれば、魏にとって脅威となる可能性があったのである。『漢書』「地理志」には次のように記述されている箇所がある。

【然東夷天性柔順、異於三方之外、故孔子悼道不行、設浮於海、欲居九夷、有以也夫。樂浪海中有倭人、分為百餘國、以歳時來獻見云。】

「然るに東夷の天性は柔順であり、三方（北狄、南蛮、西戎）とは異なっている、故に孔子は道が行われないことを悼み（遺憾に思い）、（桴で）海に浮かび、九夷に行って住みたいと欲したのは、理由があったのである。楽浪の海中に倭人有り、分かれて100余国を為す、以て歳時に朝見に来るという」

このように古くから東方には九夷（漢民族が東方に存在すると考えた九つの異民族国家）が

あり、倭人国家（倭国）は九夷の一つであると考えられていたのである。

さらに当時、かつて始皇帝から派遣された徐福が東方で国家を建国したという伝説も伝えられており、魏にとって「姫氏国」である倭人国家（倭国）の領土範囲と国情を調査する必要があったので厚遇したとも考えられるのである。

いずれにしても、魏が倭国の位置、領土を詳細に調査した目的は戦略的理由からだと推測されるのである。

２３９年、卑弥呼に金印を授けた明帝（曹叡）が亡くなると魏の最も有力な武将で政治家であった司馬懿（１７９～２５１年）が次第に魏の実権を掌握していった。司馬懿の次男の司馬昭（２１１～２６５年）は、２６４年、蜀（蜀漢）を滅ぼした功績により晋王に進んだが、２６５年に急死（病死）した。昭のあとを継いだ長子の司馬炎（２３６～２９０年）は、２６５年、魏の元帝（曹奐・在位：２６０～２６５年）から禅譲（実際は強要したので簒奪である）を受けて晋（西晋）を興し、初代皇帝（武帝）に就いた。この時、女王・台与は直ちに祝賀のために使者を派遣している。

『晋書』には、倭国は「文帝（司馬昭）が相国（宰相）になると、また数度入貢した。泰始初（２６５年）、使者を遣わし、重譯（重訳）して入貢した」と記述されている。この頃、朝鮮半島では女王・台与が朝鮮半島南部の倭国の旧領地を回復するために遠征軍を送り、韓と一進一退の攻防を続けていたのである。そのため女王・台与は朝鮮半島の侵攻を有利に進めるために中国に朝貢して叙位を求めたと推測される。しかし、晋の最優先事項は宿敵・呉の攻略であり、朝鮮半島にかまっている暇はなかったのである。そして、２６５年の貢献を最後に倭国と中国との通交は再び途絶えたのである。

中国では魏・晋（西晋）時代から歴史が大きく変化するので、ここで中国の情勢を簡単に説明しておきたい。

秦、前漢時代は強い軍事力を有していたため匈奴、羯(けつ)、鮮卑(せんぴ)、氐(てい)、羌(きょう)など、いわゆる五胡(ごこ)と呼ばれる異民族は長城（万里の長城）の外側に追いやられていた。ところが後漢の衰退期に入ると戦乱に次ぐ戦乱で漢民族の人口は激減したのである。魏、呉、蜀の三国鼎立時代になると最も北に位置していた魏は流民を荒廃した土地に入植させ、平時は農民として自給自足の生活をさせ、戦時には兵士として徴集する政策（屯田制）を実施するとともに異民族を傭兵として採用して長城の内側に住まわせる政策を採用したのであった。このようにして異民族が漢民族の下で使役されて漸増していったのである。五胡は勇猛で騎射に優れ掠奪を生計とする部族であったことから、中国帝国にとって異民族の流入は獅子身中の虫となりかねない危険性を孕(はら)んでいたのである。

２６５年、司馬炎（武帝）は晋（西晋）を興すと、魏が王族に土地と兵を持つことを許さなかったため皇帝の支配力が結果的に弱体化したことから、魏とは反対に皇族を各地に冊封したうえ、兵を持つことを許したのであった。

２８０年、武帝は遂に宿敵の呉を滅ぼして全土統一を果たしたが、統一を完成させると次第に堕落して政治に興味を失っていった。武帝が亡くなると、暗愚な恵帝（在位：２９０〜３０７年）が跡を継いだ。この皇帝は大飢饉が発生して穀物がとれず民衆が飢えている際に「食料（穀物）が無ければ、肉を食べればよいではないか」と言い放ったと伝えられている人物である。このような人物が皇帝となったので、当然政治は乱れた。外戚一族が政治を壟断して皇族の内紛（八王の乱：２９１〜３０６年）が発生したのである。各王は異民族を傭兵として用いたため内紛は泥沼化して中央は大混乱に陥り、氐、羌、匈奴などの異民族の反乱が多発した。これら一連の事件（八王の乱、永嘉の乱）は倭国にも当然伝わっていたものと思われる。

晋を滅ぼして中国史上初めて異民族出身の皇帝となった劉淵（在位：３０４〜３１０年）は匈奴の単于（君主、族長）を輩出した名門家系の出身であるが、漢王室と姻戚関係にあったため父親の代から劉氏を名乗っていた。

もともと彼は人質として魏の首都の洛陽に送られてきたのであるが、時の権力者であった司馬昭に気に入られ厚遇されて、武帝（司馬炎）の時には北部都尉に進み、武帝の死後は建威将軍、五部大都督、漢光郷侯となっていた。そして、八王の乱によって中央が混乱すると、３０４年、現在の山西省に居住していた匈奴族をまとめて、晋から独立して大単于を自称したのである。次いで３０８年には漢の後継者と称して漢（＝前趙）を興して皇帝の座に就き、３０９年には首都を平陽（現在の山西省・臨汾県）に定めた。これが五胡十六国時代

（３０４～４３９年）の始まりであり、華北は異民族国家が乱立することとなったのである。異民族による反乱は永嘉の乱（３０４年頃～３１６年）と呼ばれている。この頃、朝鮮半島では晋の混乱に乗じて高句麗が楽浪郡を滅亡（３１３年）させて勢力を拡大させた。

さて劉淵が亡くなると長兄の劉和が跡を継いだ。しかし四男の劉聡（在位：３１０～３１８年）が劉和を殺害して第３代皇帝に就いた。３１１年、劉聡は晋の首都である洛陽を攻めて掠奪暴虐の限りを尽くし、洛陽を完全に破壊して、懐帝（２８４～３１３年）を拉致して平陽に連れ帰って奴僕とした。懐帝は外出時の傘持ちや酒宴の酒注ぎ役など屈辱的な仕事を与えられていたが、甥の司馬鄴（愍帝）が、３１３年、長安で即位すると劉聡は懐帝を処刑した。３１６年、劉聡は、今度は長安を攻撃して愍帝を捕虜にして懐帝と同様の屈辱を与え、３１７年に処刑した。ここに晋（西晋）は完全に滅亡したのであった。

永嘉の乱によって司馬一族は皆殺しにあったが、江南の建康（現在の江蘇省・南京市）に駐在していた王族の司馬睿（元帝：司馬懿の曾孫）は辛うじて生き残り、愍帝が殺されると東晋（３１７～４２０年）を建国した。

皇帝の座が異民族によって奪われるという前代未聞の事件が起こったのは女王・台与または次の王の治世に当たるのである。西晋が滅ぼされた時に裴秀の貴重な測量のためのデータ、地図が失われたことは既に述べた。

２６５年以降、倭国が中国に朝貢しなかったのは高句麗、百済、新羅との戦争が長く続き、また中国の混乱が長く続いたためであったと推測されるのである。

420年、華南にあった東晋は禅譲によって宋に変わった。一方、華北では439年、北魏が北涼（ほくりょう）（379～439年）を滅ぼして華北を統一した。これ以降、589年に隋が全土を統一するまで中国は南北に分断されることとなったため、この時代を南北朝時代と呼んでいる。倭国は南朝に朝貢を行ったが、北朝には朝貢を行わなかった。その理由は、北朝は異民族国家であり、簒奪によって皇帝の座を奪ったことから正統な王朝とは認めていなかったと考えられるのである。

第８章　「倭の五王」

1「倭の五王」の記録

２６５年以降、中国の史書から倭国の記録は途絶えた。そして、倭国が再び歴史に登場するのは高句麗・第19代王の業績を称えた好太王碑（広開土王碑）の刻文中である。この石碑は４１４年に高句麗の第20代・長寿王（在位：４１３～４９１年）が建てたものであり、１８８０年、現在の中国・吉林省で発見された。石碑は風化によって判読不能の箇所もあるが、この碑文の中に倭国について記されている箇所がある。□は不明の文字である。

【百殘新羅舊是屬民、由來朝貢、而倭以辛卯年來渡□破百殘、□□新羅、以為臣民。】「百殘（百済の蔑称）、新羅は古くから（高句麗の）属民であったので、（高句麗へ）朝貢していた。しかし倭が辛卯年（３９１年）に□（海と思われる）を渡って来て、百残、□□、新羅を破り臣民とした」とあり、倭国の軍勢が３９１年に朝鮮半島へ進攻した記録が残されている。このあと好太王は百済を攻めたので、百済は自ら奴客（臣下の意味）として好太王に従属したという。ところが【（永樂）九年己亥、百殘違誓與倭和通。王巡下平穰、而新羅遣使白王云、倭人満其國境、潰破城池、以奴客為民、歸王請命。】「永楽９年（３９９年）10月、百残は誓いを破り倭と通じた。王（好太王）が平穣を巡下（視察）した時に、新羅の遣使の白王が言うには、倭人が（新羅の）国境に満ち溢れ、城・池を破壊、潰しており、倭人が人民を奴客としているので、好太王に帰属して命令を受けたまわりたい」とあり、再び倭国が新羅に進攻したことが記録されている。その後にも倭国と高句麗は４００年、４０４年に交戦したと記録されている。

特に４０４年には「帯方の境界」まで倭国が侵入したとあり、高句麗は反撃して【倭寇潰敗、斬殺無數。】「倭寇（倭賊）を潰敗させた、斬殺体は無数であった」と刻文している。

朝鮮半島へ進攻した倭国王の系譜が中国・南朝の史書に残されている。これらの王を我が国では「倭の五王」と呼んでいる。「倭の五王」は邪馬台国（倭国）と畿内の大和王権との関連を知るうえで極めて重要な王達である。

南朝の史書に残る記録から「倭の五王」について解明していこう。

南朝（４２０～５８９年）の歴史書を成立の古いものから次に示した。この順番に従って「倭の五王」に関する記述を紹介していきたい。

１　『宋書』（４８８年成立）南朝時代の宋（４２０～４７９年）の王朝の歴史書。

２　『南斉書』（５０２～５３７年の間に成立）南朝時代の斉（４７９～５０２年）の王朝の歴史書。

３　『梁書』（６２９年成立）南朝時代の梁（５０２〜５５７年）の王朝の歴史書。
４　『南史』（６５９年頃成立）南朝の宋、斉、梁、陳（５５７〜５８９年）の４王朝を通観した正史。『宋書』を参考にして書かれたと思われ、内容はほぼ『宋書』と同じであることから省略する。

１　『宋書』「巻九十七列伝第五十七」倭国伝

『宋書』倭国伝の原文を【】内に示した。「倭の五王」に関しては特に在位期間と崩御した時期が重要と思われるので囲み番号を付している。

【①倭國在高驪東南大海中、世修貢職。高祖永初二年、詔曰∶「倭讃萬里修貢。遠誠宜甄、可賜除授。」②太祖元嘉二年、讃又遣司馬曹達奉表獻方物。讃死、弟珍立、遣使貢獻。自稱使持節、都督倭百濟新羅任那秦韓慕韓六國諸軍事、安東大將軍、倭國王、表求除正。詔除安東將軍、倭國王。珍又求除正倭隋等十三人平西、征虜、冠軍、輔國將軍號詔並聽。③二十年、倭國王濟遣使奉獻、復以為安東將軍、倭國王。二十八年、加使持節、都督倭新羅任那加羅秦韓慕韓六國諸軍事、安東將軍如故。并除所上二十三人軍郡。④濟死、世子興遣使貢獻。世祖大明六年、詔曰∶「倭王世子興、奕世載忠、作藩外海、稟化寧境、恭修貢職、新嗣邊業。宜授爵號、可安東將軍、倭國王。」⑤興死、弟武立、自稱使持節、都督倭百濟新羅任那加羅秦韓慕韓七國諸軍事、安東大將軍、倭國王。⑥順帝昇明二年、遣使上表曰：「封國偏遠、作藩于外、自昔祖禰、躬擐甲冑、跋渉山川、不遑寧處、東征毛人五十五國、西服衆夷六十六國、渡平海北九十五國。王道融泰、廓土遐畿。累葉朝宗、不愆于歲。臣雖下愚、忝胤先緒、驅率所統、歸崇天極、道逕百濟、裝治船舫。而句驪無道、圖欲見呑、掠抄邊隸、虔劉不已、毎致稽滯、以失良風。雖曰進路、或通或不。臣亡考濟實忿寇讎、壅塞天路、控弦百萬、義聲感激、方欲大舉、奄喪父兄、使垂成之功、不獲一簣。居在諒闇、不動兵甲、是以偃息未捷。至今欲練甲治兵、申父兄之志、義士虎賁、文武效功、白刃交前、亦所不顧。若以帝德覆載、摧此強敵、克靖方難、無替前功。竊自假開府儀同三司、其餘咸各假授、以勸忠節。」詔除武使持節、都督倭新羅任那加羅秦韓慕韓六國諸軍事、安東大將軍倭王。】

『①倭国は高驪（高句麗）の東南大海中にあり、（中国に）代々貢献して官職を修めている。高祖（南宋の武帝＝劉裕）の永初2年（421年）、詔（皇帝の命令書）に曰く：「倭の讃は万里（遠方）から貢献している。遠来の忠誠をよく審査し、除正（叙爵）を賜るべきである」②太祖（文帝）の元嘉2年（425年）、また讃は司馬曹達を遣わし、表（文書）を奉り、方物（地産物）を献じた。讃が死んで、弟の珍が立って、使者を遣わし貢献した。使持節、都督、倭・百済・新羅・任那・秦韓・慕韓六国諸軍事、安東大将軍、倭国王を自称し、表をもって除正を求めた。詔をもって安東将軍、倭国王に除正した。また珍は倭隋等13人の平西、征虜、冠軍、輔国将軍号の正式な除正を求め、それぞれ聴き届けられた。③元嘉20年（４４３年）、倭国王の済は使者を遣わし奉献したので以前と同じように安東将軍、倭国王とした。元嘉28年（４５１年）、使持節、都督、倭・新羅・任那・加羅・秦韓・慕韓六国諸軍事を加え、安東将軍は元のままとした。併せて23人に軍号を与え郡守に叙した。④済が死んで、世子の興が使者を遣わし貢献した。世祖の大明６年（４６２年）、詔にいう：「倭王の世子の興は、奕世（代々）忠節を行い、外海に藩を作り、化を受け国境を安寧し、恭順に貢職を修め、辺業（辺境の業務）を引き継いでいる。爵号を授け、安東将軍、倭国王にするのがよい」⑤興が死んで、弟の武が立って、自ら使持節、都督、倭・百済・新羅・任那・加羅・秦韓・慕韓七国諸軍事、安東大将軍、倭国王と称した。⑥順帝の昇明２年（４７８年）、遣使の上表にいう：「封国（倭国）は中国から遠く、藩外に国を作っていますが、昔より先祖代々自ら甲冑を付け、山、川を踏破し、安らかに暮らす暇も無く、東の毛人55ヵ国を征服し、西の衆夷66ヵ国を服従させ、（海を）渡って海北の95ヵ国を平定しました。王道は安泰となり、畿（都）から遠く離れた所まで国土を広げました。代々貢献して問題を起こすこともありませんでした。臣（倭王・武）は愚といえども、かたじけなくも先代の志を引き継ぎ、率先し兵を走らせ、世界の中心である中国を崇拝し、百済に道を通し、船も作り整えました。しかし高句麗は無道にも、領土を併合しようと欲し、百済の国境に侵入して略奪、殺戮を繰り返しています。朝貢も毎回滞り、良風の機会も失っています。陸路を進もうとしても通ることができません。私の亡考（考＝父）の済は仇敵が天路（都までの道）を塞ぐのに憤怒しており、100万の弦が訴える、正義の声に感激して、まさに大挙しようとしましたが、父・兄の死去により喪中にあり、目前の功（武功）を前にして、一簣（わずかな戦功）も獲れず、諒闇（喪に服する期間）のため、兵甲（兵隊）を動かせず、これまで偃息（休息）して未だ勝ち戦が有りません。今に至り甲（武具）を練り、兵を整えて、父・兄の志を果たそうと思います。正義の虎賁（皇帝直属の部隊）として、文武を尽くして手柄を立て、白刃を前に交えても、怯むことはありません。帝徳の覆載（全ての恩）をもって、この強敵を挫き、戦いに勝って世の中を安泰にして災いを除いても、前功を変えることはありません。密かに仮に開府儀同三司とし、他（の爵位）を全て仮に授けていただければ、忠節を尽くしたいと思います」（順帝は）詔をもって武を使持節、都督倭・新羅・任那・加羅・秦韓・慕韓六国諸軍事、安東大将軍、倭王に叙した』

「倭の五王」の最後の王である【武】の上表文で注目される点は東、西、北方面の国々をそれぞれ征服、平定或いは服従させたと述べているのであるが、南方面については何も記述していないことである。『魏志倭人伝』によれば邪馬台国（倭国）の南には狗奴国が存在していたはずである。なぜ【武】は南について記述しなかったのであろうか、この理由については後述する。

【奄喪父兄】の箇所は一般的に「突然に父・兄が亡くなった」と訳されている。この場合、【武】の父の【済】と兄の【興】が続いて亡くなった意味となる。中国の史書から【済】と【興】の亡くなった時期は少なくとも15年程度の開きがあるので続いて亡くなったという意味ではないようだ。【奄】の意味には「たちまち、にわかに」のほかに「覆う、包む、ふさがる」の意味があるので、筆者は「喪中にあり」と訳した。この時期【武】は国内（畿内）の平定に忙しく、誇張してこのように表現したように思われる。

『宋書』に残る【武】の上表文についてはところどころに潤色が見られる。

例えば、宋の首都は建康（現在の南京市）であるが高句麗が路を塞いでいるので朝貢ができないと言っている、しかし、わざわざ百済、高句麗方面へ向かう必要はなく九州から船で直接建康へ向かえば問題はないと考えられる。これは【武】が開府儀同三司の除正を強く求めるために誇張して記述したと推測されるのである。

2　『南斉書』「列伝第三十九」

斉の初代皇帝の蕭道成（高帝）が建元元年（４７９年）【武】を新たに「使持節、都督、倭・新羅・任那・加羅・秦韓・慕韓の六国諸軍事、安東大将軍に進め、倭王【武】の号を鎮東大将軍とした」と記している。

3　『梁書』「巻五四諸夷伝」

『梁書』の「倭の五王」について書かれた部分を次に示した。

【正始中卑彌呼死、更立男王、國中不服、更相誅殺。復立卑彌呼宗女臺與為王。其後復立男王、並受中國爵命。⑦晉安帝時、有倭王贊。贊死、立弟彌。彌死、立子濟。濟死、立子興。興死、立弟武。⑧齊建元中、除武持節、督倭新羅任那伽羅秦韓慕韓六國諸軍事、鎮東大將軍。⑨高祖即位、進武號征東大將軍。】

「正始（240〜249年）中に卑弥呼が死んで、新たに男王を立てたが国中に不服があり、互いに殺し合った。卑弥呼の宗女の台与を立てて王とした。その後（台与の死後）再び男王を立てて、中国から同様に爵位を受けた。⑦晋の安帝の時に、倭王に賛が有った。賛が死んで、弟の彌が立った。彌が死んで、子の済が立った。済が死んで、子の興が立った。興が死んで、弟の武が立った。⑧南斉の建元（479〜482年）の中頃、武を持節、督倭・新羅・任那・伽羅・秦韓・慕韓六国諸軍事、鎮東大将軍に叙した。⑨梁の高祖（蕭衍）が即位（502年）して、武の号を征東大将軍に進めた」

２「倭の五王」の推定在位期間

「倭の五王」時代は、前王が亡くなると後継者は宗主国の中国へ使者を派遣して王位継承の承認（又は王位継承の報告）と官爵を求めるのが慣例であったと思われる。『宋書』本紀にも倭国王の貢献の記録が残されているので、先述した南朝の史書と併せ「倭の五王」の在位期間と崩御時期を考察していきたい。南朝の記録を古い順から箇条書きにまとめると次のようになる。

記録⑦晋（東晋）の安帝の時、【讃】が倭王であると記している。安帝の在位は３９６～４１９年である。ただし４０３年末から約６ヵ月間は帝位を追われた。

記録①南宋高祖（武帝）永初２年（４２１年）「倭の五王」の【讃】を除正すべきとする記述が見られる。

記録②太祖（文帝）元嘉２年（４２５年）【讃】は使者として司馬曹達を派遣している。

文帝紀・元嘉７年（４３０年）本紀【倭国王遣使献方物】王名はないが【讃】であろう。

文帝紀・元嘉15年（４３８年）本紀【倭国王珍為安東将軍】、【是歳倭国遣使献方物】【珍】の初めての貢献。

記録③元嘉20年（４４３年）前王の【珍】に代わり【済】が奉献して前王の【珍】と同じく安東将軍、倭国王に叙正されている。

文帝紀・元嘉20年（443年）本紀【是歳倭国遣使献方物】
孝武帝紀・大明4年（460年）本紀【十二月倭国遣使献方物】
記録④大明6年（462年）本紀【三月倭国王世子興為安東将軍】
記録⑤順帝紀・昇明元年（477年）本紀【十一月倭国遣使献方物】
記録⑥順帝紀・昇明2年（478年）本紀【五月倭国王武遣使献方物、為安東大将軍、輔国将軍】
記録⑧斉（南斉）の建元中（480年又は481年）【武】が高帝（蕭道成）より持節、督倭・新羅・任那・伽羅・秦韓・慕韓六国諸軍事、鎮東大将軍に叙正される。
記録⑨梁（南梁）の高祖（蕭衍）が即位（502年）して【武】の号を征東大将軍に進めた。

宋の皇帝は武帝（在位：420〜422年）↓第2代・少帝（在位：422〜424年）↓第3代・文帝（在位：424〜453年）↓第4代・孝武帝（在位：453〜464年）↓第5代・前廃帝（在位：464〜465年）↓第6代・明帝（在位：465〜472年）↓第7代・後廃帝（在位：472〜477年）↓第8代・順帝（在位：477〜479年）と目まぐるしく変わっている。
『梁書』の記録⑦、『宋書』の記録①、及び記録②より【讃】は419年以前から王座にあり、少なくとも425年まで在位していた事を示している。【讃】が死んで弟の【珍(ちん)】が立って貢献したとあるが、【讃】の没年が記されていない。文帝紀に【珍】は元嘉15年(438年)に使持節、都督、六国(倭・百済・新羅・任那・秦韓・慕韓)諸軍事を自称して表(文書)をもって除正を求めている。そして安東将軍、倭国王のみ許された。これから推測すると【讃】は437年頃に亡くなったと推測される。

記録③元嘉20年(443年)、前王の【珍】に代わり【済(せい)】が奉献して前王の【珍】と同じく安東将軍、倭国王に叙正されている。したがって【珍】は442年頃に亡くなったと推測される。

記録④に【済】が亡くなって世子の【興(こう)】が貢献したとあるが【済】の亡年は書かれていない。『宋書』・孝武帝紀には大明4年(460年)「倭国は遣使して貢物を献じた」と記録されている。王の名前は記されていないが【済】であろう。④には【興】について大明6年(462年)の詔を以て安東将軍としたと記されていることから、前王の【済】は461年頃に亡くなったと推測される。記録③④から【済】の在位期間は443年頃~461年頃であったと推測される。

順帝紀の昇明元年(477年)11月に倭国は方物を献上したとあるが、使者を派遣した王の名前がない。しかし【興】であった可能性が高い。【武(ぶ)】であれば、新王に代わっているので除正した記録が残るはずである。

記録⑤及び順帝紀の昇明2年（478年）に【武】が使者を派遣したとある。この時【興】が亡くなり【武】が初めて貢献したと思われる。そしてこの時、安東大将軍、輔国将軍に除正されたと考えられる。

478年の上表文では【武】は「諒闇（喪服期間）だった」と述べている。『礼記』（周から漢に纏められた義礼に関する書）によれば、皇族の服喪期間を3年としている。また父母の喪服期間も3年間としており、長いのも良くないとしている。兄である【興】の服喪期間が父母と同様に3年だったと仮定すると【興】の没年は475年（478年－3年）頃となる。つまり【興】の没年は475年頃から477年頃の間と考えられる。仮に昇明元年の貢献が【興】ではなく【武】であったとしても【興】の没年は474年（477年－3年）から476年頃となる。

記録⑥に【武】は昇明2年（478年）、開府儀同三司を称させてほしいと請願している。開府儀同三司とは三公以外で開府（役所を開くこと）を許された者をいう。三司は時代により変遷するが三司（司徒、司空、太尉）のことである。司徒は行政、司空は監察、太尉は軍事の最高位の官職にあたる。そのことより【武】は畿内（大和国、河内国など）の平定を終了しつつあった事が窺える。【武】の上表文は六朝時代に流行した四六騈儷体（騈文）という文体で書かれており流麗かつ格調高い名文だといわれている。六朝時代とは首都を建康（＝建業＝現在の南京市）に置いた三国時代の呉、東晋と南朝時代の宋、斉、梁、陳の王朝の総称である。

【武】の上表文から倭王が当時南朝の宮廷で流行していた駢文を熟知しており高い教養を身につけていたことがわかるのである。

【武】は上表文によって使持節、都督、倭・新羅・任那・加羅・秦韓・慕韓六国諸軍事、安東大将軍、倭王に叙されたが、翌年（４７９年）、宋（４２０～４７９年）が滅亡して時代は斉（せい）（４７９～５０２年）に代わった。

『梁書』⑧には南斉（なんせい）の建元（４７９～４８２年）の中頃、【武】を持節、督倭・新羅・任那・伽羅・秦韓・慕韓六国諸軍事、鎮東大将軍に叙したとしている。斉は５０２年に滅亡して梁（南梁）に代わった。

記録⑨には梁の高祖（蕭衍（しょうえん））が即位して【武】の号を征東大将軍に進めたと記述されている。畿内の平定が完了していたことを窺わせる記録である。

南朝の史書から「倭の五王」の爵位と推定在位期間を纏めたのが第13表である。

3 「倭の五王」の系譜

南朝時代の『宋書』、『南斉書』、『梁書』、『南史』に基づいて「倭の五王」の名前と継承順序を第14表に纏めた。

第13表　「倭の五王」の推定在位期間

王名	推定在位期間	南朝時代の「倭の五王」に関する記録
讃（賛）	413年以前？～437年頃	東晋・安帝時（396～419年）に讃ありと記録される。 413年　倭国が東晋に方物を献ずる。 421年　宋朝に賀意を示す。安東将軍、倭王に叙される？ 425年　司馬曹達を宋に派遣する。 430年　宋に倭国が朝貢する。
珍（彌）	438年頃～442年頃	438年　宋に倭王・珍が朝貢。安東将軍に叙される。
済	443年頃～461年頃	443年　宋に済が方物を献ずる。済は安東将軍となる。 451年　済は安東大将軍になる（宋書・文帝紀）。 しかし（『宋書』・倭国伝）には安東将軍となっている。 460年末　宋に倭国が方物を献ずる。
興	462年頃～474年以降 478年？	462年　倭国王世子の興が安東将軍に叙される。 477年　十一月　倭国が貢物を献ずる（王名不明）。
武	478年～502年以降	478年　五月使持節、都督倭・新羅・任那・加羅・秦韓・慕韓六国諸軍事、安東大将軍、倭王に叙される。 479年　宋滅亡、斉建国に賀意を示す。使持節、都督、六国諸軍事、安東大将軍、倭王に叙され鎮東大将軍に進号する。 502年　斉滅亡、梁建国。征東大将軍に叙される。

④【讃】と【賛】、【珍】と【彌】について

第14表に示したように『宋書』と『梁書』では王の名前が異なっている。王位継承順序をわかりやすく図にすると第27図となる。数字は継承順序を示す。

第14表　「倭の五王」の名前と継承順序

『宋書』	『南斉書』	『梁書』	『南史』
讃	記載なし	賛	讃
珍　讃の弟	記載なし	彌　賛の弟	珍　讃の弟
済　記載なし	記載なし	済　彌の子	済　記載なし
興　済の子	記載なし	興　済の子	興　済の子
武　興の弟	武	武　興の弟	武　興の弟

『宋書』
1 讃（兄）　2 珍（弟）
？
3 済
4 興（兄）　5 武（弟）

『梁書』
1 賛（兄）　2 彌（弟）
（子）
3 済
4 興（兄）　5 武（弟）

第27図　「倭の五王」の表記の違い

まず名前が異なっている最初の王について考察したい。

【讃】と【賛】は中国語の発音（拼音）で示すと、共に（zàn）と発音し、意味も「たたえる、ほめる」であり同じである。【讃】の異体字が【賛】である。したがって『宋書』に書かれた【讃】と『梁書』に書かれた【賛】は同一人物であると判断される。

次に【珍】と【彌】について考察したい。

『宋書』、『南史』に記録された【珍】と『梁書』に記録された【彌】が別人であれば【讃】、【珍】、【彌】の三兄弟となり「倭の五王」は「倭の六王」となる。仮に【珍】と【彌】が別人であったとしても【珍】と【彌】は共に【讃】の弟と記述されていることから王位は親子・兄弟で継承されていることになるのである。

もし【珍】と【彌】が別人であれば「珍が死んで弟の彌が立った」と記述したはずである。しかし『梁書』には「賛（讃）が死んで、弟の彌が立った」と記述されていることから、【彌】は【讃】の弟であった可能性が高くなるのである。それではなぜ王の名前が違うのだろうか？

秦の始皇帝によって文字統一が行われたが、地域によって異なる字体が依然として使用されていたと推測される。漢字には異体字と呼ばれる文字が非常に多いのはこのためである。異体字とは字体（字形）が異なるが同じ字義、発音を持つ文字のことである。つまり書記官の出身地によって使われる字体（字形）が異なる場合があったのである。【珍】（拼音：zhēn）には【珎】（zhēn）という異体字が存在しており、【彌】（mí）には【弥】（mí）という異体字が存在しているのである。一人の書記官が最初に【珍】の字を【珎】と書写したと考えられるのである。実際に『翰苑』（唐時代に成立）には【至元嘉中、讃死弟珎立、自称使時節都督安東大将軍倭国王。】「元嘉（４２４～４５３年）の中頃に至り、讃が死んで弟の珎が立って、使時節、都督、安東大将軍、倭国王を自称した」と記されており、【珍】の字が【珎】となっている史書が存在するのである。つまり出身地の異なる書記官が次に書写するときに間違って【珎】を【弥】と誤写したと考えられる。木版印刷が始まったのは7世紀頃と見られており、それ以前の文書は人の手によって書写されていたからである。

さらに『梁書』が編纂された時に書記官が【弥】を正字体の【彌】に直したと考えられるのである。このようにして【珍】が【彌】となったと考えられるのである。

『宋書』には【珍】と【済】の関係は記されていないが、『梁書』には【済】は【彌】の子であると記録されていることから「倭の五王」の王位継承の順序と系譜は第28図であったと考えられる。

ところで【武】が宋の順帝に送った上表文の中にある【祖禰】の解釈について

1 讃（賛・兄）
2 珍（彌・弟）
3 済（子）
4 興（兄）
5 武（弟）

第28図　「倭の五王」の系譜
（数字は王位継承順序）

【武】の「祖父の禰（でい）」とする説が見られる。「禰」には「祢（ね）」（拼音：mí）という異体字がある。「禰（でい）」（拼音：mí）の字は【彌】の字に似ている。また異体字も字形が似ている。しかしながら倭王の名が中国風になっているのは中国側が王の事績を聞いて付けた名前であって、【武】が自分の祖父の名を中国風に「禰」と中国側に伝えるはずはなかったと考えられるのである。

【祖】は先祖、【禰】は父の霊廟の意味であり、『説文解字』には廟の意味は【廟：尊先祖皃也】「先祖の皃（かお・かたち）を尊（たっと）ぶところ」としている。したがって筆者は【祖禰】を「先祖代々」と訳した。

第9章　「倭の五王」に比定される天皇及びそれ以前の王について

1 淡海三船が残した暗号

初代の神武天皇から第44代・元正天皇までの天皇（弘文天皇を除く）の漢風諡号は奈良時代の皇族で大学頭、文章博士、刑部卿を歴任した淡海三船（722〜785年）が、それぞれの天皇の事績に基づいて天平宝字年間（757〜765年）に一括撰進して奏上したと伝えられている。

淡海三船は天智天皇の玄孫にあたり『記・紀』の成立後まもなくして生まれている。淡海三船は若くして出家したが、漢文、史書に精通しており、当代一流の見識をもっていた人物であった。

751年の勅命（天皇の命令）によって還俗して三船王に戻り、次に臣籍降下して淡海真人の氏姓を賜ったのちに名を淡海三船と改めた。

当然ながら、皇族として先祖の歴史を記述した『記・紀』に精通していたことは間違いない。

また淡海三船は『隋書』に記述された多利思北孤（『隋書』では「比孤」は「北孤」と表記さ

れている）、利歌彌多弗利の正体をよく知っていたはずである。なぜなら多利思北孤、利歌彌多弗利の時代から150年ほどしか経過していないからである。

さて、淡海三船が撰進した歴代天皇の漢風諡号の中に「神」の字が撰進されている古代天皇が四人存在している。その天皇とは神武天皇、崇神天皇、神功皇后、応神天皇である。実は「神」の字は淡海三船が我が国の真実の歴史を後世に伝えるために残した暗号（コード）なのである。「神」の字を持つ四人の天皇は実在した重要な大王であることを伝えており「最初の天皇（大王）である」あるいは「この天皇（大王）によって初めてなされた」という意味が隠されているのである。さらに「神」の字が撰された天皇（神武天皇、崇神天皇、神功皇后）のところで天皇系図（皇統譜）の書き変えが行われたと淡海三船は伝えているのである。

読者の皆さんは、にわかには信じられない話だと思われるに違いない。

なぜ「神」の字が撰進された天皇のところで天皇系図の書き変えが行われたのか？　なぜ淡海三船は真実の歴史を明らかにせずに漢風諡号の中に暗号として「神」の字を撰進したのか？この謎を解いて真実の歴史を明らかにすることが本書の目的のひとつである。しかしながら皇統譜を書き変えた理由、暗号として残した理由を読者の皆さんに説明し、納得していただくためには我が国と隋、唐時代までの出来事を説明しなければ納得して頂けないと思うのである。話が長くなるが御容赦願いたい。

2 「倭の五王」の【興】と【武】について

中国の史書に残された「倭の五王」の名前は現存する我が国最古の歴史書である『記・紀』には記述されていないので天皇との関連性が見つからず長い間大きな謎であった。ところが明治6年（1863年）、熊本県玉名郡和水町（旧菊水町）の江田船山古墳から多くの遺物と共に腐食した銀錯銘鉄剣が出土したのである。そして、1927年に至り、銀象嵌された銘文から大王の名前が【獲□□□鹵大王】（□は不明）であることが判明して鮮明な写真が公開されたのであった。しかしながら、この剣の製作年が不明であったので、この大王が誰なのかは不明であった。その後、獲を「蝮」、鹵を「歯」と読んで水歯別命、多遅比瑞歯別尊の異称を持つ反正天皇ではないかと推測されて、それが定説となっていったのである。

だがしかし1968年、埼玉県行田市の稲荷山古墳から金錯銘を有する鉄剣が出土して、剣の表裏に115字の銘文が存在することが判明したのである。その銘文の解析によって鉄剣の製作年と大王の名前が遂に判明したのであった。これは歴史的快挙といえる出来事で、銘文には次のように記されていた。

【辛亥年七月中、記乎獲居臣。上祖名意富比垝、其児多加利足尼、其児名弖已加利獲居、
其児名多加披次獲居、其児名多沙鬼獲居、其児名半弖比、其児名加差披余、其児名乎獲居

臣、世々為杖刀人首、奉事来至今。獲加多支鹵大王寺在斯鬼宮時、吾左治天下、令作此百練利刀。記吾奉事根原也。】

「辛亥の年（471年）7月中、乎獲居臣記す。祖先の名は意富比垝、その子の名は多加利足尼、その子の名は弖已加利獲居、その子の名は多加披次獲居、その子の名は多沙鬼獲居、その子の名は半弖比、その子の名は加差披余、その子の名は臣の乎獲居、代々杖刀人の首となり、奉事して今に至る。獲加多支鹵大王が寺（役所）の斯鬼宮に在る時、吾は大王を補佐して天下を治め、此の百練の利刀を作らせた。吾が奉事の根原（根源）を記す也」

この鉄剣の獲加多支鹵大王の名が「若建」、「幼武」と考えられたことから、『古事記』に大長谷若建命、『日本書紀』に大泊瀬幼武尊と記述されている雄略天皇に比定されたのである。そして「武」の字を含むことから「倭の五王」の【武】にあたると考えられて、それが歴史の定説となっているのである。

私見であるが、現在では常識のようになっているこの定説も少し考えると問題があるように思われるのである。

その理由は、第13表に示したように【武】が初めて中国から叙正されたのは478年のことであり、金錯鉄剣が製作された４７１年の時には「倭の五王」の【興】が大王の座にあったと考えられるからである。

『記・紀』の神話によれば彦波瀲武鸕鷀草葺不合尊（以下、彦瀲と記す）の子である兄の五瀬命（彦五瀬命）と弟の神倭伊波礼毘古命が東征を始めたと記述されており、最終的に弟の神倭伊波礼毘古命が畿内を平定して天皇として即位したと伝えられているのである。

要するに「倭の五王」の中国名は大王の和名から名付けられたのではなく、大王の事績から名付けられたと考えられることである。獲加多支鹵大王とは兄である五瀬命のことであり、東征を始めた大王であったので中国側が【興】（始めるの意味）と記録したと考えられるのである。『日本書紀』神武天皇紀は五瀬命が戦傷（矢瘡）により亡くなったのは戊午の年（４７８年）と記述しているので【興】は雄略天皇で間違いないと考えられるのである。

一方、戦死した兄に代わり弟の神倭伊波礼毘古命が畿内を平定した事績から中国側が【武】と記録したと考えられるのである。

【武】は宋（南朝）に送った上奏文の中で【東征毛人五十五國、西服衆夷六十六國、渡平海北九十五國。】「東の毛人の55ヵ国を征服し、西の衆夷の66ヵ国を服従させ、渡って海北の95ヵ国を平定した」と述べている。これは天皇家の祖先が九州にたどり着いてから【武】の時代までに平らげた国の数を述べたものと考えられ、一代の仕事とはとうてい考えられないが、中国においては武力により国土を平定し、或いは領土を広げた皇帝には武帝の諡号が贈られている。「倭の五王」の【武】の意味はこれと同じと考えられるのである。

③「倭の五王」に比定される天皇

我が国最古の歴史書である『記・紀』は、既述したように彦瀲の二人の子である五瀬命と神倭伊波礼毘古命が九州・日向から東征を開始したと記述しており、兄の五瀬命が難波の戦いで負傷したのち紀国（紀伊国の古称）で亡くなり、跡を継いだ弟の神倭伊波礼毘古命が紀国から大和を目指し、数々の敵を打ち破ったのちに大和を平定して、橿原宮で神武天皇として即位したとしている。

それに関して『新唐書』（１０６０年成立）は次のように記述しており、『記・紀』の記述と一致しているのである。

【初主號天御中主、至彦瀲、凡三十二世、皆以尊爲號、居筑紫城。彦瀲子神武立、更以天皇爲號、徙治大和州。】

「初めの主は天御中主と号し、彦瀲に至る、およそ32世である、皆尊を号として、筑紫城に居住している。彦瀲の子の神武が立ち、新たに天皇を号として、大和州に移って統治した」

『記・紀』に記述された天照大御神から神倭伊波礼毘古命までの「神の系図」（神統譜）と中国の史書に記述されている「倭の五王」（王統譜）の比較図を第29図に示した。

今、五瀬命と神倭伊波礼毘古命の兄弟を第６世代とすると、天照大御神（あまてらすおおみかみ）は第１世代の神となるのである。そして『記・紀』に記述されている第４世代から第６世代までの「神の系図」（神統譜）は中国の史書に記述されている「倭の五王」の王統譜と完全に一致しているのである。

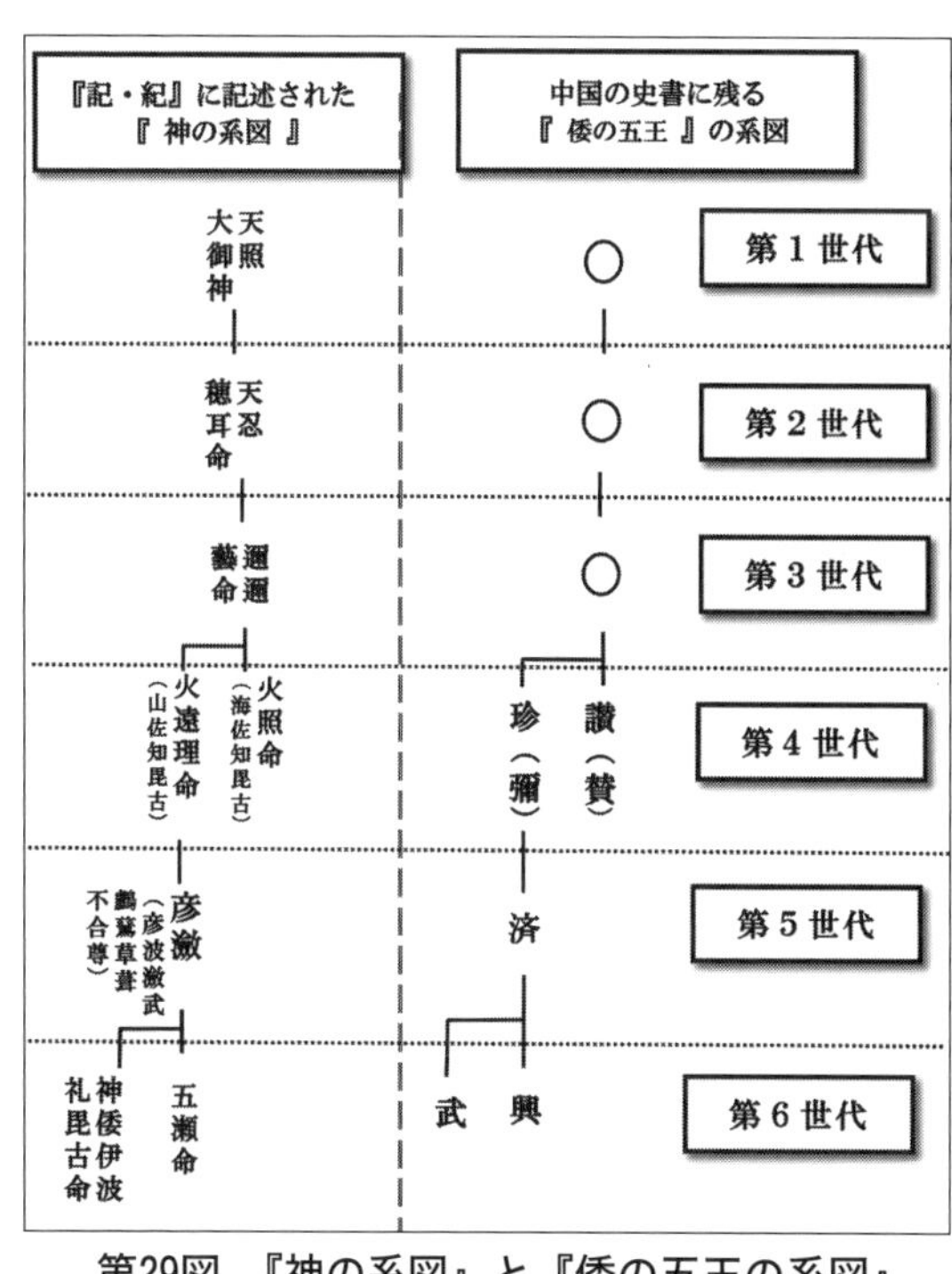

第29図　『神の系図』と『倭の五王の系図』

次に『記・紀』に記述されている「神の系図」(神統譜)と現在の「天皇系図」(皇統譜)を比較したのが第30図である。

「神の系図」の第1世代(天照大御神)の神から第4世代(火照命(ほでりのみこと)、火遠理命(ほおりのみこと))までの神々は右側の「天皇系図」では、それぞれ1世代ずつ繰り下げられて天皇系図が作製されているのである。

また淡海三船が暗号で残したように現在の「天皇系図」(皇統譜)は、【武】(神武天皇)を初代天皇に書き変えた

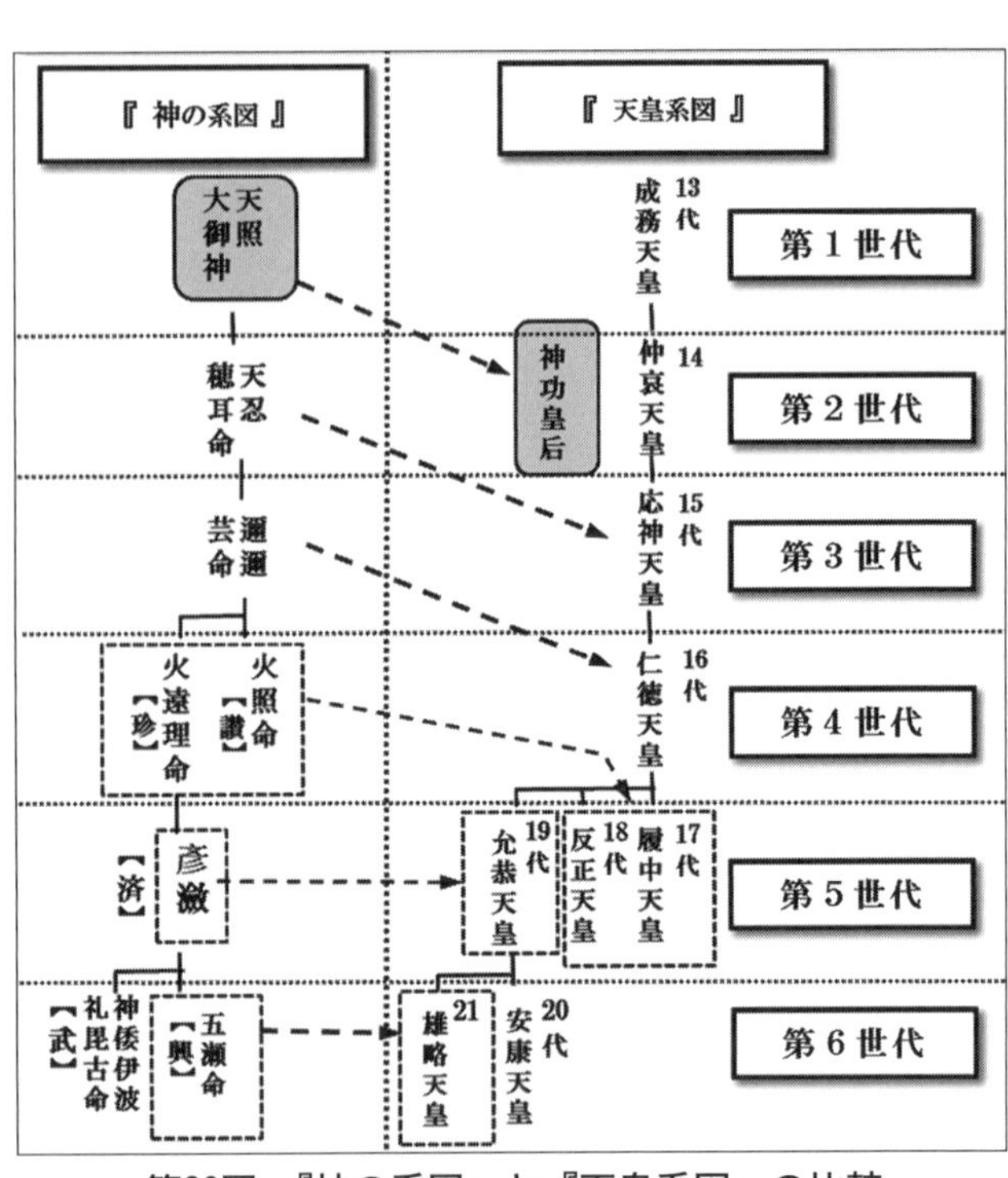

第30図 『神の系図』と『天皇系図』の比較

ために第20代・安康天皇を挿入して「天皇系図」は作製されているのである。

第29図、第30図の二つの図から「倭の五王」の【済】は彦瀲に比定され、さらに允恭天皇に比定されるのである。【讃】と【珍】の兄弟はそれぞれ火照命（履中天皇）、火遠理命（反正天皇）に比定されるのである。

天照大御神から彦瀲までの神は日本神話では地神五代と呼ばれ、九州を本拠地として統治した5代の神（大王）である。また地神五代のうち、邇邇芸命（仁徳天皇）、火照命（履中天皇）、火遠理命（反正天皇）、彦瀲（允恭天皇）は日向三代と呼ばれており、日向国を根拠地として統治した3世代の神（大王）である。

第1世代から第4世代の「神の系譜」が「天皇系図」では1世代ずつ繰り下げられている理由は中国側に本当の系譜が知られることを恐れたためであった。詳細は後述する。

4 天照大御神に比定される天皇

天照大御神は日本神話の主神とされており、天皇家の皇祖神とされる神である。天照大御神は第29図に示したように神武天皇から6世代前の神（王）となる。天照大御神を女王・卑弥呼にあてる説もあるが、卑弥呼は独身であり実子がなかった。また天照大御神の跡を継いだのは天忍穂耳命（男神）となっており天照大御神を女王・卑弥呼に比定することはできない。

『北史』（659年成立）には【卑彌呼宗女臺與爲王。其後復立男王、並受中國爵命。】「卑弥呼の宗女の台与を王とした。その後また男王が立った。同様に中国の爵命を受けた」と記録されており、邪馬台国の王の系譜は【女王】（卑弥呼）↓【女王】（台与）↓【男王】となっているのである。

第29図及び第30図から皇祖神である天照大御神は女王・台与に比定され、神功皇后として記述されているのである。淡海三船が「神」の字を特別に撰して神功皇后とした理由は皇祖であるからである。

『日本書紀』は巻第八の足仲彦天皇（仲哀天皇）とは別に、巻第九に気長足姫尊（神功皇后）として独立して記述していることから考えると、明らかに天皇として記述されており、古代天皇の中でも重要な天皇であることを示しているのである。ところが神功皇后は大正15年（1926年）の皇統譜令によって歴代天皇から外されているのである。この理由は江戸時代に水戸藩が編纂した『大日本史』（1657年に編纂が開始され1906年完成）において帝王のことを記した「本紀」ではなく「列伝」に記述されたこと及び明治時代に作られた旧皇室典範の「大日本国皇位ハ祖宗ノ皇統ニシテ男系ノ男子之ヲ継承ス」の条文に関連して天皇から外されたと思われる。

5 女王・卑弥呼、男王・卑弥弓呼について

『魏志倭人伝』に記述された邪馬台国女王・卑弥呼と狗奴国の卑弥弓呼は『記・紀』に神世七代の最後の神として記述されている伊邪那美神（女神＝卑弥呼）と伊邪那岐神（男神＝卑弥弓呼）にあたると推測される。

私見であるが、卑弥弓呼の弓は「引」（拼音：yǐn）が正しいのではないかと推測している。「引」が「弓」と誤写された可能性がある。卑弥引呼は「姫彦」、卑弥呼は「姫子」の音から中国側が記述したのではないかと思うのである。

『魏志倭人伝』には宗族（父系同族集団）の記述があることから宗族の家父長（男子）が王を継承していたと考えられる。男王が一般的であった時代において卑弥呼は女王となっていることから考えると、よほど傑出した女性であったと推測される。

伊邪那岐神（卑弥弓呼）、伊邪那美神（卑弥呼）の二人は多くの国々の王（＝諸侯）の上に君臨した王であったので、「神産みの神」、「国生みの神」とされたのであろうと思われる。

『記・紀』は二人は兄妹婚であったが健康な子は生まれなかったと記されている。ただし『魏志倭人伝』は、卑弥呼は独身であったと記述している。

神話によれば、伊邪那美神が亡くなると伊邪那岐神は伊邪那美神に会いたいと思い黄泉の国（死者の世界）に行ったが、腐敗した伊邪那美神に八柱の雷神が取り付いているのを見て畏れ

逃げ還り、筑紫の阿波岐原（檍原）で穢れを落とすため禊を行った時に左目から天照大御神（皇祖神、太陽神、農業神）、右目から月読神（月神、農耕神）、鼻から建速須佐之男命（海神、農耕神）の三貴子が生まれたという。この伝説は盤古の身体から五岳（恒山、泰山、嵩山、華山、衡山）が生まれ、左目からは太陽、右目からは月が生まれたとする中国の天地開闢の時の盤古伝説に酷似している。多分『古事記』の編者は盤古伝説をよく知っており、それをもとに神話を創作したと推測されるのである。

『後漢書』には【自女王國東度海千餘里至拘奴國、雖皆倭種、而不屬女王。】「女王国より東（時計の2時方向）へ海を約千里度（【渡】の異体字）ると拘奴国（狗奴国の事であろう）に至る、皆倭種と雖も、女王国に属していない」と記述されており、狗奴国は九州南部から四国方面へと領土を着々と拡大させていたと推測される。因みに、狗奴国の勢力が日本列島の東海岸に沿って勢力を拡大させていった痕跡が地名に残されている。例えば地名の勝浦については、鹿児島県大島郡勝浦、福岡県福津市勝浦、徳島県勝浦郡勝浦、和歌山県那智勝浦、神奈川県まんのう町勝浦、千葉県勝浦市などがあり、「めら」についても大分県大分市米良、和歌山県田辺市の目良、静岡県南伊豆の妻良、千葉県館山市の布良などの地名が残る。狗奴国が日本列島の東海岸に沿って領土を拡大させたのは水稲栽培と密接に関係しているように思われる。倭族は温暖な日本列島の東側に沿って耐寒性の稲に改良しながら勢力を拡大させていったと推測されるのである。

6 女王・台与は誰の子か？

『日本書紀』は天照大御神を伊邪那岐神と伊邪那美神の兄妹夫婦の子としている。女王・卑弥呼は、173年に新羅国へ使者を派遣しており、247年頃に亡くなっている。仮に10歳で王になったとしても、およそ84歳の高齢で亡くなったことになる。女王・卑弥呼が亡くなったあと台与が13歳で王となっているので、仮に卑弥呼の子とすると70歳頃に生まれた子となり、極めて不自然であると言わざるを得ない。

伊邪那岐神は卑弥弓呼に比定されると推測されるが、年齢は卑弥呼より上であったと考えられる。多数の若い妻を持っていれば実子の可能性もある。しかし卑弥弓呼の年齢から考えると子ではなく孫の可能性が高い。このことから考えると卑弥弓呼、卑弥呼は神世七代の淤母陀琉神、阿夜訶志古泥神にあたるのかもしれない。

7 「倭の五王」の神名と天皇名及び推定在位期間

『日本書紀』の記述から神武天皇の東征時期と在位期間は次のようになる。

甲寅年（474年）東征開始。

己卯年（４７５年）吉備国に到達。兵力、軍船増強のため３年滞在。
戊午年（４７８年）春２月、浪速国へ進軍。３月、白肩之津で交戦。兄の五瀬命（雄略天皇）が負傷し、５月に崩御した。この年、大王となる。実際の即位元年である。
己未年（４７９年）紀伊国から大和国に進軍。畿内を平定する。
庚申年（４８０年）媛蹈鞴五十鈴媛を正妃とする。
辛酉年（４８１年）橿原宮に朝廷を置く。辛酉革命に因み即位年と記す。

『日本書紀』は１２７歳で崩御したと記述している。一方、『古事記』は１３７歳で崩御したと記述しており10歳の開きがある。しかし『記・紀』に記述された年齢はいずれも創作された年齢と考えられる。

神武天皇が崩御した年は不明であるが、『日本書紀』は次のように記述している箇所がある。

【卌有二年春正月壬子朔甲寅、立皇子神渟名川耳尊、爲皇太子。七十有六年春三月甲午朔甲辰、天皇崩于橿原宮。時年一百廿七歳。】

「（神武天皇が即位して）42年の春１月３日、皇子の神渟名川耳尊を、皇太子とした。76

年春３月11日、天皇は橿原宮において崩御した。その時の年齢は１２７歳だった」

この記述から４７８年に即位してから、42年後に神渟名川耳尊（綏靖天皇）を皇太子としたと記述しているので庚子年（４７８年＋42年＝５２０年）頃までは生きていたと推測されるのである。

中国の史書に記述された倭王名（中国側が記録した倭王名）と天皇名及び推定在位期間を第15表に纏めた。

第15表　中国の史書に記述された倭国王の名と『記・紀』の神名、天皇名及び推定在位期間

即位順	王名	神名	天皇名	推定在位期間
１	卑弥呼	伊邪那美命？		１７３年頃～２４７年頃
２	台与	天照大御神	神功皇后	２４７年～？
３	記録なし	天忍穂耳命	応神天皇	不明
４	記録なし	邇邇芸命	仁徳天皇	不明
５	讃	火照命	履中天皇	４１３年頃～４３７年頃
６	珍	火遠理命	反正天皇	４３８年頃～４４２年頃
７	済	彦瀲	允恭天皇	４４３年頃～４６１年頃
８	興	五瀬命	雄略天皇	４６２年頃～４７８年
９	武	神倭伊波礼毘古命	神武天皇	４７８年～５２０年～？

第10章　畿内の豪族

1 古墳時代

我が国には独特の形をした前方後円墳と呼ばれる巨大な墳墓が数多く存在している。そして畿内に存在する巨大な前方後円墳の多くが宮内庁によって陵（みささぎ）（天皇・皇后の墓所）として治定（じじょう）されているのである。これらの古墳は3世紀中頃から7世紀前期頃に築造されたと考えられており、この時代を特に古墳時代と呼んでいる。はじまりの時期は不明瞭であるが弥生時代に続く時代とされる。現在、大阪府の「百舌鳥・古市古墳群」が世界文化遺産に登録されている。これらの古墳は4世紀後半から5世紀後半の古墳時代の最盛期に築造されており、大仙陵古墳（仁徳天皇陵）、上石津（かみいしづ）ミサンザイ古墳（履中天皇陵）、土師（はじ）ニサンザイ古墳（反正天皇の空墓）、誉田山（こんだやま）古墳（応神天皇陵）などの陵が存在している。しかしながら「百舌鳥・古市古墳群」が築造された時代には天皇家（大王家）は九州を根拠地としていたのである。

分かりやすく言えば、神武東征によって畿内が平定される以前、つまり5世紀後半以前に築造された巨大な墳墓は天皇陵ではなく、畿内において強大な権力を有する国家（中央集権国家）の王の墳墓と考えられるのである。

現在、宮内庁が古代天皇の御陵と治定している主な古墳を次に示した。

（　）内は古墳の大きさの順位を示す。

◎神功皇后陵　五社神古墳（奈良県奈良市）、前方後円墳、墳丘長約２６７ｍ、４世紀末頃（全国第12位）

◎応神天皇陵　誉田山古墳（大阪府羽曳野市）、前方後円墳、墳丘長約４２５ｍ、５世紀初頭（全国第２位）

◎仁徳天皇陵　大仙陵古墳（大阪府堺市）、前方後円墳、墳丘長約４８６ｍ、５世紀前期～中期（全国第１位）

◎履中天皇陵　上石津ミサンザイ古墳（大阪府堺市）、前方後円墳、墳丘長約３６５ｍ、５世紀初頭（全国第３位）ミサンザイとは貴人の墓の意味である。

◎反正天皇陵　田出井山古墳（大阪府堺市）、前方後円墳、墳丘長約１４８ｍ、５世紀中頃

◎允恭天皇陵　市ノ山古墳（大阪府藤井寺市）、前方後円墳、墳丘長約２２７ｍ、５世紀後半（全国第20位）

◎雄略天皇陵　島泉丸山古墳（大阪府羽曳野市）、円墳、直径約76ｍ、５世紀後半、陵

墓参考地として大塚山古墳（大阪府羽曳野市）、前方後円墳、墳丘長約335m、6世紀後半（全国第5位）

畝傍山（奈良県橿原市）の北もしくは東北の位置、墓域は東西約100m×南北約200m、明治時代に従来から存在していたミサンザイ円墳（大きさ不明）をもとに造成して天皇陵としたとされる。昭和時代（1940年）に大拡張されている。

◎神武天皇陵

邪馬台国女王・卑弥呼、女王・台与及び天忍穂耳命（応神天皇）の三代の陵は熊本平野周辺に存在すると推測され、「日向三代」と呼ばれている邇邇芸命（瓊瓊杵尊）、火折尊（火遠理命）、彦瀲の陵は宮崎県に存在すると推測されるのである。伝説によれば東征を行った五瀬命（雄略天皇）は浪速国の白肩津（又は孔舎衛坂）の戦闘で負傷したあと傷が悪化して紀国竈山で亡くなり、この地に墓が築かれたという。『記・紀』の記述から雄略天皇の御陵は和歌山県和歌山市・竈山神社内の竈山墓（円墳、直径約6m）、墓域は約100m×約200mと考えられるのである。

『日本書紀』神武天皇紀は神武天皇が東征を始めた動機と、畿内に君臨していた王について次のように記述している。

【而遼邈之地、猶未霑於王澤、遂使邑有君・村有長・各自分疆用相凌躒。抑又聞於鹽土老翁、曰「東有美地、青山四周、其中亦有乘天磐船而飛降者。」余謂、彼地必當足以恢弘大業・光宅天下、蓋六合之中心乎。厥飛降者、謂是饒速日歟。何不就而都之乎。】

『しかるに遼邈の地は、今なお王（天津神）の澤（恩恵）を受けてはいない、つまり邑（国）には支配者があり、村には長老があり、それぞれが国境を分けて互いに凌躒している。そもそも鹽土老翁から聞いたのだが「東に美しい土地があり、四方を緑豊かな山で囲まれ、其の中に天磐船に乗ってきて飛び降りた者がいるという」。余（自分）が思うに、その土地は必ず大業を恢弘（押し広めるの意味）し、天下を光宅（平和で光り輝く家）にするのに相応しく、六合（天下）の中心となるであろう。飛び降りた者は、饒速日であったと思う。ここを都にするのに何の不都合があろうか』

文中の【遼邈】は、はるかに遠いの意味、【霑】は潤う、湿るの意味、【凌躒】は踏みにじる、踏みつけるの意味、【六合】とは東西南北、天と地を合わせたものの意味であり、「天下」、「世界」を指す。

長老の話を聞いた五瀬命（雄略天皇）と神日本磐余彦（神武天皇）は畿内を攻略して都にするために東征を開始したのである。東征が開始されたのは４７４年のことであるので、それ以前に築造された畿内の前方後円墳は天皇陵でないことは議論の必要がないほど明確である。

2 箸墓古墳

奈良県桜井市の纒向遺跡群の中に有名な箸墓古墳がある。この巨大な前方後円墳の墳墓（後円部の直径：約150m、前方部の長さ：約128m、墳丘長：約278m：全国11位）は宮内庁によって第7代・孝霊天皇の皇女である倭迹迹日百襲姫命の墓に治定されている。築造時期が3世紀中頃から3世紀後半と見られ、邪馬台国女王・卑弥呼が死去した頃とほぼ一致していることから卑弥呼の墓ではないかと言われているのである。しかしながら箸墓古墳が女王・卑弥呼の墓である可能性は極めて低い。箸墓古墳が築造された時、女王・卑弥呼が君臨した邪馬台国は九州・火国（現在の熊本県）に存在していたからである。卑弥呼の墓ではない理由をさらに二つ挙げておきたい。一つ目の理由は墓の大きさの違いである。

『魏志倭人伝』には【卑彌呼以死、大作冢、徑百餘歩。】「卑弥呼が死んだので、大きな冢（土を盛り上げた墓の意味）を作った、径は約100歩である」と具体的に墓の大きさが記述されている。この【徑】（径）の意味は、『説文解字』には【徑：歩道也】と記述されていることから、歩いた道（距離）の意味となる。歩の意味は現在の意味とは異なり、跬の倍の長さを意味していた。跬とは一足の歩幅の意味である。つまり、当時は右足、左足の跬の合計の長さを1

歩と呼んでいたのである。

一般的に、普通に歩く時の歩幅（跬）は（身長×０・４５）に近い事が知られている。身長１６０㎝の人の場合で考えると、1跬は約72㎝となる。当時の中国では1歩（跬×2倍）は約１・５ｍとされていた。『魏志倭人伝』に記述された【徑百餘歩】とは約１５０ｍの長さを意味しており、墓の直径又は周囲を歩いた距離を示しているのである。

現在まで国内では直径１５０ｍの円墳、一辺１５０ｍの方墳は発見されていない。因みに、国内最大の円墳は富雄丸山古墳（直径：約１１０ｍ、４世紀後半、奈良県奈良市丸山）とされており、国内最大の方墳は枡山古墳（一辺85ｍ：５世紀前半、奈良県橿原市鳥屋町）とされている。

おそらく【徑百餘歩】とは歩いた距離、すなわち周囲の長さを示していると考えられ、円墳の場合であれば直径48ｍほど、方墳であれば一辺38ｍほどの大きさの墓であったと考えられるのである。これに対し箸墓古墳は墳丘部分の長さだけでも約２７８ｍもあるので卑弥呼の墓ではないことは明白である。

箸墓古墳が卑弥呼の墓ではないと考えられる二つ目の理由は、周濠から馬具（木製の鐙）の遺物が出土していることである。つまり箸墓古墳の周辺では馬が飼われていたことを示しているのである。

ところが『魏志倭人伝』には、倭国について【其地無牛馬虎豹羊鵲。】「其の地（倭国）には牛、馬、虎、豹（ひょう）、羊、鵲（かささぎ）がいない」と記されていることから卑弥呼の墓とは考えられないのである。

中国には古代から【南船北馬】ということわざが残されている。これは川や湖沼が多い華南地域では移動手段として伝統的に船（舟）が使われ、華北地域では馬が使われていたからである。馬具の発見から箸墓古墳の被埋葬者は中国華北から渡来して支配者（王）となった王族の墓である可能性が極めて高いのである。中国では王族の厚葬が始まったのは秦の始皇帝以降のことであった。

『魏志倭人伝』に記されているように女王・卑弥呼の墓は、畿内の墓（巨大な墳墓）と比較してそれほど大きなものではない。天皇家（大王家）は畿内を支配下に置くと権威を示すために一時的に巨大な前方後円墳を築造したかもしれないが、やがて畿内では巨大な前方後円墳は築造されなくなっていった。これは天皇家（大王家）が人民に負担を強いることになる巨大な墳墓の築造に反対の立場であったことを示しており、畿内を支配していた豪族とは本質的に全く異なる思想を持っていたことを示しているのである。因みに天智天皇は大化２年（６４６年）に薄葬令を発布している。

3 巨大墳墓を築造した豪族

神武天皇は、実際には5世紀末から6世紀初頭に天下を治めた大王と考えられ、1節で述べた天皇陵に治定されている巨大墳墓は畿内において中央集権国家を築いていた饒速日（饒速日命）の王統の墳墓と考えられるのである。

神武天皇は畿内を平定して開府すると新たに「氏姓制度」を制定して諸王の出自、貢献度により氏、姓（臣、連、伴造、国造などがあった）を与え、臣下の高下を定めた。本書では、それらの諸王の氏族を豪族と記す。

684年には天武天皇によって新たに「八色の姓」が制定されて、皇親（真人）、貴族（朝臣、宿祢、忌寸）、導師、臣、連、稲置の八姓が決められた。

その後815年に、嵯峨天皇の命によって『新撰姓氏録』が編纂された。この書は当時の京と畿内地方の王族・豪族を出自によって《皇別》、《神別》、《諸蕃》に分類した古代氏族の名鑑である。この『新撰姓氏録』と『記・紀』の記述によって畿内に巨大墳墓を築造した豪族を確定することが可能である。

『新撰姓氏録』には皇親、豪族の地位も記載されており、上から真人、朝臣、宿祢、忌寸、臣、連、首、造、公、直、史、村主、県主の名がある。臣、連はもともと神武天皇によって制定された「氏姓制度」では臣下の最高位であったが、その後の位階制度の変遷によって下位となった。

真人は皇親であり天皇、皇子の子孫のことである。真人の中に大原真人の出自が【敏達孫百済王也】とあるが、これは敏達天皇の長子の押坂彦人大兄皇子が百済宮という宮殿に住んでいたので百済王（百済親王）と呼ばれたのであり、百済からの帰化人という意味ではない。朝臣、宿祢、忌寸までが貴族とされている。

《皇別》には335氏が記載されている。この氏族は神武天皇東征以降の天皇家から分流した氏族である。

《神別》には404氏が記載されている。神武天皇が畿内を平定する以前から存在していた氏族である。朝臣、宿祢を与えられた氏族の歴史は古いと考えられる。

《諸藩》は「倭の五王」時代以降に朝鮮半島の領有地に封建されていた王族の氏族（帰国氏族）及び渡来人系の氏族を記載しており、出自が明確な326氏と、それ以外の未定雑姓117氏の合計443氏が記載されている。

巨大な墳墓を築造した豪族は馬具の出土から華北からの渡来人であった可能性が極めて高く、《諸藩》の中に含まれている可能性が高いので、最初に《諸藩》の氏族の出自について考察していく。

渡来人氏族の出自が明確な326氏を分類すると、内訳は「漢」158氏、「百済」109氏、「高麗」（高句麗）41氏、「新羅」9氏、「任那」9氏、合計326氏となっている。前述した「漢」の１５８氏の出自をさらに分類すると、多い順から「漢（前漢・後漢）」59氏、「秦」31氏、「魏」（三国時代）24氏、「唐」13氏、「呉」12氏、「周」４氏、「魯」４氏、「公孫氏」３氏、「隋」３氏、「その他」５氏（分類できなかったものを含む）となっている。

したがって《諸蕃》の中で出自が明確な渡来人の氏数は多い順から「百済」１０９氏、「漢（前漢・後漢）」59氏、「高麗」（高句麗）41氏、「秦」31氏、「魏」24氏、「唐」13氏、「呉」12氏、「新羅」９氏、「任那」９氏、「その他」５氏の順となる。記載された氏族の出自は王族が圧倒的に多いことから王朝の滅亡によって渡来したと考えられる。箸墓古墳の築造時期（２８０〜３００年頃）から考えて、畿内の豪族は少なくとも3世紀中期以前に渡来したことになる。「魏」の滅亡は２６５年、「任那」の滅亡は５６２年、「百済」の滅亡は６６０年、「高句麗」の滅亡は６６８年であり、「唐」「新羅」の滅亡はこれらの国家よりも後世となるので除外される。したがって畿内を支配していた豪族の出自は「漢（前漢・後漢）」と「秦」が有力候補として残る。

次に《神別》の出自について考察する。《神別》は「天孫」、「天神」、「地祇（ちぎ）」に分類されている。「天孫」とは天照大御神（邪馬台国王）の子孫の氏族である。「天神」とは天津神及び国津神の氏族のことである。「地祇（ちぎ）」は土着（先住民）の王の氏族のことである。この《神別》の４０４氏の出自の内訳は「天孫」が約27％、「天神」が約66％、「地祇」が約７％となっている。

このうち「天神」（前述の66％）を出自によって更に分類すると、「神産巣日神／神皇産霊神」、「高御産巣日神／高皇産霊神」、「饒速日命（邇藝速日命）」の3王統に分けられる。『記・紀』には神武東征以前の畿内には「饒速日命」が支配していたと記述されており、神武東征の際に激しく抵抗した長髄彦の主君であった。「饒速日命」の王統の出自は《神別》と《諸蕃》の中に残されている。《神別》「天神」の中に「秦忌寸」という氏族が多くあり、その出自が【神饒速日命之後也】「神である饒速日命の後裔（子孫）である」と記載され、その多くが「太秦公宿祢」を祖としているのである。

《諸蕃》の筆頭に記載されている「太秦公宿祢」の出自は『新撰姓氏録』に「秦の始皇帝3世孫の孝武王也」とある。このことから畿内において強大な国家を築いていたのは秦の始皇帝の末裔であった可能性が極めて高いのである。秦の滅亡は紀元前3世紀初めであり、最先端の鉄製武具で武装して渡来してきた彼らは短期間で畿内の先住民（縄文人）を制圧したに違いない。

話は変わるが、朝鮮半島の馬韓には秦の労役から逃れ亡命してきた人々が多くいたので、馬韓は東の地域を割いて住まわせたという。これが辰韓（秦韓）の始まりであり、これらの人々は秦の帝室に敵意を持っていたに違いない。また、九州には倭族が国を築いていたため、秦の王族は朝鮮半島、九州を避けて我が国の本州に根拠地を求めたと推測される。

「漢」（前漢・後漢）の氏族は「秦」に次いで渡来時期が古く、貴族である宿祢、忌寸の位をもつ氏族も多い。このことから推理すると、滅亡した漢の王族は先に国家を建国していた秦の末裔に従属したと考えられる。

奈良県天理市の丘陵地には4世紀後半に築造されたと考えられている東大寺山古墳（前方後円墳、推定墳丘長140m）がある。

この墳墓からは【中平□□　五月丙午】（□は文字不明瞭を表す）と金象嵌された鉄剣が出土している。「中平」とは後漢の霊帝の中平年間（184〜189年）の事であり、中国製の剣であることが判明している。霊帝時代は後漢の末期的時代であり、この剣は後漢の王族によって持ち込まれ墓に納められたか、または秦の末裔の王に献上され、その王が亡くなった時に墓に納められたものと推測されるのである。

「真金吹く吉備」と謡われるように吉備地方は鉄の生産地であった。真金とは良質の鉄の意味であり、吉備地方はたたら製鉄によって良質の鉄を生産していた。吉備地方にも神武東征以前に築造された巨大古墳が存在している。古墳時代は大きく前期（3世紀後半〜4世紀後半）、中期（4世紀末〜5世紀末）、後期（6世紀初頭〜7世紀初頭）に区分されている。吉備地方にも前期頃から中期にかけて全長100mを超える巨大な前方後円墳が築造されている。そして後期になると小型化して、7世紀に入ると造られなくなっている。畿内では7世紀に入っても巨大古墳の築造が続いている。これは倭国が西側から次第に領土を広げ、領有下に置いた地域から厚葬（大規模な墳墓の造営）をやめさせたからだと推測されるのである。

第11章　神話から我が国の真実の歴史が解る

1 神武東征はなぜ日向国から始まったのか？

『記・紀』は神武天皇が現在の宮崎県にあたる日向国から東征を開始したと記述している。『記・紀』に記述された日本の神話・伝説は天皇家（大王家）に起こった出来事を説話として残したものと考えられるのである。勿論、創作された部分もあるが、神武東征は事実に基づいて記述されていると考えられるのである。邪馬台国九州説をとる場合でも、なぜ日向国から東征が始まったのかを合理的に説明できなければ邪馬台国大和説と同じであり、我が国の真実の歴史を解明することはできないのである。中国の史書と『記・紀』の神話・伝説から天皇家がなぜ日向国から東征を開始したのかを解明していきたい。

2 邪馬台国と狗奴国の関係

『魏志倭人伝』には邪馬台国の【南】（時計の5時方向）には狗奴国が存在しているが、女王

（卑弥呼）には従属していないと記述されている。

さらに、次のように記述されているために、一般的には邪馬台国と狗奴国は敵対関係にあったと解釈されている。

【其八年太守王頎、到官。倭女王卑彌呼與狗奴國男王卑彌弓呼、素不和。遣倭載斯烏越等、詣郡、説相攻撃狀。遣塞曹掾史張政等、因齎詔書、黄幢。拜假難升米、爲檄告喩之。】

「其（正始）８年（２４７年）（前任者の戦死によって）太守の王頎が、着任した。倭の女王・卑弥呼と狗奴国・男王の卑弥弓呼は、素から不和であった。倭は載斯烏越等を郡（帯方郡）へ詣でさせ、相互の攻撃状況を説明させた。（王頎は）塞曹掾史の張政等を派遣して、詔書、黄幢をもたらし、假に難升米に授け、檄文を告げて喩した（諭した）」

このように女王・卑弥呼と狗奴国王・卑弥弓呼は素から不和であったと記述されているのであるが、『魏志倭人伝』を読めば読むほど、邪馬台国と狗奴国は敵国同士ではなかったと考えざるを得ないのである。その理由を『魏志倭人伝』の記述から示しておきたい。

一つ目の理由は、第5章で述べたように魏の測量隊は狗奴国の領域を通過して侏儒国（現在の種子島）の位置測量を行っていることである。要するに邪馬台国と狗奴国の両国がお互いに連絡を取り合って、魏の測量隊の安全確保と測量のサポートを行ったと考えられるのである。

二つ目の理由は、倭国は狗奴国の攻撃を受け、中国に援軍を頼まなければならないほどの国家的危機に陥っているにもかかわらず「卑弥呼が死んで邪馬台国は新たに男王を立てた。国中に不服があり互いに殺し合った。当時約千人が殺された」と記述されていることである。国家存亡の危機に直面しているのに、なぜ悠然と自滅するような内部抗争をするのかが奇妙である。さらに奇妙なことは狗奴国がこの混乱に乗じて総攻撃を行えば、確実に勝利できたはずであるが総攻撃を行った様子がないことである。

三つ目の理由は、卑弥呼には男弟がおり補佐していたと記述されていることから、男弟が邪馬台国の実質ナンバー2の地位にあったと考えられるのである。

ところが帯方郡から派遣された塞曹掾史（辺境守備の武官）の張政は詔書と黄幢（将軍旗に相当する）を、この卑弥呼の男弟ではなく大夫（諸侯）の難升米に授けていることである。『魏志倭人伝』には「男弟は難升米である」とは記述されていないことから別人だったと考えられる。２３８年、卑弥呼は初めて難升米等を帯方郡に派遣して皇帝への謁見を請願している。初めての朝貢請願にもかかわらず帯方郡太守・劉夏は将軍、官吏を付き添わして洛陽の都まで送り届けている。皇帝は誰でも簡単に会える人物ではないが、謁見が許されており厚遇されている。そのことから推理すると、後漢の57年に「奴国王」の称号と印綬を下賜されていた奴国王の子孫が使者の中に含まれていた可能性が高いと考えられるのである。

つまり大夫の難升米は奴国王の末裔（子孫）だったと推測され、張政は黄幢を第三者の立場にあった難升米に渡しているのである。

四つ日の理由は、僅か13歳の台与が王に推戴されると不思議なことに邪馬台国の内乱は収まり、狗奴国は攻撃をやめて、両国間の争いが終結していることである。

これらのことから両国（邪馬台国、狗奴国）は特別な関係を有していたと考えざるを得ないのである。

『魏志倭人伝』によれば、卑弥呼の後継者となった台与は卑弥呼の【宗女】であったと記されている。【宗女】とは「宗族の女」という意味であり、卑弥呼の【宗女】とは卑弥呼の父親の直系男子の子供を意味しているのである。

『魏志倭人伝』には宗女の【宗】と同じ意味で使われている箇所がもう一箇所見られる。それは【其犯法、輕者沒其妻子、重者滅其門戸及宗族。】「其の国の法律を犯すと、罪の軽い者は其の妻子を殺し、重者（罪の重い者）は其の門戸及び宗族を滅ぼす」の箇所である。【宗族】の意味について『説文解字』は【父之黨為宗族、母與妻之黨為兄弟】「父の黨（党＝一族）を宗族と為し、母と妻の党を兄弟と為す」と説明している。

結論を先に言えば、狗奴国の王・卑弥弓呼は南方系倭人族国家群を率いていた王であり一族の長（族長＝氏上）であったと考えられる。そして邪馬台国は狗奴国（本家＝宗家）から分かれた分国（支国）であったと考えられるのである。女性の場合は結婚によって宗族から外れたと考えられるが、卑弥呼の場合は独身であったので父親の宗族に属していた。つまり邪馬台国の後継者は氏上であった狗奴国王によって決定されるべきことであったと考えられる。ところが卑弥呼の男弟が勝手に王座に就いたため、男弟に味方する勢力と氏上（狗奴国王）の決定に従おうとする勢力の間で抗争が発生したと推測されるのである。そして、戦況が不利となった卑弥呼の男弟が帯方郡へ使者を派遣して助けを求めたと考えられるのである。

最終的に狗奴国王が宗族の女（むすめ）の台与を新たに王位に就けたので内乱は収まったと推測される。この時、和睦を促すために帯方郡から派遣された塞曹掾史（さいそうえんし）・張政と黄幢を渡された難升米は動いてはいないと推測される。狗奴国と邪馬台国の争いは王族の内訌であったので、どちらにも加担せず決着を見守っていたものと推測されるのである。

卑弥呼の死については、①自然死説（老衰、病死）、②狗奴国との戦争で亡くなったとする戦死説、③敗戦の責任によって殺されたとする王殺し説の3通りの説が見られる。女王・卑弥呼は１７３年に新羅国へ使者を送っているので、在位期間は１７３年頃から２４７年頃までのおよそ74年間に及ぶのである。邪馬台国と狗奴国が本当に敵国同士であれば、卑弥呼の生存中に大きな戦争が発生したはずである。しかしながらこの間に両国の交戦に関する記述がないため、卑弥呼が亡くなって、初めて戦争となった可能性が高いと考えられるのである。

つまり卑弥呼の男弟が氏上の意向を無視して勝手に王位を奪取したために戦争となったと考えられるのである。これらのことから女王・卑弥呼は①の自然死説の可能性が高く、②と③のケースは考え難いのである。

３ 不和の原因と狗奴国の介入理由

話は少し遡るが、南方系倭人国家を統率する狗奴国は邪馬台国とは担当領域を分けて統治を行っていたと推測される。朝鮮半島の旧領地の回復を含む北面の統治は邪馬台国が担当し、九州から東側の本州、四国方面の領土拡大は狗奴国が担当していたと推測されるのである。女王・卑弥呼は朝鮮半島にあった、かつての倭（倭国）の旧領土の奪還を目論んでいた。既に後漢は衰退して三国時代に移っていたが、遼東太守・公孫氏が朝鮮半島を支配していたのでなかなか手を出すことができなかった。その後、公孫淵（？〜２３８年）が燕王を自称して魏に反旗を翻したため、魏の将軍・司馬懿によって討伐され滅亡した。それを好機と見た女王・卑弥呼は魏に朝貢を行い倭王の称号を得た。その目的は倭国の安全保障を取り付けることであったが、旧領地の奪還の正当性を意識したものであったことは間違いないと思われる。

朝貢によって倭国王の称号と珍貴な品々を女王・卑弥呼は得たことから、邪馬台国の権威は漸次高まっていったのである。それが両国の不和に繋がっていったと考えられるのである。狗奴国王としては卑弥呼の男弟に王位を継承させることはできなかったのである。そのため狗奴国王は卑弥呼が亡くなると邪馬台国の継承問題に介入し、自分の直系の娘である台与を王位に就けたと考えられるのである。仲哀天皇は狗奴国王・卑弥弓呼の直系の男子（おそらく孫）と考えられ、神功皇后（台与）とは異母兄弟姉妹の関係にあったと思われる。

4 葦原中国平定（国譲り）、天孫降臨神話

『記・紀』に記述された葦原中国の平定、国譲り及び天孫降臨神話は天皇家に起こった出来事に基づいて書かれたと考えられる。それゆえ神話・伝説を解読することによって天皇家の歴史を知ることができるので『古事記』に記された神話の大筋を紹介しておきたい。

【神話のあらすじ】

《天地が初めて発かれた時に高天原に天之御中主神が現れた。次に高御産巣日神、神産巣日神の独神が現れたのち身を隠された。この三柱の神を造化三神という。次に国幼く、浮く脂のように、クラゲが漂い流れるときに葦の芽が萌えあがるように宇摩志阿斯訶備比古遅神が現れ、次に天之常立神が現れた。この二神は同様に独神で、また身を隠された。これら五柱の神を別天津神という。

別天津神の次に現れた神が神世七代と呼ばれる神々であり、独神の国之常立神、豊雲野神の二柱のほかに、男神、女神のペアの神が現れた。男女2柱のペアの神を1代としている。五

代の神（十柱）の名は次のとおりである。宇比邇神（須比智邇神）、角杙神（活杙神）、意富斗能地神（大斗乃弁神）、淤母陀琉神（阿夜訶志古泥神）、伊邪那岐神（伊邪那美神）である《注：（）内に女神名を示した》。

伊邪那岐神の子が天照大御神であり、高天原を統治するように命じられた。世界は高天原、葦原中国、黄泉の国（死者の世界）の三つに分かれており、高天原に住む神々を天津神といい、土着の神々が住む地上世界を葦原中国といい、ここに住む神々を国津神といった。

高天原に住む神々は、葦原中国は天照大御神の子孫によって統治されるべきであると考え、高天原から葦原中国の主宰神である大国主命（以下、大国主と記す）へ統治権移譲を求める最初の使者（天菩比命）が派遣された。天菩比命は天照大御神の第２子で天忍穂耳命の弟に当たる。

ところが天菩比命（天穂日神）は逆に大国主に媚びて家来となって戻らなかった。そこで天照大御神と高木神は八百万の神々に、次に誰を派遣したらよいかと問うと八百万の神々と思金神（高木神の子）が相談して天津国玉神の子の天若日子を派遣すべきであると答えたので、天照大御神は第二の使者として天若日子を派遣した。しかし天若日子もまた大国主の娘と結婚して戻らなかった。最後に天照大御神と高木神は天鳥船神、建御雷神を派遣することにした。大国主には二人の子があり、事代主神は国譲りを承諾したが、もう一人の武御名方神は建御雷神に力比べを挑んで敗れ、長野県の諏訪湖まで逃げて降伏して国譲りを承諾した。大国主は二人の子が承諾したのであれば、自分の考えも同じであると言い、天津神の皇孫に国を譲る代わりに皇孫と同じ立派な宮殿を建てさせてほしいと請願して許され、出雲国の多藝志の小濱に宮殿を建てて住んだ。このようにして葦原中国の平定が終わり、天照大御神は子の天忍穂耳命に葦原中国を統治するように命じたが、天忍穂耳命は邇邇芸命（天照大御神の孫）が生まれたので、この子に統治させた方がよいと言い、邇邇芸命が神勅（神の命令）により高天原から日向国の高千穂の峰に天降り（＝天孫降臨伝説）、葦原中国を統治したという。これ以降、邇邇芸命の子孫（天孫）が我が国を統治するようになった）

　というのが葦原中国の平定（国譲り）及び天孫降臨神話である。高天原は一般的には高天原と呼ばれている。

第12章　天皇家を形成した王統

1 大王家（天皇家）の婚姻

古代の大王家（天皇家）の婚姻を通覧すると極めて閉鎖的、限定的であることに特徴があると言えよう。『隋書』俀国伝（倭国伝）には【婚嫁不取同姓】「婚姻では同姓の嫁をとらない」と記述されている。しかしながら周王室の末裔であることを誇りとしていた大王家（天皇家）は高貴な血が薄まることを避けるために異母姉妹を后とする近親婚（異母兄弟姉妹婚）も珍しいことではなかったのである。

日本神話では天地が初めて発かれた時に「造化三神」が現れ、次に二柱の神が現れたとしている。これら五柱の神は特別な神々であり「別天津神」とされている。平安時代初期の第52代・嵯峨天皇の命によって編纂された古代王族、豪族の名鑑である『新撰姓氏録』によると、王族の出自は全て「別天津神」の子孫となっている。この事実から「別天津神」とは天皇家を形成した王統であると考えられるのである。

例えば高皇産靈尊（＝高御産巣日神）について『日本書紀』は次のように記述している。

【天照大神之子正哉吾勝勝速日天忍穗耳尊、娶高皇産靈尊之女栲幡千千姫、生天津彦彦火瓊瓊杵尊。故、皇祖高皇産靈尊、特鍾憐愛、以崇養焉、遂欲立皇孫天津彦彦火瓊瓊杵尊、以爲葦原中國之主。】

「天照大神の子の正哉吾勝勝速日天忍穂耳尊（天忍穂耳尊）は高皇産霊尊の女の栲幡千千姫を娶り、天津彦彦火瓊瓊杵尊（邇邇芸命）が生まれた。故に、皇祖の高皇産霊尊は特に愛情を注ぎ、気高く育て、ついに皇孫の天津彦彦火瓊瓊杵尊を立てることを欲し、以て葦原中国の主とした」

原文中の【高皇産靈尊】は葦原中国平定神話（国譲り神話）、天孫降臨神話の中では高木神と記述されている神である。「造化三神」の中の一柱であり葦原中国平定に深く関与して主導的な役割を果たした王統である。

2 天之御中主神

天地開闢の時に出現した造化三神とは神武東征以前に天皇家を形成した王家の血統（以下、王統と記す）を指しており、邪馬台国、狗奴国、奴国の王統がこれにあたるのである。

造化三神の一柱である天之御中主神とは邪馬台国の王統を指しており、天皇家の核となった王統であり位置的に奴国と狗奴国に挟まれていたので御中主と記述されたと推測される。

邪馬台国女王・卑弥呼は朝鮮半島南部から南下してきた北方系倭人の連合国家である倭（倭国）を併合したあと、次に中国の冊封を受けて倭国王の称号を得た。これにより邪馬台国の権威は高まっていったのである。次の女王・台与（天照大御神・神功皇后に比定される）の時代になると、その権威は氏上である本家（宗家＝狗奴国王）を凌ぐほどになっていったと推測される。そして日本神話に記述されているように女王・台与又は天忍穂耳尊が狗奴国王（大国主）へ使者を派遣して、権威ある中国の爵号を利用することによって領土の拡大、統治が容易になることを説明して、宗主権（氏上の地位）の委譲を求めたのである。これに対し反対派の抵抗もあったが、最終的に狗奴国王は宗主権（氏上の地位）を邪馬台国王へ移譲したのである。これが国譲りの伝説として描かれているのである。女王・台与（神功皇后）及び仲哀天皇は狗奴国王の直系の子女であると考えられるので狗奴国の王統に引き継がれたとも言えるであろう。

足仲彦尊（仲哀天皇）と神功皇后（女王・台与）の子が正勝吾勝勝速日天之忍穂耳命（天忍穂耳命）であるが、名前が「正勝吾勝勝」となっているのは大国主（狗奴国王）から宗主権（氏上の地位）を勝ち取った王であったからだと思われる。淡海三船が天忍穂耳命の漢風諡号に「神」の字を付けて応神天皇と撰進した理由は、北方系倭人国家と南方系倭人国家を統合して君臨した「初めての王」であったからである。これ以降、邪馬台国（倭国）の王は「大王」

という敬称で呼ばれるようになるのである。

「倭の五王」の【武】が宋の順帝（劉準）に送った上表文の中で「東に毛人の55ヵ国を征服し、西へ衆夷の66ヵ国服従させ、海を渡り北の95ヵ国を平定した」と述べているが、南に言及しなかった理由は【武】の時代には、既に邪馬台国（倭国）は狗奴国を併合して南地域は倭国の領土となっていたからである。

天忍穂耳命が高皇産霊尊の娘である栲幡千千姫を娶り邇邇芸命が生まれ成長すると邇邇芸命は火国（熊本県）から日向国（宮崎県）に移り統治したのである。これが天孫降臨伝説となったと考えられるのである。

邇邇芸命（仁徳天皇に比定される）が火国から日向国へ移った理由をいくつか挙げておきたい。最も大きな理由は、族長（氏上）が根拠地とした由緒ある土地で、水稲栽培に適した温暖な地であったことである。

二つ目の理由は、日向国から日本列島の東側に沿って船で南北に容易に航行できること、また豊後水道を通り瀬戸内海、日本海方面へ向かうことができること、さらに薩摩半島を回り、九州の西側に沿って中国、朝鮮半島へ向かうことができることなど地の利を有していたことである。

『古事記』には次のように記述されている。

【此地者、向韓國眞來通笠紗之御前、而朝日之直刺國、夕日之日照國也。故、此地甚吉地。】

「この地は、韓国へ向かうのに笠紗の御前（岬）を通り直接（船で）往来でき、しかも朝日が直接差して、夕日が日中のように照らす国である。故に、この地はとても良い土地である」

文中の韓国とは朝鮮半島及び漢国（中国）の意味である。「笠紗の御前」の位置については不明であるが、多くの伝承、逸話から鹿児島県薩摩半島の西南部に位置する野間岬付近と云われており、明治時代に笠紗町が新設された。現在は周辺の市・町と合併されて「南さつま市」となっている。

三つ目の理由は、日向地方では良質の船材が豊富にとれ大淀川（一級河川）、一ツ瀬川（二級河川）、耳川（二級河川）などの河川を利用して木材を河口まで運び、河口付近の港で大型軍船を建造することができたことである。

軍船建造の目的は日本列島、朝鮮半島における領土拡大にあった。

大淀川河口の一ツ葉、耳川河口の美々津には東征のための軍船が出港したとの伝説が残る。

一方、有明海は潮の干満差が大きく大型軍船の製造には不向きな地域であった。

余談であるが、『魏志倭人伝』には狗奴国の官に狗古智卑狗があると記述されている。狗古智卑狗の名が「菊池彦」に通じるとして熊本県菊池郡と関係があるのではないかとする説がある。もし卑狗が「彦」（古代では王族の男子に付けられた名である）であれば狗古智卑狗は王名かもしれない。邇邇芸命が日向国に移ると、狗古智卑狗は新たに熊本県菊池郡へ改封されて、後に王名から菊池郡と称されることになった可能性がある。

3 神産巣日神

神産巣日神（神皇産霊尊）は『魏志倭人伝』に記述されている狗奴国王・卑弥弓呼の王統と考えられる。狗奴国は天皇家の宗本家（宗族の本家）にあたる。天照大御神（神功皇后）の弟である須佐之男命の王統である。二人は姉弟であるが、天照大御神は天津神とされ、須佐之男命の子孫は国津神とされている。

神話によると須佐之男命は高天原から神逐（追放の意味）されたのち出雲国に下り、この地で人を喰う八俣遠呂智という怪物を退治して腹の中から一本の大刀（草那藝の大刀）を取り出し、この大刀を天照大御神に奉ったとされる。この大刀はのちに「三種の神器」のひとつとされ、歴代天皇が継承する宝物となっている。

『古事記』には次のように記述されている箇所がある。

【刺割而見者、在都牟刈之大刀、故取此大刀、思異物而、白上於天照大御神也。是者草那藝之大刀也。故是以、其速須佐之男命、宮可造作之地、求出雲國、爾到坐須賀地而詔之「吾來此地、我御心須賀須賀斯而。」其地作宮坐。故其地者於今云須賀也。】

『(八俣遠呂智の腹を) 刺し割いて見ると、都牟刈の大刀があり、故にこの大刀を取った、普通の物ではないと思ったので、天照大御神へ申し上げた。これが草那藝の大刀である。故にこれをもって、速須佐之男命（須佐之男命）は宮殿を作る地を出雲国に求めた。こうして須賀の地に到り留まり「吾はこの地に来て、我が心は須賀須賀斯」と仰せられて、その地に宮殿を作り留まった。故に其の地を今では須賀という』

須佐之男命が神逐されたのであれば大刀を天照大御神へ献上することはなかったであろうと思われる。要衝地であった出雲国を攻略するために狗奴国王又は新しく宗家となった邪馬台国王から派遣されたと考えられる。

元々、出雲地方は饒速日命（大物主神）の支配下にあった地域と考えられ、原文中の八俣遠呂智とは出雲地域を支配していた饒速日命の部下を比喩したものと考えられる。我が国には紀元前から次第に鉄器が普及し始め、当時は朝鮮半島から鉄製品や半製品の鉄鋌（短冊状の鉄片）が九州と畿内に大量に輸入されていた。畿内には饒速日命が建国した中央集権国家があり、彼らにとって日本海ルートは瀬戸内海ルートよりも重要な交易ルートであった。出雲を経由して敦賀湾あるいは若狭湾で陸揚げされた金属器（鉄器、青銅器）は琵琶湖の北に存在していた愛発関を経由して畿内に輸入されていた。出雲地方は朝鮮半島からの金属器の交易中継地として、また鉄の生産地として要衝となっていたのである。饒速日の支配下にあったことから鉄の供給ルートを断ち切るために須佐之男命が派遣されたと考えられるのである。

『新撰姓氏録』などから神産巣日神（狗奴国）の王統は大きく二つあったことが読み取れる。『出雲国風土記』では神産巣日神は神魂命と記述されている。

① 津速魂命→市千魂命→興登魂命（興台産霊）→天児屋命

② 神魂命→角凝魂命→伊佐布魂命→天底立命→天背男命→天日鷲翔矢命（天日別命）

①の天児屋命は古代豪族である中臣氏の始祖となった人物であり、天照大御神が天岩戸に隠れた際に天照大御神を鏡で誘い出したとされる神である。天孫降臨の際には瓊瓊杵尊に随行したとされる。

②は須佐之男命の王統と思われる。高魂命（高御産巣日神＝奴国王）の孫が天日鷲翔矢命となっていることから奴国の王統と通婚によって姻戚関係にあったことがわかる。

『日本書紀』によると高御産巣日神の子の少名毘古那（『古事記』では神産巣日神の子とする）

が出雲の国造りに参加したと伝えられており、狗奴国と奴国の王統の子孫が協力して要衝であった出雲国を防衛したようである。その後、第10代の崇神天皇のときに天照大御神の第2子であった天菩比命（天穂日命）の11世孫の宇賀都久怒が出雲国造に任じられたとしている。

4 高御産巣日神

高皇産霊尊（高御産巣日神）の王統は後漢から金印を下賜された奴国の王統にあたると考えられる。日本神話の国譲り伝説では高木神と記述される神である。

造化三神の一柱である高御産巣日神（高皇産霊尊、高魂命）は、『古事記』に【爾高御産巣日神天照大御神之命以、於天安河之河原、神集八百萬神集而……】「ここに高御産巣日神、天照大御神の勅命をもって、天安河の河原に、八百万神（多くの神）を集め……」と記されているように「葦原中国平定、国譲り」の際に主導的に動いた王統である。天忍穂耳尊（応神天皇）の義父にあたる。

高皇産霊尊（高木神）の子の思金神は栲幡千千姫の兄にあたる。深く思慮して数々の献策をした神とされており、邇邇芸命の降臨の際には天照大御神の御魂代である鏡（八咫鏡）を持って天降ったとされる。子孫は後に信濃国へ封建されたと伝えられている。

この高御産巣日神（奴国）の王統からは古代豪族である大伴氏、忌部氏、久米氏、佐伯氏などが出ている。また海神族と呼ばれる安曇氏とも深い関係にあった。平安時代に編纂された律令（法令）の細則には次の記述がある。

【凡祭祀詞者、御殿御門等祭、齋部氏祝詞、以外諸祭、中臣氏祝詞。】

「凡そ（全て）の祭祀の詞は、御殿の御門等の祭には、齋部氏の祝詞とし、それ以外の諸祭には、中臣氏の祝詞とせよ」（『延喜式』巻八、神祇八・祝詞）

齋部氏は忌部氏のことである。忌部氏には天太玉命（奴国の王統）、天日鷲神（狗奴国の王統）、天道根命（狗奴国の王統）を祖とする三つの大きな流れがあるとされている。いずれにしても造化三神（邪馬台国、狗奴国、奴国の王統）は互いに婚姻を通じて密接な姻戚関係を形成していた。また先祖を辿れば呉（句呉）の王統に繋がり南方系倭人（狗奴国）と出自は同じである。

5 宇摩志阿斯訶備比古遅神

宇摩志阿斯訶備比古遅神は造化三神のあとに出現した神である。造化三神とあわせ、神話では特別に別天津神と呼ばれている中の1柱である。

『古事記』には次のように記述されている。

【邇藝速日命參赴、白於天神御子「聞天神御子天降坐、故追參降來」、即獻天津瑞以仕奉也。故邇藝速日命、娶登美毘古之妹・登美夜毘賣生子、宇摩志麻遲命。此者物部連、穗積臣、婇臣祖也。】

『邇藝速日命（饒速日命）は赴き参り、天神の御子に「天神の御子が天降ったと聞いたので、追って参りました」といい、即に天津の瑞兆（吉兆）を奉り奉仕した。邇藝速日命が登美毘古（長髄彦）の妹・登美夜毘売を娶り生まれた子が、宇摩志麻遅命である。この者は物部連、穂積臣、婇臣の祖である』

饒速日命の王統は天皇家とは別の降臨伝説を持つ王統であり、『日本書紀』には【至饒速日命乘天磐船而翔行太虛也、睨是郷而降之】「饒速日命は天磐船に乗って至り、そして太虚（大空）を翔行して、この郷を睨み降臨した」と記述されている。神武東征以前に畿内において巨大な墳墓を築造していた支配者が饒速日命の王統であり、秦の始皇帝の後裔である。

『日本書紀』神武天皇紀には【事代主神、共三嶋溝橛耳神之女玉櫛媛、所生兒、號曰媛蹈鞴

五十鈴媛命。是国色之秀者。】「事代主神が三嶋溝橛耳神の娘の玉櫛媛を娶り、生まれた子が、媛蹈韛五十鈴媛命という。国で最も容色が優れている」と記述されている。大物主神は事代主神とも記されており、饒速日命の末裔である。神武天皇は畿内を平定して即位後に、この媛蹈韛五十鈴媛を皇后としている。

『日本書紀』によると神武天皇は即位2年春に大和平定の論功行賞を行っている。それによると倭国側の武将では道臣命が大來目を率いて菟田（宇陀）への突破口を開いたとして行賞されて築坂邑（橿原市付近）の宅地が与えられた。道臣命は大伴氏の祖であり高皇産霊尊（奴国王）の子孫である。久米・多米一族である大來目には來目邑と呼ばれる畝傍山から西の川邊の地が与えられた。久米氏は奴国王又は狗奴国王の子孫である。頭八咫烏は熊野から大和へ道臣命と大來目を先導し行賞され、葛野主殿県主部（京都府にあった葛野郡の県主）となった。珍彦は倭国造となった。珍彦は東征を開始した時に速吸門（豊予海峡）で出迎えた人物である。速吸門の位置については諸説がある。いずれにしても早い時期に東征に参加した倭国の王（諸侯）又は狗奴国の王族だったと考えられる。

一方、敵方（饒速日命）側は弟猾、弟磯城、劒根が行賞されている。弟猾は神武天皇の暗殺を企てた兄の兄猾を密告して暗殺を未然に防いだ功績により行賞されて猛田県主（奈良盆地の北東部地域の県主）となった。倭国側へ寝返った弟磯城（黒速）は磯城県主（奈良盆地の東南部地域の県主）となった。また劒根は葛城国造（奈良盆地の南西部地域の国造）となった。この劔根（剣根命）については単に【復以劔根者、爲葛城國造。】「また劔根を葛城国造とした」と記されているのみで、なんの手柄があったのかは記述されておらず不明である。さらに県主ではなく上位の国造の地位が与えられていることから推理すると饒速日命の王統の子孫と推測される。神武天皇は畿内を平定したあと媛蹈鞴五十鈴媛を皇后としている。子の第2代・綏靖天皇は都を葛城高丘宮に移していることから考えると葛城の地は饒速日命の本拠地であったと考えられるのである。饒速日命の王統の子孫が物部氏、穂積氏、婇（うねめ）氏であるが、この中で物部氏だけに「連（むらじ）」の姓（かばね）が与えられている。「連」は神武天皇の治世までに天皇家と姻戚関係が生じた諸王（豪族）に与えられた姓（かばね）であった。つまり媛蹈鞴五十鈴媛は豪族である物部氏の娘であったと考えられる。

⑥ 天之常立神

天之常立神（あめのとこたちのかみ）とは武内宿祢（たけうちのすくね）（建内宿祢）の王統と考えられる。

武内宿祢は孝元天皇の皇子である比古布都押之信命（ひこふつおしのまことのみこと）（彦太忍信命（ひこふつおしのまことのみこと））の孫として生まれ、景行、成務、仲哀、応神、仁徳の5代の天皇に仕え、200年以上生きたとされる伝説上の忠臣であるが、この話は創作されたと考えるべきである。武内宿祢を始祖として古代の有力豪族である蘇我氏、巨勢（こせ）氏、紀氏、波多氏などが出ている。いずれも「氏姓制度」の制定により

「臣」の姓が与えられている。蘇我氏は「連」ではなく「臣」の姓が与えられている。これは神武天皇の治世には姻戚関係がなかったことを示していると思われる。

武内宿祢の本流と見られる蘇我氏は娘を大王家（天皇家）に嫁がせて6世紀前半から7世紀前半にかけて天皇家を凌ぐほどの豪族となった。

『新撰姓氏録』によれば秦の次に渡来したのは漢の王族であり、前漢の高祖（高皇帝）の子孫である鸞王が渡来したとされるが、中国で若くして亡くなったとの説もある。後漢からは第12代・霊帝、第14代・孝献帝の子孫達が渡来している。蘇我入鹿が乙巳の変によって暗殺されると蘇我蝦夷は一族である東漢氏（倭漢氏）を自邸に集結させている。東漢氏は漢（後漢）からの渡来人であることから蘇我氏は後漢の帝室（霊帝）を出自とする王統と推測される。蘇我氏の系図は武内宿祢→蘇我石川宿祢→蘇我満智→蘇我韓子→蘇我高麗→蘇我稲目→蘇我馬子→蘇我蝦夷→蘇我入鹿となっており、満智、韓子、高麗と3代にわたり朝鮮半島に関係する名前が付けられていることから、おそらく朝鮮半島に根拠地を持ったあと、何らかの事情により渡来して饒速日命の末裔に従属したと推測される。

『日本書紀』には蘇我馬子が推古天皇に使者を送り葛城県の永代領有を要求したことが次のように記述されている。

【葛城縣者、元臣之本居也、故因其縣爲姓名。是以、冀之常得其縣以欲爲臣之封縣。】

「葛城県は、もとは臣（馬子）の本居（本拠地）です、よって、その県名を姓名としています。以てここに、その県を封地とすることを念願します」

この馬子の要求に対し、推古天皇は「私も蘇何（蘇我）の出身であり、大臣は舅であるけれども、この県を渡すと後の君主から愚かな天皇だったと言われ、大臣は不忠の者であったと言われるに違いないので譲ることはできない」と答え、馬子の要求を敢えて退けている。当時、馬子の権勢は天皇を凌ぐほどであったので、馬子の言うことが本当であれば、このとき推古天皇には馬子の要求を拒む理由は何ひとつ無かったはずである。推古天皇が断固拒絶していることから考えると、葛城の県は馬子の本拠地ではなく既述したように饒速日命（物部氏）の根拠地であったと考えられる。蘇我氏は倭国の東征に激しく抵抗した饒速日命の部下であった登美能那賀須泥毘古の王統と推測され、饒速日命の王統とは姻戚関係にあったと思われる。

また蘇我氏の出自については、百済の貴族であった木満致の名前が蘇我満智と似ていることから同一人物とする説が見られる。この説は『三国史記』「百済本紀」に「高句麗から攻撃を受けた百済の第21代・蓋鹵王（在位：455～475年）が子の文周に木劦満致（劦は刕かもしれない）を付随させて南へ逃がした」と記されていることから、つまり、「南に逃がした」の意味を「朝鮮半島から日本へ渡来した」と解釈する説である。

『日本書紀』応神天皇紀には木満致に関して次の記述がある。

【廿五年、百濟直支王薨、卽子久爾辛立爲王。王年幼、木滿致執國政、與王母相婬、多行無禮、天皇聞而召之。『百濟記』云、木滿致者、是木羅斤資討新羅時、娶其國婦而所生也。以其父功、專於任那、來入我國。往還貴國、承制天朝、執我國政、權重當世。然天朝聞其暴召之。廿八年秋九月、高麗王遣使朝貢、因以上表。其表曰「高麗王、教日本國也。」時太子菟道稚郎子讀其表、怒之責高麗之使、以表狀無禮、則破其表。】

《(応神天皇即位)25年、百済の直支王(とき おう)が薨(みまか)った、すぐに子の久爾辛(くにしん)を立て王とした。王は年幼であり、木満致が国政を執行した、(木満致は)王母と相淫し、無礼(ぶれい)な行いが多かった。天皇はそれを聞き召喚した。『百済記』にいう、木満致は、木羅斤資(もくらこんし)が新羅を討伐した時に、その国の女性を娶り生まれた子である。其の父の功によって、任那を専横して、我が国(百済)へ入ってきた。貴国(倭国)を往復して、天朝(朝廷)から制(みことのり)を賜り、我が国(百済)の政治を執行し、常に権力を笠に着て押さえつけた。当然ながら天朝はその暴政を聞き(木満致を)召喚した。(応神天皇即位)28年秋9月、高麗王が使者を派遣して朝貢して、上表(じょうひょう)した。其の表(文書)に言う「高麗王、日本国に教示する」と。時の皇太子の菟道稚郎子(うじのわかいらつこ)は其の表を読み、怒り高麗の使者を責めた、そして表が無礼であるとして、その表(文書)を直ぐに破いた》

直支王は百済の第18代・腆支王（在位：405～420年）とされる。

ところが前述した『三国史記』「百済本紀」の蓋鹵王時代の木劦満致とは時代が異なっているのである。また『日本書紀』の百済の木満致に関しての記事のあとには、高麗（高句麗）の話が記述されており、この中に「日本国」の名が出てくる。後述するが、我が国が国名を「倭国」から「日本国」に変更したのは白村江の戦いの敗北後（663年以降）のことである。そのことから『日本書紀』応神天皇紀の木満致の話は創作された可能性が極めて高い。

朝鮮半島には満智に似た名前が多かったと見られ、『日本書紀』天智天皇紀の中にも【百済遣達率萬智等進調獻物】「百済は達率（二品官）の萬智らを派遣して貢物を献じた」とあり萬智（万智）の名が見える。

我が国には国家滅亡により秦、後漢、魏、高句麗、新羅、百済などの王族の子孫が多く渡来している。秦、後漢の帝室の後裔は邪馬台国時代には既に本州において大きな勢力を形成しており、渡来してからの歴史は百済、高句麗、新羅の王族と比較してはるかに古く別格の存在であった。天皇はそのため秦、後漢の王族の娘を皇后としたのであって、当時の天皇家（大王家）が百済の一将軍でしかない木満致の血筋の娘を后（妃）とした可能性は低いと言わざるを得ない。

蘇我馬子についてては次の説も考えられる。

『日本書紀』推古天皇紀には唐の使者・裴世清（正しくは隋の使者）に随行した使者を小野妹

子としており、中国名を蘇因高としている。この中国名は蘇因高とも読むことができ、蘇我馬子の名前と酷似している。そのことから蘇我馬子＝小野妹子とする説がある。小野妹子は冠位十二階の制定期間（603〜648年）において最上位の大徳（大徳）に進んでいる。大徳まで進んだのは小野妹子、境部雄摩侶、大伴咋の三人しかいない。境部雄摩侶は馬子の弟である境部摩理勢の親族である。雄摩侶は推古天皇の治世において中臣国と共に新羅征討軍の大将軍に任命された人物である。また小野妹子には毛人という子があったと記述されている。したがって蘇我馬子を小野妹子と書き変えた可能性が考えられる。いずれにしても武内宿祢を始祖とする蘇我氏の出自については謎が多いが、後漢の帝室の後裔であったことはほぼ間違いないであろう。

7 百済王家

東征以前の大王家（天皇家）は狗奴国（後の藤原氏）、奴国（後の大友氏）の王統のみと婚姻関係を有していた。東征によって畿内を支配下に置くと天皇家は秦（後の物部氏）及び後漢（後の蘇我氏）の王統の娘を后妃とした。ところが、その後天皇家は物部氏、蘇我氏によって皇位を奪われそうになったことから同祖である藤原氏との関係を再び強めていったのである。『日本書紀』は持統天皇の治世までしか記述していないが、そのあとに天皇家と姻戚関係ができた王家がもうひとつ存在している。

第50代・桓武天皇（在位：781～806年）の母親である高野新笠が光仁天皇（在位：770～781年）の夫人となっている。

『続日本紀』（797年成立）には次のように記述されている。

【今上即位、尊為皇太夫人。九年追上尊号、日皇太后。其百済遠祖都慕王者、河伯之女感日精而所生。皇太后即其後也。】

「今上（桓武天皇）が即位すると、皇太夫人と尊敬された。延暦9年（790年）に（崩御したので）追って皇太后の尊号が贈られた。百済の遠祖の都慕王は河伯の女（娘）が太陽の精を感じて生まれた。すなわち皇太后はその子孫である」

百済最後の王である第31代・義慈王（在位：641～660年）の子の豊璋と弟の善光は人質として倭国に滞在していた。百済滅亡後に豊璋は百済を復興するため帰国したが、白村江の戦いで敗れ、高句麗へ逃れたが高句麗が唐によって滅ぼされると捕らえられて嶺南（中国華南地域）地方へと流刑となった。一方、善光は倭国に留まり帰化して和氏の祖となった。善光は百済王の氏姓を与えられ、既存の豪族と同等の待遇を受け冠位は正広肆（三位に相当）

まで進んだ。高野新笠の先祖が善光である。百済の初代の王は温祚王（在位：紀元前18〜28年）である。

『新撰姓氏録』には善光の主な子孫として和朝臣、百済朝臣、百済公、菅野朝臣の名が見られ、いずれも出自として扶余を建国した都慕王（東明王）としている。善光の子孫である和氏は記録などの職務を行う「史」であったので『記・紀』の編纂にかかわっていた可能性がある。百済の建国は紀元前18年であるが、ことさら先祖を都慕王（扶余の建国は紀元前4世紀頃）としているのは、天皇家を形成した王統の歴史が極めて古く、見劣りがしないように始祖を都慕王としたのではないかと推測される。

第13章　中国の冊封体制

1 中国の対外政策

中国史上初めて全土統一を成し遂げて中央集権国家となった超大国・秦へ周辺諸国は朝貢にやってくるようになった。そして次の前漢時代になると周辺諸国に官位を与えて君臣関係を結び藩国とする対外政策がとられた。この政策は途中途絶えることもあったが清王朝（１６１６～１９１２年）まで連綿と引き継がれたのである。我が国ではこれを冊封体制と呼んでいる。

『史記』「律書」には【南越、朝鮮自全秦時内屬為臣子。】「南越、朝鮮は全盛の秦の時から従属し、臣子（臣下）となった」と記述されており冊封体制は秦の始皇帝時代から始まったのであるが、一般的には紀元前１９６年に前漢から南越王の称号と印綬を下賜された南越国（紀元前２０３～紀元前１１１年）に始まるとされている。

超大国・中国と君臣関係を結んだ冊封国（藩国）は、その庇護(ひご)下に入ることができた。しかしながら中国王朝が強盛になると藩国は直轄地にされかねない恐れがあったのである。前述した南越国、朝鮮国（衛氏朝鮮）は強盛となった前漢の武帝時代に共に中国に併合されているのである。

2 倭国王の爵位

東アジアにおいて倭国より早く王の称号を得ていたのは扶余系民族の高句麗国であった。高句麗は前漢の時代に度々背いたため、新の皇帝・王莽（在位：8〜23年）に討伐されて格下げとなり、高句麗侯から下句麗侯と表記されていた。しかし後漢の光武帝の建武8年（32年）に朝貢を行い再び高句麗侯の称号を得たのである。その後、中国では後漢が滅亡して三国時代（魏、呉、蜀）となり蜀は魏に滅ぼされ、魏は司馬炎に禅譲して晋（西晋）に変わり、晋は宿敵であった呉を滅ぼして全土統一を成し遂げた。ところが、やがて晋（西晋）も北方民族によって滅ぼされて中国は再び華北、華南に分断され、南北対立時代に入り中国の外域に対する軍事力は低下した。そのため周辺国家は自国の領土を拡大しようと動いた。

「倭の五王」が朝鮮半島にあった旧領土を奪還するために遠征を繰り返し、また南朝へ除爵を求めたのもこの時代であった。

倭国王、高句麗国王、百済国王の将軍号を第16表に示した。

将軍位は種類が多いが上から大将軍、驃騎（ひょうき）将軍、車騎将軍があり、中国から見て東にあった国には、前記将軍の下位にあたる征東将軍、鎮東将軍、安東将軍の称号が与えられた。また各将軍位には大将軍、将軍の二つのランクがあった。第16表の各国の将軍位は時代により下位の将軍位になっているところがあるが、これは前王が亡くなり新王が新たに将軍に除正されたためである。

のちに朝鮮半島で大国となる新羅はこの時は爵位もない小国であった。しかし勢力を

第16表　各国の王の将軍号

西暦	倭国王	高句麗国王	百済国王	宗主国
372年			鎮東将軍	（南朝）東晋 317～420年
386			鎮東将軍	
413		征東将軍		
416		征東大将軍		
417			鎮東将軍	
420		征東大将軍	鎮東大将軍	宋 420～479年
421	安東将軍			
425			鎮東大将軍	
438	安東将軍			
443	安東将軍			
451	安東大将軍			
462	安東将軍			
463		車騎大将軍		
478	安東将軍			
479	鎮東大将軍	驃騎大将軍		斉 479～502年
494		征東大将軍	鎮東大将軍	
502	征東大将軍	車騎大将軍	征東大将軍	
503				梁 502～557年

急速に拡大させて、５２１年の初めての朝貢から僅か70年ほどで開府が許される上開府楽浪郡公まで爵位を進めたのである。

『梁書』新羅伝には次のように記述されている。

【新羅者、其先本辰韓種也。辰韓亦曰秦韓、相去萬里、傳言秦世亡人避役來適馬韓、馬韓亦割其東界居之。……(中略)……辰韓始有六國、稍分爲十二。新羅則其一也。其國在百濟東南五千餘里。其地東濱大海、南北與句驪百濟接。魏時曰新盧、宋時曰新羅、或曰斯羅。其國小、不能自通使聘。普通二年、王姓募名秦、始使使隨百濟奉獻方物。……(中略)……無文字、刻木爲信。語言待百濟而後通焉。】

「新羅は、元々先祖は辰韓の一種である。辰韓はまた秦韓というが、相違は大きい、伝承によれば秦の時に使役を避けた逃亡民が馬韓に来たと伝えられ、馬韓は東界（東の領土）を割いて居住させた。……(中略)……辰韓は初め６ヵ国であったが、しばらくして12ヵ国となった。新羅はそのひとつである。其の国は百済の東南５０００余里にあり、その地の東浜は大海と、南北は高句麗、百済と接している。魏の時代は新盧と言い、（南朝の）宋の時代は新羅と言い、或いは斯羅と言った。其の国は小さく、自ら使聘（使者を送り貢献すること）ができなかった。梁の普通２年（５２１年）、王姓は募、名は秦（＝法興王）

が、初めて使者を百済に付随させて方物を奉献した。……(中略)……文字が無く、木に刻み通信している。言語は百済の通訳が訳すのを待って通じる」

『梁書』は新羅について「文字が無く、木に刻み通信している」と記述しているが間違いである。辰韓は秦から亡命した人々がつくった国であるので秦時代から既に漢字を使っていた。『梁書』より前に成立した『後漢書』には新羅の文字に関して【其名國爲邦、弓爲弧、賊爲寇】「(辰韓では)国を邦と書き、弓を弧と書き、賊を寇と書く」と記述している。

当時、南朝の梁で使われていた文字と辰韓の文字が大きく異なっていたので通訳が必要であったのである。「無文字である」とするのは中国において相手を蔑む時に使う常套句であった。同様な記述は倭国のことを記録した『隋書』にも見られるのである。藩国の王を酋長(未開地の族長)と記すのも同じ意図があるのである。

新羅について『隋書』は百済を攻撃するほど急速に強盛となったと次のように記述している。

【開皇十四年、遣使貢方物。高祖拜真平、爲上開府樂浪郡公新羅王。其先附庸於百濟、後因百濟征高麗、高麗人不堪戎役、相率歸之、遂致強盛、因襲百濟附庸於迦羅國。】

「(新羅王・真平は)開皇14年(594年)、遣使して方物を貢いだ。高祖(楊堅)は真平を謁見して、上開府、楽浪郡公、新羅王とした。以前の（新羅は）百済に従属していたが、後に百済が高麗（高句麗）を討って、高麗人を兵役に付けたが堪えられず、これらを引き連れて帰ったので、遂に強盛となり、因って百済を襲撃して迦羅国を附庸（属国と）した」

高句麗、百済、新羅は北朝にも朝貢しているが、倭国は北朝の国には朝貢を行わなかった。その理由は、北朝の国々を正統な王朝とは認めていなかったためである。「倭の五王」の時代において、ライバルであった高句麗、百済の官位は倭国よりも常に上位に置かれていたことから倭国王は中国に対し、強い不満を抱いていたと思われる。

４７８年、【武】（神武天皇）は宋の順帝に送った上表文の中で開府儀同三司の除正を強く請願している。しかし、その願いは叶わなかった。そのため【武】は畿内を平定して橿原宮において即位すると南朝に見切りを付け朝貢を中止した。そして天皇家（大王家）は次第に冊封体制からの離脱を目指すようになっていったのである。

儀同三司とは三公と同等の待遇を有するという意味であり、三公とは皇帝を補佐した最高位の官職をいった。古代中国では帝王（天子）の統治を助け、補佐するために三公が置かれていた。周時代には太師、太傅、太保と呼ばれ、これが秦、漢においては丞相（司徒：現在の首相に相当する）、太尉（司馬：国防大臣に相当する）、御史大夫（司空：内務大臣に相当する）と呼ばれた。開府とは役所（幕府）を設けて属官を置くことである。簡単に言えば、【武】は開府儀同三司の称号を中国から得て、我が国において中国のミニチュア版天子になることを目指したのである。ところが開府儀同三司の叙位が叶わなかったために我が国は中国と一線を画し、次第に独立独歩の道を目指すことになるのである。

４７９年、蕭道成（高帝）が宋（南宋）を滅ぼし、斉（南斉）を建国すると建元（４７９～４８１年）中に【武】の号を持節督倭・新羅・任那・伽羅・秦韓・慕韓六国諸軍事・鎮東大将軍に進めている。しかしながら朝貢のことは記録されていない。５０２年、斉が滅亡して梁（南梁）に変わると、初代皇帝・武帝（蕭衍）は倭国王・【武】を征東大将軍に進め、高句麗王・高雲（文咨明王）を車騎大将軍に進め、百済王・余隆（武寧王）を征東大将軍に進めている。これは即位を祝い大盤振る舞いをして進号させたからである。

余談になるが、南朝・梁時代に作られた『職貢図』と呼ばれる絵図が残されている。この絵図は南朝・梁の武帝の七男の蕭繹（後の元帝）が荊州刺史であった時に、中国周辺諸国の進貢（朝貢）の様子を描かせたと伝えられている。

この絵図では倭国の使者は裸足で服装もみすぼらしく描かれている。梁は進号させたにもかかわらず朝貢を行わない倭国に対し意趣返しで描いたとしか考えられない絵図となっている。あるいは蕭繹が倭国について全く無知であったのかもしれない。

話はさらに飛ぶが、『梁書』（６２９年成立）は姚察（５３３～６０６年）と息子の姚思廉（５５７～６３７年）によって編纂された史書である。姚察は南朝の梁、陳及び隋に仕えた官僚、歴史家であり、姚思廉は隋、唐に仕えた官僚、歴史家であった。『梁書』は『漢書』、『魏略』、『魏志倭人伝』、『後漢書』、『宋書』などの史書の記述を載せたもので新しい内容のものはないが、倭国について次のように記述している箇所がある。

【有獣如牛、名山鼠。又有大蛇呑此獣。蛇皮堅不可斫、其上有孔、乍開乍閉、時或有光、射之中、蛇則死矣。物産略與儋耳、朱崖同。】

「（倭には）牛のような、山鼠という名の獣がいる。また大蛇がおり、この獣を呑む。蛇の皮は堅く切ることはできない、其上（頭）に孔があり、開いたり閉じたりしながら、時に光を発する、これ（孔）を射って当てれば、蛇はすぐに死ぬ。産物は略儋耳、朱崖と同じである」

原文中の【儋耳、朱崖】は現在の中国・海南島及びその周辺地域を指す。

『梁書』は、このように荒唐無稽と思える事を潤色して倭国伝に挿入している。また儋耳、朱崖のことをわざわざ挿入したのは倭国が未開の地であることを強調するためであったと思われる。『梁書』の記述は『職貢図』と同じ意図があったものと推測されるのである。歴史家としてこの二人のレベルは低いと思わざるを得ない。

第14章　隋の建国と冊封体制の強化

1 隋の南北統一

３０４年、匈奴の劉淵が晋（西晋）から独立して華北に漢（前趙）を興起してから４３９年の北魏による華北統一までを五胡十六国時代と呼ぶ。この時代において華北には五胡（匈奴(きょうど)・鮮卑(せんぴ)・羯(けつ)・氐(てい)・羌(きょう)）と呼ばれる騎馬遊牧民族が入り乱れて多くの国が興亡した。匈奴、鮮卑、羯は北方系遊牧民であり氐、羌はチベット系の遊牧民族である。

華北では鮮卑族の拓跋(たくばつ)氏が建国した北魏(ほくぎ)（３８６～５３４年）が華北を統一して五胡十六国時代は終わった。その後、北魏は東魏（５３４～５５０年）と西魏（５３５～５５６年）に分裂し、東魏に取って代わったのが北斉(ほくせい)（５５０～５７７年）であり、西魏に取って代わったのが北周(ほくしゅう)（５５６～５８１年）であった。これらの国家は漢人化した鮮卑系遊牧民族が建てた国家であった。

５７７年、北斉を滅ぼして華北を統一した北周は鮮卑系の宇文(うぶん)氏によって建国された。北周の大司馬、大将軍であった楊忠(ようちゅう)の長子である楊堅(ようけん)（５４１～６０４年）が次第に頭角を現した。父親の功績により、僅か16歳で驃騎大将軍、開府儀同三司に進んだ楊堅は、その後北周の実権を握り相国（現在の首相にあたる）となり、僅か8歳の静帝に禅譲させて隋（581～618年）を興した。

そのあと文帝（楊堅）は静帝など北周の皇族である宇文氏一門を皆殺しにしている。文帝は仏教を保護し、仏教を利用して人心収攬をはかり統治を行ったが仏教教団には厳しい国家統制を行った。

589年、文帝は大軍を南下させて、南朝の陳を降伏させ、約150年間続いた南北分裂時代に終止符を打った。中国全土が一元化されたのは実に約300年ぶりのことであった。

文帝は中央官制を三省六部とし、律令（法律）を簡素化する大改革を行った。この政治体制は後の王朝に大きな影響を与え続けた。またインフラの整備（運河の建設など）を行った。さらに貴族によって握られていた官吏任命権（任子制）を廃止して、一般からも優秀な人材を採用する官吏登用試験制度（選挙、後の科挙）を制定した。これらの政策は「開皇の治」と呼ばれ、次の王朝である唐へと引き継がれることになるのである。

2 冊封体制の再建強化

文帝は箍が緩んでいた冊封体制を再建強化するために次第に周辺諸国への圧力を強めていっ

た。百済は開皇初（581年）にいち早く使者を派遣して冊封を願い、上開府帯方郡公・百済王に冊封された。高句麗は南北朝時代には南北両朝に朝貢を行っていたが隋が建国されると朝貢して大将軍遼東郡公に叙正された（581年）。また新羅は開皇14年（594年）に朝貢して、上開府楽浪郡公・新羅王に冊封された。

589年、文帝が南朝の陳を滅ぼして全土統一を果たすと高句麗の平原王（在位：559～590年）は隋の軍事力を恐れて防衛策を講じた。これに対し文帝は詔書を送り咎めたので平原王は謝罪しようとしたが急死した。

590年、文帝は平原王の跡を継いだ嬰陽王（在位：590～618年）を上開府儀同三司・遼東郡公に叙正したので、嬰陽王は謝恩をあらわして冊封を請願した。同年3月、文帝は冊封を許し嬰陽王を高句麗王に叙正した。

6世紀末、高句麗は靺鞨を従属させていたが、一部の靺鞨（粟末靺鞨）が隋の遼西地域へ逃げ込んで高句麗を攻撃したため高句麗は遼西へ進攻して隋の領地を侵した。この事件を知った文帝は、598年、高句麗の官爵を剥奪して高句麗討伐を決めたのであった。

一方、我が国は隋に従属する姿勢を見せなかった。

『隋書』には次のように記録されている。

【開皇二十年、俀王姓阿毎、字多利思北孤、號阿輩雞彌、遣使詣闕。上令所司訪其風俗。使者言俀王以天為兄、以日為弟。天未明時出聽政、跏趺坐、日出便停理務、云委我弟。……（中略）……王妻號雞彌、後宮有女六七百人。名太子爲利歌彌多弗利。】

「開皇20年（600年）、俀王（倭王）の姓は阿毎、字は多利思北孤、号は阿輩雞彌、使者を遣わし闕（宮殿）に詣でた。上（高祖：楊堅）は所司（役人）にその風俗について尋ねさせた。使者がいうには俀王は天を以て兄としており、日を以て弟としている。天が明ける前に、（倭王は）跏趺坐して政を聴き（政治を行い）、日が明けると仕事を止めて、弟に政を任せている……（中略）……王の妻の号は雞彌である、後宮には女性が600～700人いる。太子の名は利歌彌多弗利という」

『隋書』の【多利思北孤】の「北孤」は他の史書では「比孤」（彦）となっており【多利思比孤】が正しいと見られている。多利思比孤の「多利思」は神功皇后（息長帯比売命、気長足姫尊）、仲哀天皇（帯中日子天皇、足仲彦天皇）など邪馬台国の王名に見られる「帯、足」と同じ意味と見られる。つまり【多利思比孤】は邪馬台国の領土を継承した人物だったと推測されるのである。また太子の【利歌彌多弗利】の「利」は「和」と記述している史書（『翰苑』：唐時代に成立）が存在していることから、我が国の古代において皇族の血統を示す「わかんどおり」の意味と考えられている。

「阿毎」の拼音は（ā-měi）であり「天」の意味である。【阿輩雞彌】の拼音は（ā-bèi-jī-mí）であるが、大王の意味と考えられている。跏趺坐とは結跏趺坐の略であり如来像の座り方をいう。

使者が開皇20年に伝えたよくわからない内容も「日」を「中国皇帝」（又は中国）に置き代えて訳すと次のように読めるのである。

「倭王は天を以て兄としており、日（中国皇帝）を以て弟としている。天が明ける前に、（倭王は）跏趺坐して政を聴き、中国に日が明けると（倭国は夜となるので）倭王は政（政務）を止めて、我が弟（中国皇帝）に政を任せている」の意味となる。

多利思比孤の使者の説明に対し『隋書』は【高祖曰「此太無義理。」於是訓令改之。】『高祖は「これは全く道理に適っていない」と言った。そこで訓令（命令）によって改めさせた』と記述している。「道理に適っていない」としていることから、「蛮夷の小国が意味不明なことを言っている」と解釈したのであろうと推測される。

６０７年、多利思比孤は隋の第2代皇帝・煬帝に対し有名な国書を送った。これによって６００年に使者が文帝に伝えた真意が明らかとなる。『隋書』には次のように記録されている。

【其國書曰「日出處天子、致書日沒處天子、無恙」云云。帝覽之不悅、謂鴻臚卿曰「蠻夷書有無禮者、勿復以聞。」】

『其の国書に曰く「日の出ずる處の天子、書を日の没する處の天子に送る、恙なしや（如何にお過ごしか？）」云云。皇帝これを覽て悦ばず、鴻臚卿に「蛮夷の書に無禮あり、（倭国の国書を）二度と取りつぐな」と言った』

鴻臚卿とは外国使節（及び賓客）への対応、接待、儀礼を担当した役所の長官のことである。司馬遷の『史記』「匈奴列伝」には匈奴の大単于と漢の孝文皇帝（文帝：紀元前180～紀元前157年）が互いに国書を取り交わした時の文体が残されており、大単于から皇帝へ【天所立匈奴大單于敬問皇帝、無恙。】「天所に立つ匈奴の大単于から敬んで皇帝に問う、恙なしや」からはじまっている。これに対し孝文皇帝は【皇帝敬問匈奴大單于、無恙。】「皇帝敬んで匈奴の大単于に問う、恙なしや」と返答している。つまり互いに「敬」（敬んで）という言葉を使っているのである。対等な国だからこそ相手に敬意を払う文面となっているのである。

ところが大王・多利思比孤の国書には相手に対する敬意が見られず、当時の常識からは外れたものであった。多利思比孤の国書には「我が国（倭国）は周時代の大夫（諸侯）であった国家であり、隋朝よりも遥かに歴史が古く格上の国家である」との意図が窺えるのである。

一方、中国は世界の中心であり「天子」を名乗ることできるのは中国皇帝だけだと考えていた煬帝にとって、倭国の国書は極めて不愉快なものであったといえよう。さらに、あたかも日没前（没落前）の王朝であるかのような文章表現に不愉快を通り越して激怒したのであった。

煬帝が激怒したことは『隋書』によって明白である。

その理由の一つは、倭国の国名を【俀国】と記録させていることである。

1716年に編纂された『康熙字典』には「俀」の意味は「弱也」とある。

煬帝は高句麗を討伐したあと、次の標的を倭国に定めていたことは間違いなく、そのため予め弱い国（俀国）と記録させたと推測されるのである。

二つ目の理由は我が国について、

【無文字、唯刻木結繩。敬佛法、於百濟求得佛經、始有文字。】

「無文字であり、ただ刻木、結縄によって伝える。仏法（仏教）を敬い、百済において仏経を求め得て、初めて文字を有した」

と記録させていることである。「無文字である」とする表現は中国側が相手を蔑む時に使う常套句であり、同様の表現が『梁書』新羅伝にも見られるのである。

当時、北朝の国家は南朝の国家に対し偏見を持っていた。北斉の学者、文人であった魏収（506~572年）が著した『魏書』（北魏の正史）には次のように記述されている箇所がある。

【中原冠帯呼江東之人、皆為貉子、若狐貉類雲。巴、蜀、蠻、獠、溪、俚、楚、越、鳥聲禽呼、言語不同、猴蛇魚鱉、嗜欲皆異。】

「中原の冠帯（宮廷人）は江東（揚子江下流域の地域：南朝を指す）の人を、皆貉子と呼ぶ、キツネやムジナと同じという意味である。巴、蜀、蠻、獠、溪、俚、楚、越（の人）は、鳥の鳴き声のようにしゃべり、言語は同じではない（言語は通じない）、猴、蛇、魚、鱉を食べ、嗜好は皆異なっている」

当然ながら煬帝は倭人の出自は知っており倭国を見下していたに違いない。

三つ目の理由は、激怒した翌年には、即ち大業4年（６０８年）に煬帝は倭国に使者（裴清）を派遣していることである。隋が派遣した文林郎・裴清の官位は9品程度だったと推測される。これは邪馬台国・卑弥呼の時代に帯方郡太守の弓遵が派遣した建中校尉・梯儁及び唐朝が倭国に派遣した新州刺史・高表仁の官位と比較して特に低かったと見られるのである。煬帝にとって弱小国家である倭国には官位の低い使者で十分であり、倭国で害される（殺される）ことになれば攻撃の口実に使えるとの意図があったことは間違いない。この派遣は「冊封体制に入らなければ武力を使う」という煬帝の最後通告だったと考えられるのである。

一方、大王・多利思比孤は、朝鮮半島には高句麗があり、隋は容易に倭国を攻撃できないであろうとの読みがあったと思われる。

3 使者の渡来経路と到着場所

裴清が来日した時期と経路は『隋書』及び『三国史記』「百済本紀」に記録されている。

『隋書』は次のように記録している。

【上遣文林郎裴清使於俀國。度百濟、行至竹島、南望耽羅國、經都斯麻國、迥在大海中。又東至一支國、又至竹斯國、又東至秦王國。其人同於華夏、以爲夷洲、疑不能明也。又經十餘國、達於海岸。自竹斯國以東、皆附庸於俀。】

「上（煬帝）は文林郎の裴清を使者として俀国（倭国）へ派遣した。百済に渡り、竹島に至り、南に耽羅(たんら)国を望み、都斯麻(つしま)国（対馬国）を経て、遥か大海中にあって。東へ（航行して）一支(いき)国（壱岐国）に至る、又(また)（航行して）竹斯(ちくし)国に至る、又東へ秦王国に至る。其の人々は華夏（中国人）と同じであるが夷洲となっている、疑うも解明は不可能である。又十余国を経て、海岸へ到達した。竹斯国から東側は、皆(みな)俀（倭国）に属している」

『三国史記』「百済本紀」は次のように記述している。

【九年春三月、遣使入隋朝貢。隋文林郎裴清奉使倭國、經我國南路。】

「(武王の)9年(608年)春3月、使者を隋に遣わし朝貢した。隋の文林郎・裴清は倭国への使者を仰せつかり、我が国(百済)の南路を通過した」

原文中の【聃羅國】(耽羅国)とは現在の済州島に存在した国家である。方位については、まだ方位磁石が実用化されていなかったので太陽が昇る方向を見て記録したと考えられる。旧暦3月(現在の3月下旬から5月上旬にあたる)の日の出方向は、真東方向から北方向へ20度ほどのずれがある。それを考慮して方位を考えていただきたい。竹斯国は筑紫国の事であり現在の福岡県の東部を除いた領域を指した。竹斯国(筑紫国)より東へ進み秦王国に至るとある。この秦王国とは現在の福岡県遠賀町、水巻町から中間市付近に存在していた国家と見られる。この頃、朝鮮半島では高句麗、新羅の勢力拡大により加羅、任那諸国が圧迫され、さらに任那の滅亡(562年)などによって多くの人々が朝鮮半島から九州北部の遠賀川周辺へ渡来して邑を形成していたと推測される。

夷洲とは、一般的に台湾のことを指すが、日本、南西諸島を指す場合もあり、ここでは日本

（九州）を指している。人々は華夏（華夏民族＝中国人）と同様（の服装）をしているが、華夏民族であるかどうかの解明は不可能であるとしている。

『隋書』は倭国の首都について【都於邪靡堆、則魏志所謂邪馬臺者也。】「都は邪靡堆（ヤマト）である、すなわち魏志（『魏志倭人伝』）の言うところの邪馬臺（邪馬台）である」と記述している。大王・多利思比孤の時代には我が国は江戸時代の藩のように王族、豪族はそれぞれ領地を所有していたのである。大王・多利思比孤は邪馬台国王の子孫であり、火国（ひのくに）（現在の熊本平野）を領地としていたと考えられる。『隋書』には阿蘇山があると記述されていることから秦王国から十余国を通り、有明海側に出て現在の熊本市にあった宮殿（館）に到着して会談が行われたと考えられるのである。

会談場所について『日本書紀』は現在の大阪市の中にあった難波津（なにわつ）と曲筆している。もしも難波津であれば、古代において瀬戸内海航路の寄港地であった周防上関（かみのせき）（山口県上関町）、安芸蒲刈（かまがり）（広島県呉市）、備後鞆ノ浦（広島県福山市）、備前牛窓（岡山県瀬戸内市牛窓町（うしまどちょう））、播磨室津（兵庫県たつの市御津町室津）摂津兵庫（明石浦）、大伴の御津（＝現・大阪湾）のいずれかの港に寄港したはずであるが、『隋書』にはいずれの港名も記録されてはいない。

4 大王・多利思比孤と裴清の会談

『隋書』は多利思比孤と裴清の会談を次のように記録している。

【其王與清相見、大悦、曰「我聞海西有大隋、禮義之國、故遣朝貢。我夷人、僻在海隅、不聞禮義、是以稽留境内、不即相見。今故清道飾館、以待大使。冀聞大國惟新之化。」】

『その王（多利思比孤）は清（裴清）と相見（しょうけん）（面会）して、大いに悦び、「私は海西にある大国の隋は、礼儀の国と聞いている、故に遣使して朝貢した。私は夷人にして、海隅（かいぐう）の僻地に在り、礼儀を知らないので、境内（宮殿）に留まり、直ぐに面会できなかった。今ここに道を清め、館（やかた）を飾り、以て大使を待っていた。大国維新の化を聞かせて欲しい」と言った』

会談では大王・多利思比孤が裴清に大国の惟新（いしん）（維新）の化（新しく国を興すときに必要な思想や諸施策などの意味）を聞かせてほしいと要求している。

しかしながら裴清はこの要求には答えず【皇帝徳並二儀、澤流四海。以王慕化、故遣行人來此宣諭】「皇帝の徳は二儀（天と地）と四海（東西南北の果て）にまで及んでいる。（倭）王が（皇帝）を慕うことが化であり、故に使者をここに派遣して宣諭するのである」と言い、また多利思比孤の方も朝貢を続けるとも言わず、結局会談は噛み合わず、不成功に終わったのであった。

会談が終了して裴清は宿舎に入ったが、さらに人を遣わして多利思比孤へ【朝命既達、請即戒塗。】「朝命は既に伝えた、即ち道を誤らないことを願う」と重ねて勧告している。裴清は冊封体制に入らなければ攻撃を受けることになるであろうと伝えたかったのだと推測される。『隋書』には、このあと【復令使者随清來貢方物。此後遂絶。】「（倭国は）再び使者を裴清に付随させて方物を貢ぎ、やって来た。此の後遂に（通交は）絶えた」と記述されていることから国交断絶に至ったと考えられる。

ところが不思議なことに、『隋書』「煬帝紀」には2年後の大業6年（610年）、倭国は使者を派遣して方物を貢いだと記述されているのである。つまり中国の史書には矛盾する二つの記録が残されているのである。

5 『日本書紀』の曲筆

『隋書』に記録されている大王・多利思比孤、及び太子の利歌彌多弗利の名は我が国の正史である『日本書紀』には全く記述されていないのである。

『日本書紀』推古天皇紀に記述された歓迎の様子を見てみよう。

「(推古天皇)即位16年(608年)夏4月、小野臣妹子が大唐から戻ってきた。唐国での妹子臣の号は蘇因高という。大唐の使者の裴世清及び下役12人に、妹子臣が付き添い筑紫に到着した。難波吉士雄成を派遣して、大唐の賓客・裴世清たちを接待させた。更に唐客のために難波の高麗館の上に新館を造った。6月壬寅朔丙辰(15日)、賓客たちは難波津に宿泊した。この日は飾船30艘をもって江口(現在の東淀川区にあった地名)で賓客たちを迎え、新館に滞在させた。ここにおいて、中臣宮地連烏磨呂、大河内直糠手、船史王平を賓客の担当役とした」

更に『日本書紀』は裴世清が宮中において、皇帝の国書を奏上したと次のように記述している。

【於是、大唐之國信物、置於庭中。時、使主裴世清、親持書兩度再拜、言上使旨而立之。其書曰「皇帝問倭皇。使人長吏大禮蘇因高等至具懷。朕、欽承寶命、臨仰區宇、思弘德化、覃被含靈、愛育之情、無隔遐邇。知皇介居海表、撫寧民庶、境内安樂、風俗融和、深氣至誠、遠脩朝貢。丹款之美、朕有嘉焉。稍暄、比如常也。故、遣鴻臚寺掌客裴世清等、稍宣

往意、幷送物如別。」】

『ここにおいて、大唐の国の信物（贈物）を、庭の中に置いた。そして、使者の裴世清は、国書を身近に持ち二度再拝し、立って使者の目的を言上した。其の国書によると「皇帝は倭皇を慰問する。使者の長吏（高官）である大禮（大礼：冠位十二階中の五位にあたる）の蘇因高（＝小野妹子）たちは（唐に至り）考えを明らかにした。朕は寳命（天命の美称）を欽んで受け、区宇（天下）を統治し、徳化（徳の教え）の思想を広め、徳が含靈（全ての民族）に広がり、その愛育の情に遐邇（遠いと近い）の隔たりはない。倭皇が海表（海外）に住み、民庶（人民）を撫寧（安寧）させて、境内（中国の領域）を平穏にし、風俗を融和にして、誠の気質があり、遠方から朝貢を行ってきたことを知った。丹款（真心）が美しいことを、朕はめでたく思う。段々と暖かくなってきたので、鴻臚寺の掌客（使者の接待などを担当した官吏）の裴世清たちを派遣して、（朕の）考えを宣させた、併せ別に品物を送る」』

また裴世清等の帰国については次のように記述しているのである。

【九月辛未朔乙亥、饗客等於難波大郡。辛巳、唐客裴世清罷歸。則復以小野妹子臣爲大使、吉士雄成爲小使、福利爲通事、副于唐客而遣之。爰天皇聘唐帝、其辭曰「東天皇敬白西皇帝。使人鴻臚寺掌客裴世清等至、久憶方解。季秋薄冷、尊何如、想清悆。此卽如常。今遣大禮蘇因高・大禮乎那利等往。謹白不具。」】

『(推古天皇即位16年)9月5日、賓客を難波(なにわ)の大郡(おおごおり)で饗(もてな)した。11日、唐の賓客の裴世清は帰りました。また直ぐに小野妹子臣(おののいもこのおみ)を大使とし、吉士雄成(きしのおなり)を小使(副使)とし、福利(鞍作福利(くらつくりのふくり))を通事(通訳)とし、賓客に付き添わせて派遣した。爰(ここ)に天皇は唐の皇帝に厚く礼を尽くして、天皇のお言葉を伝えました。「東の天皇敬(うやま)いて西の皇帝に申し上げます。鴻臚寺の使者である裴世清たちが来邦して、久憶(くおく)(長く思っていたこと)を悟ることができました。季節は秋となり寒くなってきました、尊(皇帝)は如何お過ごしでしょうか?　想(おも)うに心清らかに楽しんでいることでしょう。こちらはいつものとおりです。今、大礼(だいらい)の蘇因高(小野妹子)、大礼の乎那利(おなり)(吉士雄成)などを派遣しました。気持ちを述べ尽くしておりませんが謹んで申し上げます」』

このように『日本書紀』は隋の使者を唐の使者と書き変え、会談した場所も大阪・難波と書き変え、さらに文林郎であった使者の官職も鴻臚(こうろ)寺の掌客に変えているのである。唐の皇帝(煬帝)が遠方から朝貢を行う倭国を慰撫するために使者を派遣して品物を下賜したと述べており、煬帝が激怒して倭国を俀国（弱い国）と書き変え、無文字の国家であると記述した『隋書』とは矛盾する内容となっているのである。

話を隋の使者に戻したい。『隋書』では「裴清」となっている。しかしながら『日本書紀』は使者の名を「裴世清」と記述している。その理由は唐の太宗の名が「世民」であるので唐時代に編纂された『隋書』には「世」の字が避諱（ひき）（皇帝の名前と同じ文字を使うことを避けること）されているので、実際の名は「裴世清」であったとしているのである。

しかしながら避諱する場合には「改字」、「空字」、「缺筆（けっぴつ）」の3通りがあった。「改字」とは、仮に「裴世清」が本名であったとした場合「世」を省略すると、全く別人となってしまうため「世」の異体字の卋（せい）や発音が同じ市や士を使い、裴卋清、裴市清、裴士清などに変えることである。「空字」とは「世」を空字にする場合であり、□や某を使い裴□清、裴某清とするのが一般的であった。「缺筆」とは文字の点画（てんかく）の一部を省くことである。

『日本書紀』を編纂した者は避諱のことをよく知っており、避諱されたとして逆に「世」の字を付加して裴世清に変えた可能性が高いのである。

裴世清の名前に関して宋代に成立した『太平御覧』は隋の使者の名前を「裴世清」としている。これは日本側が中国側にわざと裴世清であったとする情報を流したために中国側の類書（一種の百科事典）に記述されたと推測されるのである。

⑥ 多利思比孤は誰か？

大王・多利思比孤が初めて隋に遣使したのは西暦600年のことであり、文林郎・裴清と対面したのは608年のことである。この時の天皇は推古天皇（在位：593〜628年）であった。

唐時代の張楚金が編纂した『翰苑』（660年頃成立）には【王姓阿毎、其國號為阿輩雞彌、華言天兒也、父子相傳。長子號和哥彌多弗利、華言太子。】「王の姓は阿毎（天）、その国は阿輩雞彌（大王）を号とする、中国で言う天兒（天子）であり、父子で相伝する。長子は和哥彌多弗利と号し、中国で言う太子である」と記述されている。

『翰苑』、『通典』（801年成立）は和哥彌多弗利としており、『隋書』、『北史』（659年成立）は利哥彌多弗利と記述している。この一字の違いは大きな問題ではない。この和（利）哥彌多弗利（以下、利哥彌多弗利と記す）が重要なことは皇族の血筋を表す日本の古語「わかんどほり」を示していることである。この事実から中国の史書に記述された多利思比孤は皇族であったことは間違いなく、天皇と同等の権力者と見られていた人物に違いない。そのことから多利思比孤を推古天皇に当てる説も見られるが、推古天皇は女帝であるので多利思比孤に比定することはできない。

1060年に成立した『新唐書』「日本伝」には次のように記述されている箇所がある。

【次欽明。欽明之十一年、直梁承聖元年。次海達。次用明。亦曰、目多利思比孤、直隋開皇末、始與中國通。次崇峻。崇峻死、欽明之孫女、雄古立。】

「次は欽明。欽明の11年は、梁の承聖元年（552年）にあたる。次は海達（敏達）。次は用明。亦は目多利思比孤という、隋の開皇末（600年）に、初めて中国と通じた。次は崇峻。崇峻が死ぬと、欽明の孫女の、雄古（推古）が立った」

原文中の【目多利思比孤】の「目」は衍字（間違って入った不必要な文字）とする説がある。『通典』では「目」ではなく「自」となっている。衍字だとすれば用明天皇＝多利思比孤となる。ところが敏達が海達となっており、推古が雄古となっているのである。これらを簡単に説明すると、倭国側が意図的に紛らわしく、しかも誤った情報を唐朝へ伝えていたと推測されるのである。

多利思比孤を用明天皇に比定することは、次の二つの理由によって無理があると考えられるのである。

その一つ目の理由は、煬帝の治世の時には用明天皇は既に崩御していたからである。

『古事記』は用明天皇（橘豊日命）が崩御したのは丁未年（587年）としており、次の崇峻天皇（長谷部若雀天皇）が崩御したのは壬子年（592年）としている。また『日本書紀』には用明天皇が崩御したのは癸丑年（593年）としており、次の崇峻天皇が崩御したのは即位から5年後であると記述されているので598年頃に崩御したと推測される。このように『記・紀』の記述は互いに食い違っているのであるが、用明天皇は少なくとも癸丑年（593年）の年には崩御しており、600〜608年にかけて隋と通交することは不可能であることがわかるのである。

二つ目の理由は、大王・多利思比孤は『隋書』によれば600年に冠位十二階の制度を定めているとあるからである。冠位は上から⑴大徳、⑵小徳、⑶大仁、⑷小仁、⑸大義、⑹小義、⑺大禮、⑻小禮、⑼大智、⑽小智、⑾大信、⑿小信と記されている。

一方、推古天皇が初めて冠位十二階を定めたのは推古11年（603年）と記述されており、冠位は上から⑴大徳、⑵小徳、⑶大仁、⑷小仁、⑸大禮、⑹小禮、⑺大信、⑻小信、⑼大義、⑽小義、⑾大智、⑿小智であった。

このように推古天皇が定めたとされる冠位十二階は多利思比孤が定めた制度と酷似しているのである。結論を先に言えば、大王・多利思比孤は推古天皇の朝政に参画できた人物であり、推古天皇に次ぐ地位にあった人物だったと考えられるのである。

『日本書紀』推古天皇紀には【夏四月庚午朔己卯、立厩戸豊聰耳皇子爲皇太子、仍錄攝政、以萬機悉委焉。】「（推古天皇即位1年＝593年）夏4月10日（旧暦）、厩戸豊聰耳皇子（以下、厩戸皇子と称す）を皇太子とし、さらに摂政に任じ、万機（天皇の政務）を全て委ねた」と記述されているのである。

これに関して聖徳太子の伝記を記した『上宮聖徳太子傳補闕記』（平安時代初期に成立）には【小治田大宮御宇天王、以太子爲儲君、天下政事決於太子、太子即制十七條政事修國修身事。】「小治田大宮御宇天王（推古天皇）は、太子を以て儲君（皇太子）とした、天下の政事は太子によって決められ、太子は直ちに十七条（の憲法）を制定して、政事を行い、国を治め、身を修めるようにした」と記述されているのである。

十七条の憲法は厩戸皇子によって推古12年（６０４年）に制定されていることから大王・多利思比孤は厩戸皇子に比定されるのである。厩戸皇子は一般的には聖徳太子と呼ばれている人物である。

厩戸皇子は天皇に即位していないが、天皇を輔弼できる立場にあり、推古天皇の治世に政務を代行していた大王であった。

聖徳太子は『上宮聖徳太子傳補闕記』には【壬午年二月廿二日庚申、太子無病而薨、時年卌九】「壬午年（６２２年）2月22日庚申、太子は病なく薨じた、時に49歳であった」と記述されている。この記述に従えば、多利思比孤の生没年は５７３年から６２２年となるのである。聖徳太子の妃である膳大刀自（膳夫人：大刀自は夫人の意味）も前日（2月21日）に亡くなっている。そのことから暗殺された可能性が浮上するのである。大王・多利思比孤がどの天皇に比定されるのかについては後述する。

7 国姓の放棄

古代中国において姓（かばね）の「姫」は伝説の黄帝（こうてい）の姓であり、その後裔（子孫）である周王の姓であった。周王の血統を引き継ぐ句呉王（呉王）の後裔（子孫）である倭人達は我が国の九州に渡来して建国したのであった。そのため古代中国においては、倭国は倭漢共通の国称として「姫氏国」と呼ばれていたのである。その後、東征により畿内を制圧し畿内地域を支配下に置くと、畿内を支配していた秦の帝室の末裔の女性を皇后とした。そののち漢の帝室の末裔の女性を皇后としたため天皇家は周、秦、漢の血統を引き継ぐ王家となった。

多利思比孤は中国の冊封体制から離脱して新国家を目指していた。そして新たに姓を「阿毎」（あめ（あま））（天）としたのであった。ところが、その後「天」の姓を使うことができない事情が生じたことから天皇家は「姫」、「阿毎」（天）の姓も棄捨して二度と使うことはなかったのである。姓を放棄した理由は『記・紀』が神武天皇を初代の天皇に書き変え、邪馬台国女王・卑弥呼、台与、「倭の五王」、大王・多利思比孤、利哥彌多弗利を隠蔽した理由と同じである。詳細については後述する。

8 誤解を生んだ『隋書』俀国伝

学校で教えられている歴史によれば、我が国に漢字が伝わったのは、埼玉県行田市の稲荷山古墳（造営時期：5世紀後半）で出土した金錯銘鉄剣の銘文から、及び百済から仏経が伝わった頃の5〜6世紀頃とされ、それ以前は無文字であったとされている。しかしながら、これは明らかに間違いである。既述したように、大王・多利思比孤が隋に送った【日出處天子致書日沒處天子無恙】で始まる国書に激怒した煬帝が怒りにまかせて「倭人には文字がない」と記録させたのである。

『隋書』以前に成立した『魏志倭人伝』、『後漢書』、『宋書』、『南斉書』、『梁書』、『南史』などの中国の史書には「倭人は無文字である」とする記述は皆無であり、「倭の五王」の【武】が宋へ送った上表文は格調高い四六駢儷体で書かれていたことは既に述べた。「無文字である」とするのは中国王朝が相手国、異民族を蔑む時に使う常套句であることも既に述べた。

我が国には紀元前より中国大陸から王朝の滅亡によって多くの王族や人々が渡来しており、ヨーロッパの人々が文字をもってアメリカ大陸（北米）へ移住したように、中国からの渡来人は中国大陸から文字（漢字）をもって我が国にやってきたのである。つまり我が国は紀元前5〜4世紀頃には既に文字を有していたのである。

9 隋の滅亡

598年、古くから中国に対し面従腹背の政策をとってきた高句麗が隋の支配地を侵したため隋の文帝は高句麗討伐を決定して大規模な遠征軍を派遣した。

ところが、604年、文帝は病を得て亡くなった（煬帝による暗殺説がある）。文帝のあとを継いだ煬帝は612年から614年の間に数度にわたり大規模な遠征軍を派遣した。高句麗はよく耐えたが度重なる戦いで疲弊し、隋も度重なる遠征のため民衆の負担が多大となり国内が不安定となった。そのため高句麗王が朝貢を行うことで双方は和議を成立させた。しかし高句麗が約束を守らなかったために煬帝は再び大規模な遠征軍の派遣を計画したのである。しかし、度重なる負担から民衆の不満が一気に爆発して各地で内乱が発生して混乱状態に陥り、煬帝は首都・長安から江都（現在の江蘇省・揚州市）へと逃れた。だが、この逃亡がかえって反乱を助長して首都が陥落したのである。

煬帝はこのような状況に陥ったにもかかわらず酒におぼれ国政を省みなかった。そのため民意を失い部下にも見放された。そして、618年、将軍の宇文化及らによって殺害されたのであった。隋が建国されて僅か37年目のことであった。

第15章　冊封体制から離脱して独立国を目指した倭国

1 唐の建国と対外政策

煬帝が首都・長安から江都へ逃れると、この混乱に乗じて太原（現在の山西省・太原市）において挙兵したのが李淵（唐の高祖・在位：６１８〜６２６年）である。李淵は鮮卑系の貴族であり、煬帝のいとこにあたる。彼は首都の大興城を奪い、煬帝の孫にあたる僅か13歳の楊侑（生没年：６０５〜６１９年）を傀儡として隋の第3代皇帝（恭帝）に就け、禅譲という形で譲位させて唐（６１８〜９０７年）を建国した。翌年、李淵の次男の李世民（後の太宗）が恭帝を殺害している。

初代皇帝・高祖（李淵）と共に挙兵した李世民は各地の群雄を平定すると、６２６年、クーデター（玄武門の変）を起こして、皇太子であった長男の李建成と四男の李元吉を殺害した。そして次に高祖を引退させて皇帝の座に就いた。これが第2代皇帝・太宗（在位：６２６〜６４９年）である。太宗は文武両道に優れた人物であったので諸政策を次々に実施して国家の基盤を確立させていった。太宗の治世は「貞観の治」と呼ばれ、「道に置いたものは盗まれず、家を閉めなくとも安全で、旅人は野宿することができた」と史書は記述している。

唐は隋朝と同様に対外政策として冊封体制の強化を推し進め、そして我が国にも圧力を掛け始めた。

2 争礼事件

唐朝の歴史を記録した正史は『舊唐書』（以下『旧唐書』と記す）と『新唐書』の2種がある。『旧唐書』（945年成立）は「倭国条」と「日本国条」の二つに分けて記述している。倭国については【倭國者、古倭奴國也。】「倭国は、古の倭奴国である」と記述しており、日本国については【日本國者、倭國之別種也。】「日本国は、倭国の別種である」と記述している。

一方、『新唐書』（1060年成立）には「倭国条」はなく、「日本国条」だけが有り、【日本、古倭奴也。】「日本（国）は、古の倭奴（国）である」としている。つまり「日本国」＝「古の倭奴国」であるとしているのである。

我が国は中国の南朝時代の宋、斉以降、中国への朝貢を停止して冊封を求めなかった。その後、隋が全土を統一すると遣使を行ったが、これは中国の技術、制度などを学ぶことが目的であり冊封を求めるものではなかった。しかし隋は倭国を冊封体制に組み込もうとしたため両国の関係は悪化していった。

隋が滅亡して唐朝に変わると、倭国は隋朝の時と同様に貢献を行ったが冊封を受けるつもりは全くなかった。ところが唐の太宗は煬帝と比べると一枚も二枚も上手であった。倭国が使者を派遣すると、太宗は直ちに倭国を懐柔して冊封体制に組み込むために宣諭使として高官である新州刺史の高表仁を派遣してきたのであった。

『旧唐書』「倭国条」は次のように記述している。

【貞観五年、遣使獻方物。太宗矜其道遠、敕所司無令歲貢。又遣新州刺史高表仁、持節往撫之。表仁無綏遠之才、與王子爭禮、不宣朝命而還。至二十二年、又附新羅奉表、以通起居。】

「貞観5年（６３１年）、（倭国）は使者を遣わして方物を献上した。太宗はその道が遠いことを矜れみ、所司（役所）に歳貢（毎年の貢献）は無用であると伝えるよう命令した。また新州刺史の高表仁に節（皇帝の使者であることを示す符）を持たせ（倭国を）慰撫するために派遣した。表仁は綏遠（心を鎮め抑えること）の才が無く、王子と争礼して、朝命を伝えずに還った。（貞観）22年（６４８年）に至り、また（倭国は）新羅の使者に表（国書）を附けて奉り起居（状況）を伝えてきた」

『旧唐書』は太宗が倭国を綏撫する目的で新州刺史の高表仁を派遣したとしているが、それが真の目的でないことは明らかである。倭国を冊封体制へ組み込むために宣諭使として派遣したに違いない。

『旧唐書』のあとに編纂された『唐会要』、『新唐書』には王子ではなく「王と礼について争った」としている。多利思比孤に比定される厩戸皇子は622年に亡くなっている。したがって貞観5年（631年）には利哥彌多弗利が阿輩雞彌（大王）の座にあったと考えられるので、使者を派遣したのは利哥彌多弗利の時代であり、王の記述が正しいと考えられる。

争礼事件（礼儀作法での争い）については推測するしかないが、倭国は長い間冊封を受けていないので、君臣関係は消滅していると考えていた。

一方、使者の高表仁は君臣関係が成立しているかのような態度を取ったのである。つまり中国と冊封関係にある藩国は皇帝の詔書を持った使者を迎える際には拝礼し、使者が「詔有り」と発声すると再拝し、使者が詔を宣したら、改めて再拝し、その後使者より、うやうやしく詔書を受け取るのが礼儀とされていたのである。ところが大王（利哥彌多弗利）は作法通りに拝礼せずに皇帝の詔書をすぐに受け取ろうとしたのではないかと推測される。そのため高表仁は怒って朝命（皇帝の親書）を伝えずに帰国したと推測される。そして国交は再び断絶したのであった。

太宗は、この争礼事件によって倭国の考えを知ることができたので高表仁の派遣は無駄ではなかったと考えたことであろう。

ところが我が国の正史である『日本書紀』舒明天皇紀は高表仁の派遣に関して次のように記述しているのである。

【四年秋八月。大唐遣高表仁送三田耜共泊于對馬。是時學問僧靈雲僧旻及勝鳥養、新羅送使等從之。冬十月辛亥朔甲寅。唐國使人高表仁等到于難波津。則遣大伴連馬養迎於江口。船卅二艘及鼓吹旗幟皆具整餝。便告高表仁等曰、「聞天子所命之使到于天皇朝迎之」。時高表仁對曰、「風寒之日、餝整船艘、以賜迎之、歡愧也」。於是令難波吉士小槻、大河内直矢伏爲導者到于舘前。乃遣伊岐史乙等、難波吉士八牛、引客等入於舘、即日給神酒。五年春正月己朔甲辰。大唐客高表仁等歸國。送使吉士雄摩呂。黒摩呂等、到對馬而還之。】

『(舒明天皇）4年（632年）秋8月。大唐は高表仁を遣わし、送使の三田耜（犬上御田鍬）は共に対馬に泊まった。この時、学問僧の靈雲、僧の旻及び勝鳥養、新羅の送使等が従っていた。冬10月4日。唐国の使者の高表仁等が難波津に着いた。直ぐに大伴連馬養を遣わし河口において迎えた。32艘の船は太鼓、笛を吹奏し皆、旗幟（のぼり）で飾り立てていました。次いで高表仁等に告げて言いました、「天子の使者が到着したと聞き、天皇の朝廷までご案内するため、お迎えに来ました」。これに対し高表仁は言った。「風の寒い日に、船を飾り立て、お迎え頂きました、歓待に恐縮します」。ここにおいて、難波吉士小槻、大河内直矢伏に命じて導かせ、賓館の前に至った。すぐに伊岐史（壱岐の史）の乙等、難波吉士八牛は賓客を引率して賓館に入って、すぐに酒をふるまった。5年（633年）1月26日、大唐の賓客・高表仁等は帰国した。送使の吉士の雄摩呂、黒摩呂等は対馬まで到り戻った』

『日本書紀』は唐の使者・高表仁と王（利哥彌多弗利）との間に起こった争礼事件を記述しておらず、倭国側の大歓迎に高表仁が厚く礼を述べ、3ヵ月以上も滞在したとしているのである。このように『日本書紀』は『旧唐書』とは真逆の事を記述しており、どちらが真実であるかは明白である。

使者の高表仁が到着した場所に関して北宋（960～1127年）時代に完成した『冊府元龜』は次のように記述している。

【表仁浮海數月方至云：路經地獄之門、親見其上氣色蓊鬱有煙火之狀。若爐錘號叫之聲、行者聞之莫不危懼。……（中略）……表仁無綏遠之才、與其王爭禮、不宣朝命而還、繇是複絕。】

「(高)表仁は海を航海すること数ヵ月で方(関係場所＝倭国)に至ったと言った：(倭国の)経路には地獄の門があり、実際に自分が見ると、火煙で空は蔥鬱(鬱蒼)とした状況であった。炉鎚(鍛冶屋が使うハンマー)で叩くような音が聞こえ、行く者はこれを聞いて恐れない者はなかった。……(中略)……表仁は綏遠の才能がなく、その王と争礼し、朝命を伝えず還った、繇是(是の理由)によりまた通交は途絶えた」

この記述は明らかに地震、台風、竜巻、雷、嵐などの現象ではなく、火山の噴火の際の噴煙と地響きを描写したものと考えられる。高表仁は朝鮮半島から船で対馬、壱岐を経由して、九州西側から島原湾に入り熊本に至ったと考えられる。渡来した時に雲仙岳が噴火していたと思われる。『冊府元龜』は高表仁が派遣されたのは貞観11年(637年)11月に倭国に至ったと記述している。

同様な記事が『唐会要』(961年成立)にも記録されているのであるが、『唐会要』は高表仁が貞観15年(641年)11月と記述している。また『旧唐書』は貞観5年(631年)に高表仁を派遣したとしている。

一方、『日本書紀』は舒明天皇4年(632年)10月4日に難波津に到着し、舒明天皇5年(633年)に帰国したとしている。このように史書により渡来時期の記述が異なっているのであるが、派遣されたのは『旧唐書』の貞観5年(631年)が正しく、その年の11月又は翌年（632年）の初めに九州に到着したと推測される。しかし争礼事件により、すぐに帰国したと考えられる。

言うまでもなく利哥彌多弗利は邪馬台国の領土を引き継ぐ大王であり、火山の噴火と思われる記述があるため高表仁と対面した場所は、大王・多利思比孤が裴清と会談した同じ館であったと考えられるのである。

この争礼事件は、我が国が中国に対し対等な国であることを初めて示した重要な歴史的出来事であった。

第16章　皇位を奪おうとした蘇我氏

1 豪族たちの権力闘争

縄文人は厳しい自然の中で動植物が精一杯生きているように、人間も置かれた自然、社会環境の中で精一杯生きることが大切だと考えていたと思われる。また人間は亡くなると自然に戻り、死後の世界から家族を見守っていると考えていたと思われる。大陸から渡来した呉の王家（天皇家）は縄文人と融合しながら縄文人の文化を積極的に取り入れていった。倭国の人々は地震、火山、台風などの破壊的な自然の力に畏敬の念を持つとともに、毎年恵みを与えてくれる自然には八百万（やおよろず）（数多く）の神々が存在しているという考えを持つようになっていった。このような祖先崇拝と自然崇拝の信仰は、やがて我が国固有の惟神（かんながら）の道（神道）の信仰になっていったのである。天皇家は自然の神々と皇祖神の祭祀を行うことによって国家・国民の安寧と五穀豊穣と王家の弥栄（いやさか）を祈願してきたのである。

一方、紀元前に渡来して畿内を支配下に置いていた秦の帝室の末裔である饒速日命の子孫（のちの物部氏）は儒教または道教を信じていたと思われる。

また、やや遅れて渡来してきた漢の帝室の末裔（蘇我氏など）は仏教を信仰していたと思われる。

中国に仏教が伝わったのは1世紀中頃であるが、我が国にはいつ頃伝来したのであろうか？

『後漢書』「西域伝」には次のように記述されている。

【世傳明帝夢見金人、長大、頂有光明、以問群臣。或曰：「西方有神、名曰佛、其形長丈六尺而黄金色。」帝於是遣使天竺問佛道法、遂於中國圖畫形像焉。楚王英始信其術、中國因此頗有奉其道者。後桓帝好神、數祀浮圖、老子、百姓稍有奉者、後遂轉盛。】

『伝わるところによれば明帝（後漢の2代皇帝・在位：57〜75年）は夢で金人（黄金の人）を見たという、長大であり、頭の上に光明があった、それで群臣に問うた。ある者が言った、「西方に神がおります、名を仏と言い、その大きさは一丈六尺（約4・85m）あり黄金色をしています」。皇帝はこれによって天竺に使者を派遣して仏道法を尋ねさせ、遂に中国において像の形を図画することができた。楚王英（？〜71年）が始めて其の術を信じ、これによって中国には仏道を奉ずる者がたいそうあった。後に桓帝（在位：146〜168年）は神を好み、しばしば浮図（仏陀）、老子を祀った、百姓（庶民）に稍（少し）信奉する者があったが、後に遂に盛に転じた（盛んとなった）』

文中の老子は当時不死の神仙として信仰されていた。

このように中国には1世紀中頃に仏教が伝わり、最初に王族・貴族、商人などの知識層に広まり、後漢の末期から三国時代にかけて戦乱が続き、仏教に救いを求める庶民へと広まっていったのである。我が国には2世紀末期以降、国家の滅亡、戦乱によって中国大陸、朝鮮半島から多くの人々が渡来しており、それらの人々の中には仏教を信仰していた者も多くあったと思われる。このように我が国においては仏教の伝来は3世紀頃まで遡れると考えられるのであるが、我が国に仏教が公伝（正式に伝来）したのは５３８年（５５２年説もある）に百済から伝わったとされているのである。

仏教は中国では南北朝時代（４３９〜５８９年）には全土に広がり、南朝においては高僧の慧遠（えおん）（３３４〜４１６年）が、仏法は王法に従属せず解脱者（げだつしゃ）は皇帝と同等であると説いた。また北朝の国家では新しい宗教である仏教の導入を積極的に行った。天皇家が九州を根拠地とした時代には問題はなかったが、天皇家が東征により畿内を支配下に置いたあと、仏教受容問題が顕在化した。そして豪族が宗教受容問題に絡め権力闘争を始め対立したのである。

『日本書紀』欽明天皇紀（きんめいてんのう）には次のように記述されている。

崇仏派の蘇我稲目（そがのいなめ）は「西の諸外国はみな仏教を礼拝（らいはい）している。我が国だけがひとり例外で居られようか」と言い、排仏派の中臣鎌子（なかとみのかまこ）、物部尾輿（もののべのおこし）らは「我が国では王（天皇）が、常に百八十神（多くの神々）を春夏秋冬に祭拝して来た。今、改めて蕃神（外国の神＝仏教）を拝めば、我が国の神が怒ることを恐れます」と反論して対立したのである。

５４０年、新羅が任那の一部を併合すると、大伴金村が外交の失策を理由に物部尾輿から糾弾されて失脚した。しかし大伴氏は邪馬台国時代から長年にわたり天皇家の外戚として大王家を補佐してきた氏族であり、急速に衰退することはなく、奈良時代から平安時代にかけて政争に係わり、多くの処罰者を出したのち次第に歴史の表舞台から姿を消していった。

５５２年になると疫病が流行して多くの死者が出た。このため物部氏は蕃神（仏教）を崇拝している蘇我氏に原因があるとして、蘇我氏を糾弾するとともに天皇に訴えて、寺の焼却、仏像の廃棄の御裁可を得た。そのために仏教の普及が一時停止することとなった。尾輿と稲目が亡くなると、それぞれの子である物部守屋と蘇我馬子が宗教問題に絡め激しい権力闘争を行った。

５７１年、欽明天皇（在位：５３９〜５７１年）が病に倒れ、「任那を再興せよ」と言い残して崩御した。

５７２年、第30代・敏達天皇（在位：５７２〜５８５年）が即位すると、天皇は排仏派であったので物部氏、中臣氏に勢いが出て蘇我氏と激しく対立した。天皇は任那再興のために努力したが、結局成功しなかった。敏達天皇の治世においても疫病が流行した。蘇我馬子は「三宝（仏・法・僧）の力を借りなければ疫病を治め救うことはできない」と奏上したが、天皇は「仏法は馬子一人で行うべきで他人には止めよ」と命じたと記述されている。

585年、敏達天皇が病により崩御した。殯宮（もがりのみや）（天皇を安置した建物）での誄（しのびごと）（弔辞を述べる儀式）の際に、馬子が佩刀（はいとう）して誄を奉る（たてまつる）と物部守屋は【如中獵箭之雀鳥焉。】「矢に当たったスズメのようだ」と嘲笑（あざわら）った。一方、守屋が誄を奉った時に手足がわななき震えたので、馬子は【可懸鈴矣。】「鈴をかけた方がよいのではないか」と嘲笑った。

欽明天皇から敏達天皇の治世は豪族が仏教受容問題にかこつけて激しく対立した時代であった。そのため国家として統一性がなく朝鮮半島の領土と権益を次第に失っていったのである。

敏達天皇が崩御したあと欽明天皇の子であった穴穂部皇子（あなほべのみこ）（母は蘇我稲目の娘の小姉君（おあねのきみ））が皇位に就こうと殯宮に侵入して広言しようとしたが、三輪逆（みわのさかう）（殯宮の護衛長）に阻（はば）まれた。権力を掌握していた馬子は穴穂部皇子とは異母兄弟の関係にあった大兄皇子（おおえのみこ）（用明天皇（ようめいてんのう））を即位させた。大兄皇子の母は蘇我稲目の娘の堅塩媛（きたしひめ）である。天皇に就けなかった穴穂部皇子はこれを切っ掛けに次第に物部守屋に接近していった。

586年、穴穂部皇子は物部守屋に命じて敏達天皇の寵臣（ちょうしん）であった三輪逆を殺させた。『日本書紀』はこの事件に関して次のように記述している。

【馬子宿禰惻然頽歎曰、天下之亂不久矣。大連聞而答曰、汝小臣之所不識也。】

「馬子宿祢は惻然（哀れに思って心を痛めること）として崩れ落ちるように嘆いて言った。天下の乱れは遠くない。大連（物部守屋）はそれを聞いてこのように言った。汝のような小臣が知るところではない」

私見であるが、神武東征の際に饒速日命側の武将として倭国に激しく抵抗した長髄彦は武内宿祢の先祖にあたる人物であったと推測している。戦況が悪くなると饒速日命は長髄彦を殺害して降伏したと伝えられており、物部氏と蘇我氏の異常なまでの確執は東遷後において同列の臣下となったにもかかわらず、物部氏が蘇我氏を常に見下していたことに原因があるように思われる。

５８７年４月、用明天皇（在位：５８５～５８７年）が崩御すると蘇我馬子は用明天皇の皇后である豊御食炊屋姫尊（後の推古天皇）と共に泊瀬部皇子を天皇に就けようとして物部守屋と対立した。それに対し物部守屋は穴穂部皇子を推したのである。事ここに極まれり、馬子は穴穂部皇子と支持者の宅部皇子を殺害し、翌月の７月には守屋一族を滅ぼした。宗本家を失った物部氏はこれ以降急速に衰退して９世紀前半以降歴史の表舞台から消えていった。

宿敵を倒した蘇我氏は政権を掌握し、泊瀬部皇子を即位させた。これが第32代・崇峻天皇（在位：５８７～５９２年）である。崇峻天皇は馬子を大臣にせざるを得なかったが、専横な振る舞いが多い馬子に対して次第に不満を募らせていった。そして馬子を除こうと画策し始めた。ところが、その事を知った馬子は、５９２年、一族の東漢直駒を使って崇峻天皇を弑逆したのである。臣下が天皇を暗殺するという前代未聞の事件によって大和王権は、蘇我氏によって完全に牛耳られたかのように見えたが、次の天皇となった推古天皇は馬子の予想に反して聡明で胆力を有し優れた政治感覚をもつ女性天皇であったのである。

2 蘇我氏の専横

５９２年、馬子は不仲となっていた第32代・崇峻天皇を暗殺した。この時点で大和王権は蘇我氏によって牛耳られ、その権勢は天皇を凌ぐほどになったのである。そして敏達天皇の皇后であった額田部皇女（第33代・推古天皇）を傀儡とするために即位させた。ところが推古天皇は容姿端麗で英邁な女性であり、即位すると直ちに厩戸皇子（聖徳太子）を皇太子とし、摂政（天皇の代行）に任命して蘇我氏の専横を牽制したのである。この時代において摂政という役職があったのかは定かではない。しかしながら聖徳太子の伝記を記した『上宮聖徳太子傳補闕記』は【小治田大宮御宇天王、以太子爲儲君、天下政事決於太子。】「小治田大宮御宇天王（推古天皇）は、太子（聖徳太子）を以て儲君（皇太子）とした、天下の政事は太子によって決められた」と記述しており、実質的に摂政の立場にあったと考えてよいと思われる。だが厩戸皇子は６２２年2月22日に突然に亡くなったのである。厩戸皇子が亡くなる前日には妻（妃）の膳大郎女が亡くなっている。

『上宮聖徳太子傳補闕記』は「太子は病なく薨じた」と記述していることから、私見であるが、厩戸皇子は蘇我氏によって毒殺されたと推測している。

なぜなら推古天皇はこれ以降、暗殺を恐れて皇太子を立てなかったからである。厩戸皇子が亡くなってから4年後に馬子も亡くなったが、子の蘇我蝦夷が大臣を継承してさらに専横を極めた。

628年、推古天皇が崩御すると皇嗣を決めていなかったために皇位継承問題が発生した。蘇我蝦夷は田村皇子を皇位につけようとしたのに対し、反旗を翻した境部摩理勢（蘇我馬子の弟）は厩戸皇子の子である山背大兄王を推したのである。これに対し蝦夷は軍勢を送り、境部摩理勢を攻めた。泊瀬王（山背大兄王の異母弟）は境部摩理勢を館にかくまったが、内乱を避けたいと考えていた山背大兄王は皇位継承を辞退するとともに境部摩理勢を説得して泊瀬王の館から退去させた。ところが僅か十日余りのちに泊瀬王が急死して、間もなくして蝦夷によって摩理勢一族も滅ぼされたのであった。

629年、蘇我蝦夷は田村皇子を即位させた。第34代・舒明天皇（在位：629～641年）である。

『日本書紀』によれば、舒明天皇即位9年（637年）には次のような事件が発生している。

【是歳、蝦夷叛以不朝。即拜大仁上毛野君形名爲將軍令討。】

「この年、蝦夷は叛き朝廷に出仕しなかった。直ぐに大仁（冠位十二階の第三位）の上毛野君形名に将軍の官位を与え討つことを命じた」

舒明天皇は朝廷に出仕しない蝦夷を反逆の疑いがあるとして討とうとしたのであるが、結局蝦夷は罪を得ることはなかった。これは蘇我氏がクーデターを起こした場合に味方勢力がどの程度集まるのか、敵、味方が誰なのかを調べるために行った行動だったと思われる。

６４１年、舒明天皇が亡くなると蘇我蝦夷は皇后であった宝女王を即位させた。これが第35代・皇極天皇（在位：６４２～６４５年）である。そして蝦夷は再び大臣に就いて権力を保持したのである。同年、蝦夷は山背大兄王の封民（私有民）を勝手に使い自分の墓と入鹿の墓を生前に造らせた。この行為に対し、上宮大娘姫王（山背大兄王の妻の春米女王）が立腹したことが『日本書紀』に次のように記述されている。上宮大娘姫王は厩戸皇子の子であり、山背大兄王は異母兄にあたる。

【上宮大娘姫王、發憤而歎曰、「蘇我臣、專擅國政、多行無禮。天無二日、國無二王。何由任意悉役封民。」自茲結恨、遂取倶亡。是年也、太歳壬寅。】

『上宮大娘姫王は憤慨して嘆いて言った、「蘇我臣は、国政を専擅（自分の思い通りにすること）し、無礼な行動が多い。天に日（太陽）が二つ無いように、国に二人の王はいない。（蝦夷は臣下なのに）何の理由があって勝手に王の民を使役するのか」これによって恨みを買い、遂に共に滅ぼされた。この年（憤慨した年）は、太歳壬寅（642年である）』

【遂取倶亡】「遂に共に滅ぼされた」の箇所は蘇我入鹿が上宮大娘姫王の言葉を聞いて上宮王家に対し逆恨みしたと考えられるので、山背大兄王と大娘姫王が共に殺された643年のことを指すと考えられる。

その後、蝦夷は勝手に子の入鹿に紫冠（最高位の大徳〈大徳〉に当たる）を与えて大臣に就け、弟を物部大臣と呼んだ。また自分の邸宅を宮門と称し、葛城高宮に祖廟を建てて八佾之儛（天皇の儀式で演じられる舞）を行うなど自らを天皇に擬するような振る舞いを行っている。その後、蝦夷から入鹿へと実権は移った。『日本書紀』には「父（蝦夷）よりも威勢があった。そのため、盗賊は恐れ、道路の落とし物を拾うことはなかった」と記述されている。

643年、遂に入鹿は上宮王家を滅ぼした。『上宮聖徳太子傳補闕記』はこの事件を次のように記述している。

【癸卯年十一月十一日丙戌亥時、宗我大臣并林臣入鹿、致奴王子兒名輕王、巨勢徳太古臣、大臣大伴馬甘連公、中臣鹽屋枚夫等六人、發惡逆至計太子子孫。男女廿三王無罪被害。(今見計名有廿五王)】

「癸卯年（６４３年）11月11日丙戌の亥の時に、宗我（蘇我）大臣で林臣入鹿は、奴王子の子で名は軽王と巨勢徳太古臣、大臣大伴馬甘 連公、中臣鹽屋枚夫など6人を行かせ、悪逆をもって太子の子孫を計る（殺す）に至った。男女23名の王が罪なく殺害された（いま計算して見ると25名の王の名前がある）」

この事件について『日本書紀』皇極天皇紀は『蘇我臣入鹿、ひとり謀り、ついに上宮王らを廃し、そして古人大兄皇子を天皇に立てようとした。皇極天皇即位2年（６４３年）11月1日、入鹿は上宮王家を滅ぼすため巨勢徳陀、土岐猪手、大伴長徳らに斑鳩宮を急襲させた。この時、山背大兄王の奴の三成と数十人の舎人が奮闘している間に、山背大兄王一族、側近は辛くも重囲をかいくぐり脱出に成功して膽駒山（生駒山）に隠れた。その後、山から出て斑鳩寺に入ったところで入鹿が派遣した軍勢に囲まれた。ここにおいて山背大兄王は従っていた三輪文屋君を使者に立てて入鹿の軍将に次のように伝えさせた。「吾が兵を起こせば入鹿を討伐し、勝利は間違いない。しかし、私ひとりのために、百姓（国民）を傷つけ殺すことは望まない。それ故、吾身を、入鹿に与えよう」そして、ついに子弟・妃妾らと一時に自決した』と記述している。

山背大兄王一族を滅ぼし、自己の権力に慢心していた入鹿だったが、この事件を知った蝦夷は入鹿を嗔罵(怒り罵ること)して次のように慨嘆したと『日本書紀』は記述している。

【噫、入鹿、極甚愚癡、専行暴惡、儞之身命、不亦殆乎。】

「噫、入鹿は、はなはだ愚癡(愚か)だ、暴悪を自ら行い、お前の身命も危ういではないか」原文の【儞】は「なんじ、お前」の意味。

蝦夷は入鹿が上宮王家を廃絶に追い込むのは時期尚早であり、致命的な誤算をしたと考えたのである。山背大兄王が「挙兵すれば勝利は間違いない」と言ったように、上宮王家に従う豪族は少なくなかったのである。だがしかし、入鹿の急襲により山背大兄王に味方する軍勢が間に合わなかったと思われる。

私見であるが、蘇我蝦夷と入鹿は自らを天皇に擬した行動を行っていることから蘇我氏が天皇家に取って代わろうとしていたことは間違いない。蘇我氏が大王家(天皇家)に取って代わる手順は次のような計画だったと推測される。まず大和王権の実権を握り、次に上宮王家を廃絶に追い込み、次に天皇に禅譲を強要して皇位を奪い、最後に中国のお墨付き（新国名の承認と爵号）を得て名実ともに倭国の国王となるつもりだったと考えられる。

蘇我氏にとって朝政に大きな影響力を持ち、中国と一線を画し、独立国家を目指していた上宮王家は目の上の瘤（こぶ）であった。そのため蘇我氏は厩戸皇子（大王・多利思比孤）を毒殺し、次に山背大兄王（利歌彌多弗利）一族を滅ぼしたと考えられるのである。

話は変わるが、『隋書』は大王・多利思比孤と隋の使者・裴清との会談のあと通交は途絶えたと記録している。ところが『隋書』「煬帝紀」には大業6年（610年）、【倭國遣使貢方物】「倭国は使者を派遣して方物を貢いだ」と記録されており、矛盾する二つの記録が中国の史書に残されているのである。蘇我氏にとって皇位を奪い名実ともに国王となるためには中国のお墨付きを得る必要があり、国交断絶は絶対に避けなければならないことであった。そのため推古天皇に強要して、或いは独断で蘇我氏が使者を派遣したと推測されるのである。

3 乙巳の変

山背大兄王の暗殺事件を切っ掛けに、天皇家と祖先を同一にする中臣氏宗本家の中臣鎌足（なかとみのかまたり）は密かに蘇我宗本家打倒を固めた。鎌足は身分の低い官吏だったと記述している書物があるが、間違いである。元々中臣氏は古（いにしえ）の狗奴国王の子孫であり、天皇家の本家にあたる氏族であった。鎌足の人物について『日本書紀』は「忠正人（真心をもって仕える人）であり匡済心（悪を正す心）がある」と記している。

760年に成立したと伝えられる『藤氏家傳』（藤原氏家伝）には仁孝（忠実で仁義があり）、聰明（理解力、判断力があり）、叡哲（知力に優れ、道理に明るく）、玄鑒（先のことを見通す心があり）、深遠（深く物事を考えること）の人であったと記されている。天皇家と深い関係にあった中臣氏は蘇我氏の専横に対し堪忍袋の緒が切れて蘇我氏打倒に動いたのである。

中臣鎌足は最初に舒明天皇の弟の茅渟王の子の軽皇子（後の孝徳天皇）に接近して軽皇子の器量を調べたが満足できなかった。

孝徳天皇（軽皇子）について『日本書紀』は【尊佛法、輕神道（斮生國魂社樹之類、是也）爲人柔仁好儒。不擇貴賤、頻降恩勅。】「仏教を尊び、神道を軽んじた（生国魂社の木を切った例は、それを示している）人柄は柔仁（情けあり柔らか）で儒学を好んだ。貴賤を問わず、度々恩勅を降した」と記述している。

天皇でありながら神道を軽視したと記述されていることから、蘇我入鹿に傾倒していたと推測される。内柔外剛の性格であったので入鹿に付け込む隙を与えたのであろうと思われる。軽皇子（軽王）は入鹿の指示に従い山背大兄王の暗殺に関与していた事実から、鎌足は情報が軽皇子から蘇我氏へ漏洩する可能性が高いと判断したと推測される。

次に鎌足は皇極3年（644年）に行われた蹴鞠の会において中大兄皇子（後の天智天皇）

に接近して親しくなり擁立する皇子に決めた。当然ながら中大兄皇子は鎌足と同様に蘇我入鹿の専擅を苦々しく思っていたのである。

二人は、その後、蘇我氏の内部対立に乗じて、蘇我氏の長老で剛毅果断な人物であった蘇我(そがの)倉山田石川麻呂(くらやまだのいしかわまろ)（蝦夷は伯父、入鹿は従兄弟にあたる）を仲間に引き入れることに成功して着々と蘇我氏・宗家の打倒の準備を整えていったのである。皇極4年（645年）6月12日、三国（高句麗・新羅・百済）の進貢の儀式が朝廷で行われた日に遂に、それが決行された。これが「乙巳(いっし)の変」と呼ばれる政変である。時に天智天皇19歳、中臣鎌足31歳の時であった。

『日本書紀』皇極天皇紀は次のように記述している。

【以劒傷割入鹿頭肩。入鹿驚起。子麻呂、運手揮劒、傷其一脚。入鹿、轉就御座、叩頭曰、「當居嗣位天之子也、臣不知罪、乞垂審察。」天皇大驚、詔中大兄曰、「不知所作、有何事耶。」中大兄、伏地奏曰、「鞍作盡滅天宗將傾日位、豈以天孫代鞍作乎。」（蘇我臣入鹿、更名鞍作。）天皇卽起、入於殿中。佐伯連子麻呂・稚犬養連網田、斬入鹿臣。】

『（中大兄たちは）剣をもって入鹿の頭・肩に傷を負わせた。入鹿は驚き立った。子麻呂(こまろ)は、さらに剣をふるい、脚(あし)に傷を負わせた。入鹿は（天皇の）御座に転びついて、請い願って言った、「皇位を引き継ぐのは天子(あめのみこ)であるべきです、私の罪は何でしょうか、詳しく調べていただきたい」。天皇は大いに驚き、中大兄（後の天智天皇）に言った、「何をしているのか？　何事か？」。中大兄は地に伏して申し上げた、「鞍作は天宗（天皇宗本家）を滅ぼして、天孫（天皇）に取って代わろうとしていました」（蘇我臣入鹿が変更した名前は鞍作である）。天皇はすぐに席を立って御殿の中に入った。佐伯連子麻呂・稚犬養連網田が入鹿臣を斬った』

蘇我入鹿の支援を受けていた古人大兄皇子は皇極天皇のそばに侍していたが、入鹿が殺されるところを見て私宮へ逃げ帰った。

中大兄皇子、中臣鎌足らはすぐさま法興寺に入り戦いに備えた。事件を知った諸皇子、諸卿大夫、臣、連などが続々と集結してきた。当時の寺は広大な面積を有していたので戦の際に軍事拠点とされたのである。

中大兄皇子は入鹿の遺体を蝦夷へ送った。遺体を見た蝦夷は漢直など眷属（一族、郎党）全てを集結させて決戦を行おうとした。この時、中大兄皇子は将軍に指名した巨勢徳陀臣（巨勢徳太古臣）を使者として送り、「今日明日にも蝦夷は罪を受けることになる。何のために戦うのか、全員処刑されるぞ！」と告げさせると、蘇我氏の眷属は全て逃げ去ったのであった。

そして残された蝦夷一族は天皇記、国記、珍宝に火を放ち自決したのである。しかし宗本家を失った蘇我氏は物部氏のように急速には衰退しなかった。乙巳の変のあと功績のあった蘇我倉山田石川麻呂が次第に権力を拡大させていったからである。また蘇我氏と密接な関係にあった巨勢徳陀（巨勢德太古）は蘇我入鹿が殺されると直ちに中大兄皇子側に寝返り、蝦夷側に付いた漢直氏を説得している。自己保身に走り世渡りのうまい人物であったようである。最終的に左大臣まで上り詰めた。

4 中大兄皇子の称制

乙巳の変（旧暦645年6月12日）の翌々日に皇極天皇は譲位（譲位の初例）して実権を握った中大兄皇子に皇位を譲ろうとした、だが中大兄皇子は辞退して軽皇子を推薦した。ところが軽皇子は古人大兄皇子を推薦したのである。

けれども古人大兄皇子は蘇我宗本家を後ろ盾としてきたために皇位継承を辞退して、出家して吉野に隠居したのである。そのため中大兄皇子は叔父である軽皇子（皇極天皇の同母弟）を立てて即位させた。第36代・孝徳天皇（在位：645～654年）である。

『新唐書』には【永徽初、其王孝德卽位、改元曰。白雉。】「永徽初め（650年）、その王・孝徳が即位して、元号を改め白雉とした」と記述されており即位年が異なっている。

孝徳天皇は即位後、中大兄皇子を皇太子、阿部内麻呂を左大臣、蘇我倉山田石川麻呂を右大臣、中臣鎌足を内臣（天皇の最高顧問職）とした。

阿部氏は第8代・孝元天皇（大倭根子日子国玖琉命）の第一皇子である大彦命を始祖とする氏族である。

同年（６４５年）9月、中大兄皇子は古人大兄皇子の反乱を恐れ、吉野に兵を送り殺害した。大化5年（６４９年）、中大兄皇子は乙巳の変で功績のあった蘇我倉山田石川麻呂を謀反の疑いで兵を送り、山田寺に逃げ込んだところを包囲して自害させている。中大兄皇子と中臣鎌足の二人が蘇我氏の勢力拡大を恐れたためと伝えられている。

６５2年、孝徳天皇は都を難波長柄豊碕宮（現在の大阪市中央区）に遷した。これは未曾有の壮大な宮殿であったと伝えられている。

６５3年、次第に孝徳天皇と意見が合わなくなっていた中大兄皇子は倭京（大和の板蓋宮）に遷都することを奏上したが拒否されたため皇祖母尊（皇極上皇）、孝徳天皇の皇后（中大兄皇子の妹）、皇族、公卿、群臣を引き連れて倭京へ移った。そのため残された孝徳天皇は失意のうちに翌年11月、難波宮で崩御した。

６５5年2月、皇極天皇が重祚して第37代・斉明天皇（在位：６５5〜６６1年）として即位したが、政治は皇太子である中大兄皇子が称制（天皇代行）して執った。

第17章　白村江の大敗が我が国に与えた影響

1 朝鮮半島の情勢

朝鮮半島では高句麗の対唐強硬派の宰相、将軍であった淵蓋蘇文（?～６６６年）が６４２年、クーデターを起こして唐親派の第27代・栄留王（在位：６１８～６４２年）及び穏健派の貴族１００人以上を殺害して実権を握った。

この頃、百済から圧迫を受けていた新羅は王族の金春秋（後の武烈王）を高句麗へ派遣して援助を求めたが百済と友好関係にあった高句麗は金春秋を監禁した。これが新羅に伝わると新羅は1万の軍隊を派遣してなんとか金春秋を解放させることに成功した。

６４４年、唐の太宗は使者を派遣して高句麗の淵蓋蘇文に「新羅を攻めるな」と説諭したが、高句麗は従わなかった。

６４５年、唐の太宗は隋時代から面従腹背の外交を続けてきた高句麗の討伐を遂に決定して遠征軍を発動させた。太宗自ら親征を行い、隋と同様に水陸両面から攻撃したが、そのまま冬となり撤退を余儀なくされた。

その後、647年、648年と重ねて遠征軍を送ったが高句麗はよく耐え、やがて太宗が健康を害して、649年に没した。優れた武人でもあった太宗でも高句麗を降すことができなかったのである。第3代皇帝には太宗の第9子の李治が高宗（在位：649～683年）として即位した。

少し前の647年、新羅の金春秋は我が国にも渡来して支援を求めたが断られ、次に唐に支援を求めた。唐にとってこの支援要請は好都合であった。唐は新羅と連携して最初に百済を滅ぼし、次に高句麗を滅ぼし、最後的に朝鮮半島全域を支配下に置く構想を立てたのである。唐は新羅が全面的に唐制度を採用することを条件に支援を約束したと推測される。

650年、新羅は官制、衣冠礼服、年号など全てのものを唐様式に切り替え、唐の属国のようになった。

654年、新羅の真徳女王が亡くなると、金春秋が武烈王（在位：654～661年）として王位に就いた。唐は武烈王を開府儀同三司・新羅王に除正した。

次に唐・新羅両国は軍事同盟を結び、平壌以北を唐が領有し、平壌以南を新羅が領有するという約束が成立して、660年、唐・新羅連合軍は百済を攻めて滅亡させた。そして唐は百済の地に熊津都督府を設置して植民地としたのである。翌年、武烈王は唐の高句麗征伐に参加したが病に倒れ亡くなり、皇太子であった長子の金法敏が文武王（在位：661～681年）として即位し、唐の遠征を支援した。

一方、滅亡した百済の王族で将軍であった鬼室福信及び将軍の黒歯常之らは旧臣を収合して抵抗を続けており、福信は倭国・百済同盟によって人質として倭国に滞在していた百済王子・余豊（豊璋）の帰国と援軍を我が国へ要請してきた。そのため中大兄皇子は余豊の帰国と百済援助を決定し、６６０年９月、５千人の護衛兵を付けて帰国させた。

６６３年４月、唐は同盟国であった新羅の地に鶏林州都督府を設置して、前年に開府儀同三司・柱国・楽浪郡王・新羅王に除正していた文武王に鶏林州大都督の官職を与え羈縻州とした。羈縻とは君臣関係にある国王に対し、中国の官職を与え地方行政官（官吏）とし、中国の政策に従わせることである。

６６３年６月、周留城に籠城していた百済王子・余豊は人望のあった福信に取って代わられることを恐れ、福信に反乱の疑いがあると罪を着せて処刑した。余豊は倭軍の出陣の報を聞くと周留城から倭軍と合流すると称して逃亡した。余豊は王としての資質に欠け、軍事指揮者としての才能もなかった。

６６３年８月、倭国・百済遺民の連合軍は余豊を救出すべく周留城に向け海より進攻（この時すでに余豊は逃亡していた）した。一方、唐の将軍・劉仁軌（６０２～６８５年）率いる唐・新羅連合軍は白村江に布陣しており、ここで交戦（海戦）となり倭国軍は壊滅的大敗を喫したのである。

『日本書紀』は白村江の戦いについて次のように記述している。

「8月17日、新羅軍は周留城を包囲し、唐軍は白村江に布陣した。8月27日、日本の軍船と大唐の軍船が交戦したが日本側が不利となり撤退した。8月28日、日本諸将と百済王は気象（潮流、地形など）を見ず、我先（われさき）にと争って攻撃すれば相手は自然に撤退するであろうと考えて突撃した。唐軍は上手（うま）く左右から船を挟み撃ちにして戦った。須臾（しゅゆ）（短時間）にして日本軍は敗れた」

『三国史記』「新羅本紀」は日本の軍船は1000艘（そう）あったとしている。一方、唐軍の軍船は170艘ほどであったと伝えられている。

『旧唐書』は【仁軌遇倭兵於白江之口、四戰捷、焚其舟四百艘、煙焔漲天、海水皆赤。賊衆大潰、餘豐脱身而走。】「仁軌は白江の河口において倭兵と遭遇し、4戦して4戦とも勝ち、倭国の400艘（そう）の舟を燃やし、煙（けむり）と焔（ほのお）は天を焦（こ）がし、海面を赤く染めた。敵は壊滅して、余豊（よほう）は脱出して逃げた」と記述している。陸戦でも唐の将軍孫仁師（そんじんし）、劉仁願（りゅうじんがん）、新羅・文武王に率いられた唐・新羅連合軍が周留城を攻めて落城させた。余豊は高句麗へ逃亡したが、その後については不明である。高句麗滅亡の時に高句麗王族と共に長安に連行されたのち嶺南地方に流刑となったとの説がある。

665年、唐は滅亡した百済最後の義慈王の太子であった扶余隆（ふよりゅう）を熊津都督（ゆうしんととく）に任命して、さらに新羅王（文武王）と盟約させて新羅と百済の領域を区分した。唐は、元々新羅との約束を守るつもりはなく、朝鮮半島全域を羈縻州として支配下に置くつもりであったのである。

665年、唐の高宗は泰山で封禅の大祭を行った。

この時の様子を『旧唐書』は次のように記録している。

【麟徳二年、封泰山、仁軌領新羅及百濟、耽羅、倭四國酋長赴會。高宗甚悦、擢拝大司憲。】

「麟徳2年（665年）、泰山で封禅の儀式を行った、仁軌は領下の新羅及百済、耽羅、倭（倭国）の4ヵ国の酋長を率いて参加した。高宗は甚だ喜び、（仁軌を）抜擢して大司憲とした」

耽羅とは現在の韓国済州島にあった王国のことである。耽羅、倭を参加させたのは威圧して冊封を受諾させる目的があったものと推測される。中国側は新羅も酋長と記述していることから中国が新羅を見下していたことがわかる。

これに関して『三国史記』「新羅本紀」は【仁軌領我使者及百濟・耽羅・倭人四國使、浮海西還、以會祠泰山。】「仁軌は我が新羅の使者及び百済・耽羅・倭人の4国使を率いて、海路で西に戻り、泰山の大祭に出席した」と単に事実だけを記述している。「新羅本紀」はなぜか倭国ではなく倭人と記述しているので、何らかの意図があったと推測される。

666年、高句麗の実権を握っていた宰相で将軍の淵蓋蘇文が病没した。彼は3人の子に「兄弟で争ってはならぬ」と遺言したが、彼の死後やがて兄弟は覇権を争う内紛を起こした。その結果、長男の淵男生は唐に亡命して高句麗の内情を唐に伝えた。この状況を好機と見た唐は高句麗征服に再び乗り出して持久戦に持ち込んだのである。

668年9月下旬、隋・唐の遠征軍を退けてきた然しもの高句麗も内紛と持久戦によって疲弊し、ついに力尽き唐・新羅連合軍の軍門に降り滅亡した。唐は高句麗の宝蔵王、王子の福男、徳男、大臣など約20万人にも及ぶ捕虜を首都・長安に連行した。この年、唐は高句麗の地に安東都護府を設置した。高句麗最後の王であった宝蔵王（在位：642～668年）は淵蓋蘇文から傀儡として即位させられたとして戦争責任は問われず処刑を免れた。その後、唐は遼東を羈縻州として宝蔵王を遼東州都督・朝鮮王に任じて遼東を支配下に置いた。ところが宝蔵王は靺鞨と手を結び高句麗遺民を糾合して高句麗復興を企てたため再び捕らえられ邛州（四川省・邛崍市）へ流罪となり、そこで亡くなった。

さて、高句麗討伐に活躍した新羅の将軍たちは唐から論功行賞があると期待していたが、唐は新羅が作戦に遅れたとして無視した。このような状況の中、唐が新羅を領有下に置こうとする未遂事件が発覚したのである。

『三国史記』「新羅本紀」は次のように記述している。

【至總章元年、百濟於盟會處、移封易標、侵取田地、詃我奴婢、誘我百姓、隱藏内地。頻從索取、至竟不還。又通消息云、國家修理船艘、外託征伐倭國、其實欲打新羅。百姓聞之、驚懼不安。又將百濟婦女、嫁與新羅漢城都督朴都儒、同謀合計。偸取新羅兵器、襲打一州之地、賴得事覺。即斬都儒、所謀不成。】

「（唐の）総章元年（６６８年）に至り、百済と盟約していたが、国の境界標を移し、田地を侵し切り取って、我が国の奴婢を騙し、百姓（庶民）を誘い込み、内地に匿い隠した。捜索を度々行ったが、取り戻すことができなかった。また消息によれば、国家（唐）は船を修理して、倭国の征伐を外部（新羅のことか）に頼み、その実は新羅を討つことを欲しているという。百姓（庶民）はこれを聞き、驚懼し不安となった。また、さらに百済の婦女を新羅の漢城都督の朴都儒に嫁がせ、陰謀を計画した。新羅の兵器を盗み取り、一州を襲うという計画であったが、事前に発覚した。直ちに都儒を斬り、陰謀は不成功に終わった」

このような事件が発生する中、高句麗の遺民達は新羅に対し属国となってもよいので高句麗を再建したいと申し入れてきたのである。そのため新羅は６６９年、高句麗遺民を使い反乱を起こさせた。そして６７０年、新羅は高句麗遺民を援助して、遂に唐との戦端を開いたのである。いわゆる唐・新羅戦争（670〜676年）の始まりであった。この戦争は新羅が唐軍との戦いに次々に勝利して朝鮮半島南部全域を支配下に置く事件へと発展していくのである。

2 白村江の戦い前後の我が国の状況

時代を少し遡るが、653年、中臣鎌足は長男の僅か10歳の中臣真人（定恵）を学僧として唐へ派遣した。有力豪族の後継者が派遣されることは極めて異例なことであった。鎌足は留学させたあと天皇の通訳、相談役とする意図があったと思われる。定恵は白村江の大敗後の665年に百済を経て帰国したが、同年末に病没した。

658年、孝徳天皇の子の有間皇子が反乱の意志を蘇我赤兄に漏らしたことが密告されて中大兄皇子によって処刑された。

660年、唐・新羅連合軍によって百済が滅ぼされると、中大兄皇子は百済王子の余豊に5千人の護衛を付けて百済の将軍・鬼室福信へ送り届けた。

661年、斉明天皇は百済再興支援のため筑紫朝倉宮に自ら行幸し滞在していたが、当地で崩御した。皇太子であった中大兄皇子は即位せず称制により統治を行った。『日本書紀』は662年を以て天智即位元年としている。

天智天皇元年・正月、天智天皇は将軍・鬼室福信へ矢10万隻、絲（弓用の絹糸）500斤、

綿1千斤、布1千端（反）、韋1千張、稲種3千斛（石）などの軍事物資を送った。同年3月、百済王（余豊）に布3百端（反）を下賜した。5月、大錦中（冠位二十六階の第八位）の阿曇比邏夫を大将軍に指名して百済援軍として170艘の船を派遣した。

天智2年（663年）3月、派遣軍を前・中・後の3軍に分け前将軍に上毛野君稚子、間人連大蓋、中将軍に巨勢神前臣譯語、三輪君根麻呂、後将軍に阿倍引田臣比邏夫、大宅臣鎌柄を指名して2万7千人の兵を派遣した。軍船の艘数は記載されていないが、1艘に100人の兵を乗せたとしても270艘となるので、663年までに派遣された船の総数は優に500艘を超えていたと考えられる。また派遣された将兵は3・2万人を超えていたと推測される。

天智2年（663年）8月、倭国・百済遺民の連合軍は唐・新羅連合軍と白村江（現在の韓国・錦江河口付近）で交戦し壊滅的大敗を喫した。

同年9年24日、敗戦により多くの倭国兵と百済将兵が九州へと逃れた。

『日本書紀』は【日本船師及佐平余自信・達率木素貴子・谷那晋首・憶禮福留、幷國民等至於弓禮城。明日、發船始向日本。】「日本船師（船長）及び佐平の余自信、達率の木素貴子、谷那晋首、憶禮福留など国の民を併せ弓禮城に至った。次の日、船が出港して日本へ向かった」と記述している。佐平とは百済の最高位の官職（一品官）である。達率は二品官である。百済には佐平から克虞（十六品）までの官があった。

天智4年（665年）の条には次のような記述がある。

【勘校百濟國官位階級、仍以佐平福信之功、授鬼室集斯小錦下。其本位達率。復、以百濟百姓男女四百餘人、居于近江國神前郡。】

「百済国の官位階級を勘校（考慮）して、佐平であった（鬼室）福信の功績により、鬼室集斯（福信の縁者）に小錦下（冠位二十六階中十二位）を授けた。元の位は達率であった。また、百済の国民であった男女400余人を、近江国神前郡（滋賀県神崎郡）に居住させた」

このように百済から多くの人々が我が国に亡命してきたため、664年、大海人皇子（後の天武天皇）は中大兄皇子へ上奏して「冠位十九階」を「冠位二十六階」に改正して百済亡命王族、貴族に新たに位階を与え移住地を決めたのであった。

3 唐との戦後処理交渉

古代においては勝利国が敗戦国の全領土、又は一部を併合、又は植民地化することは歴史的常識であった。ところが我が国は白村江において壊滅的大敗を喫したにもかかわらず唐からの占領支配を受けた形跡がないのである。これは戦争の常識から外れており、極めて特殊なケースと言わざるを得ないのである。なぜ、我が国は唐の占領支配を受けなかったのであろうか？『日本書紀』と中国の史書から、この謎を解明していきたい。

我が国（大和王権）と唐の戦後処理交渉に関しては、我が国側の記録が少なく、中国側はほとんど記録を残していないために謎のベールに包まれている。けれども『日本書紀』には【百濟鎮將劉仁願、遣熊津都督府熊山縣令上柱國司馬法聰等、送大山下境部連石積等於筑紫都督府。】と記述されており、この記述から白村江の大敗後、唐は博多大津付近に筑紫都督府を設置して戦後処理交渉がこの地で行われたことは間違いないと考えられるのである。

『日本書紀』の記述にしたがって順に記述する。

『日本書紀』天智天皇即位３年（６６４年）５月条には次のように記述されている。

【百濟鎮將劉仁願、遣朝散大夫郭務悰等、進表函與獻物。】

「百済鎮将・劉仁願は朝散大夫（従五品下の雅称）の郭務悰等を派遣し、表函（手紙を入れた箱）と献上品を差し出した」

中国側が交渉のために郭務悰等を派遣してきたことは間違いない。しかしながら戦勝国が献上品を差し出すことは考えられず、この箇所は『日本書紀』の曲筆であろうと思われる。表函には唐側司令官の命令書が入っていたことは想像に難くない。そして交渉のあと「10月、郭務悰に贈物を渡し宴会を催した。その後、12月に郭務悰等は命令によって帰国した」と記述されている。しかし半年間も駐留していたにもかかわらず交渉内容は全く記録されていない。

664年から665年にかけて大和王権は唐の進攻を食い止めるためと考えられるが、対馬、壱岐島、筑紫国に防壁（土塁）と烽火台を設置したのみならず、さらに筑紫（現在の太宰府市、大野城市、春日市）に大きな土塁を造り、貯水した水城を築いた。また長門国（現在の山口県）に城を築き、筑紫国には大野城、基肄城、鞠智城などの朝鮮式山城を築いて防人を配備している。これらのことから唐が我が国に対し戦争責任の追及と戦争賠償（領土割譲の要求）を突き付けてきたことは間違いないと推測されるのである。

天智天皇・即位4年8月条には次のように記述されている。

【唐國遣朝散大夫沂州司馬上柱國劉德高等。等謂、右戎衛郎將上柱國百濟禰軍・朝散大夫柱國郭務悰、凡二百五十四人。七月廿八日至于對馬、九月廿日至于筑紫、廿二日進表函焉。冬十月己亥朔己酉、大閲于菟道。十一月己巳朔辛巳、饗賜劉德高等。十二月戊戌朔辛亥、賜物於劉德高等。是月、劉德高等罷歸。是歲、遣小錦守君大石等於大唐。云々。】

「唐国は朝散大夫・沂州司馬・上柱国の劉徳高等を派遣してきた。等と言うのは、右戎衛郎将・上柱国・百済祢軍・朝散大夫・柱国・郭務悰、凡そ254人である。7月28日に対馬に至り、9月20日に筑紫に至り、22日に表函を奉りました。冬10月11日に菟道にて大規模な検閲を行った。11月13日に劉徳高等と饗宴を催しました。12月14日に劉徳高等に品物を与えました。この月に、劉徳高等は帰りました。この年、小錦の守君大石等を大唐に派遣しました。云々」

劉徳高は沂州司馬と記述されていることから武官であり、郭務悰は文官であったと考えられる。もし菟道（現在の京都府宇治市）まで行って検閲を行ったのが事実であれば我が国にとってただならぬ事態となっていたと考えざるをえない。

天智即位5年（666年）、この年の冬に京都のネズミが近江（滋賀県・大津市）へ向かい移ったと記されている。同年、百済の男女（亡命者と考えられる）約2千人を東国に居住させたと記述されている。

天智即位6年（667年）3月、中大兄皇子は都を難波から近江へと移したが、「天下の百姓（民衆）は遷都を願わず、諷諫する者多し、民衆は童謡を歌った。日々夜々失火する所多し」と記録されている。童謡は民衆が政策などを批判する時の風刺歌である。

同年の条には【十一月丁巳朔乙丑、百濟鎭將劉仁願、遣熊津都督府熊山縣令上柱國司馬法聰

等、送大山下境部連石積等於筑紫都督府。己巳、司馬法聰等罷歸。以小山下伊吉連博徳・大乙下笠臣諸石、爲送使。】「11月9日、百済の鎮将軍・劉仁願は、熊津都督府熊山県令・上柱国・司馬法聰等を派遣して、大山下境部連の石積等を筑紫都督府へ送った。13日、司馬法聰等は帰国した。以て小山下の伊吉連博徳、大乙下の笠臣諸石を送使とした」と記述されている。この時、法聰等は直ぐに帰っているので何らかの事情（高句麗進攻作戦？）があったものと考えられる。

境部連石積は天智即位4年（665年）末に唐に派遣されていたが戻ってきたのである。派遣された時の位階は小山であったので戻ってから昇進したと思われる。注目すべき点は上司の守君大石の名前が無いため唐に留まったか、亡くなったのかのどちらかであろう。

同年、倭国（大和国）に高安城、讃吉国・山田郡（現在の香川県高松市）に屋嶋城、対馬国に金田城を築いている。

天智即位7年（668年）1月、長い間皇位に就かず称制していた中大兄皇子が近江大津宮（大津市）において正式に即位し、大海人皇子を皇太弟とした。

同年11月、唐・新羅連合軍はついに高句麗を滅亡させた。『日本書紀』は「大唐の大将軍・英公（李勣：594〜669年）が高麗（高句麗）を打って滅ぼした」と記している。既述したようにこの頃、唐が日本へ征伐軍を送るといううわさが流れたため我が国に緊張が走った。

天智天皇即位8年（669年）10月、中臣鎌足が沈痾（宿病）で倒れ大漸に至り亡くなった。

亡くなる前日、天皇は皇太子（大海兄）を派遣して冠位の最上級である大織冠（後の正一位）を与え内大臣とし、また「藤原」の姓を下賜した。鎌足は白村江の大敗を余程悔やんでいたのであろう。【生則無務於軍國、死則何敢重難。】「国に対して務めを果たせなかった、死んで国に重ねて難儀はかけられない」と厚葬を拒否して薄葬を求めて亡くなっている。

同年、天智天皇は高句麗平定祝賀のために小錦中（冠位二十六階中十一位）・河内直鯨等を唐に派遣している。この遣唐使は唐との戦後処理交渉が続いていたので釈明のために派遣されたと考えられる。

同年12月、『日本書紀』には唐が郭務悰等２千余人を派遣してきたとある。この時の詳細も全く記述されていない。６７０年には唐・新羅戦争（６７０～６７６年）が勃発している。

天智即位10年（６７１年）正月、天智天皇は子の大友皇子を太政大臣に任じた。これによって皇太弟となっていた大海人皇子は皇太弟を辞退して大友皇子が皇太子となった。これが２人の間に軋轢を生み、後にクーデターを起こす遠因となったとの説がある。

同年（６７１年）１月条には【百濟鎭將劉仁願、遣李守眞等上表。】「百済鎭将・劉仁願は李守真等を遣わし上表した」とあり、７月に帰っている。しかし、この『日本書紀』の記事はおかしい。なぜなら劉仁願は６６８年８月の高句麗の征討作戦において軍を逗留させたとして首都・長安に召喚され、姚州（雲南省）へ流罪となっているからである。したがって李守真たちはあたかも劉仁願の命令によって派遣されたかのように装って交渉に来た可能性が極めて高いのである。前年には唐・新羅戦争が勃発しており、李守真らはこの時期を逃すと利益が得られないと考えて来日したと考えられる。

６７１年秋、天智天皇は病に倒れた。10月17日、病床に大海人皇子を呼び、後事を託そうとしたが大海人皇子は出家することを願い許された。

その後、天智天皇の病状は悪くなり旧暦12月３日、近江大津宮で崩御した。

ところが『扶桑略記』（平安時代の歴史書）には次のように記述されているのである。

【一云、天皇駕馬、幸山階郷、更無還御永交山林、不知崩所。只以履沓落處、為其山陵。以往諸皇、不知因果、恒事殺害。】

「一説だが、（天智）天皇は馬に乗って、山階の郷に行幸され、山林に入って二度と戻らなかった。崩御した場所はわからない。ただ履沓（靴）が落ちていた処の山を御陵とした。その時の諸皇にも因果はわからなかった、世間では殺害されたと言われている」

私見であるが、唐との交渉において頼りにしていた鎌足が亡くなり、さらに６７１年10月には大海人皇子が出家して吉野に去り、戦後処理交渉の精神的負担から自殺した可能性も考えられる。

『日本書紀』６７１年11月条に、対馬国司が筑紫大宰府に使者を送り次のように急を告げたと記されている。使者によると「沙門道久・筑紫君薩野馬・韓嶋勝娑婆・布師首磐４人が唐から帰ってきた。彼ら４人によると郭務悰ら６００人、沙宅孫登（旧百済の高官）ら１４００人、合計２千人、47隻が比智嶋（巨済島南西に位置する比珍島か？）に集結しており、突然に大軍で来訪すると防人が驚き戦争となりかねないので事前に唐の来訪を伝えに来た」と言うのである。その前月（10月）には唐の武将・薛仁貴率いる水軍が黄海で新羅水軍に敗れている。郭務悰は以前にも２千人の大軍で来訪しており、戦いを避けるために前触れを行うこと自体おかしなことである。この場合も、前述した李守真等の目的と同じであったと思われる。

『日本書紀』天武天皇紀は「６７２年３月、筑紫に滞在していた郭務悰へ阿曇連稲敷を派遣して天智天皇が崩御したことを伝えさせた」と記述している。天智天皇が崩御してから３ヵ月が経過していた。

６７２年夏５月、甲冑、弓矢を郭務悰等に与え、更に絹織物（絁）１６７３匹、布２８６２端、綿６６６斤を与えたので、５月30日、郭務悰等は退き帰ったと記述されている。１匹は絹布２反分の長さ。１端＝１反の布、１斤は約６００グラムである。

大和王権は郭務悰等に多くの物品を渡していることから懐柔策によって交渉を有利に進めようとしたことが窺われるのである。この頃、唐・新羅戦争が拡大しており、これが中国側の最後の来訪となった。そして我が国と唐の戦後処理交渉は立ち消えとなったのである。

676年、新羅は錦江河口の海戦で唐を破り朝鮮半島全域を支配下に置いた。そのため唐は熊津都督府、安東都護府を遼東に移した。その後、渤海（ぼっかい）（靺鞨（まっかつ）と高句麗の遺民が興した国：698〜926年）が唐との戦端を開くと、唐は朝鮮半島の経営から完全に手を引いたのであった。

白村江での大敗は663年であり、唐・新羅戦争が起こったのは670年である。この間、我が国は唐の占領支配を全く受けた形跡がないのである。これは戦争の常識から外れており特殊なケースと言わざるを得ないのである。なぜ占領支配を受けなかったのか、その理由を次節で述べていきたい。

4 国名の変更

古代においては国名が変わることは王朝が替わる時以外には考えられない大事件であった。我が国が国名を「日本」に変えた最も古い記録は『三国史記』「新羅本紀」文武王紀の中にあり、即位10年（670年）12月条に【倭國更號日本、自言近日所出以爲名。】「倭国は号を改め日本とした、自（みずか）ら日が昇る所に近いので名前とした」と記録されている。国名変更の理由は単に日が昇るところに近いからだとしている。

『日本書紀』によると、天智天皇が崩御したのは671年12月3日（旧暦）と記述されていることから、天智天皇の治世に国名を変更したことになる。

実は、白村江の大敗後の戦後処理交渉において唐の厳しい戦争責任追及を躱すために窮余の一策として国名を変更したのが本当の理由であったのである。

『旧唐書』は次のように記述している。

【倭國者、古倭奴國也。……(中略)……日本國者、倭國之別種也。以其國在日邊、故以日本爲名。或曰、倭國自惡其名不雅、改爲日本。或云、日本舊小國、併倭國之地。其人入朝者、多自矜大、不以實對、故中國疑焉。】

「倭国は、古の倭奴国である……(中略)……日本国は、倭国とは別種である。其の国は日(太陽)に近いので、故に日本をもって名前とした。或いは、倭国は自らその名が優雅でないのを悪み(嫌い)、日本とした。或いは、日本は旧小国であったが、倭国の地を併合したという。其の国の入朝者は、矜大(おごり高ぶるの意味)なことが多く、真実をもって対応せず、故に中国は疑いを持った」

『旧唐書』に記述されているように大和王権は戦争責任と戦争賠償を回避するために唐側に対し、次のように強硬に弁解したと考えられるのである。

「我々、日本国は倭奴国（倭国）とは別種である。百済に大軍を派遣したのは倭国であり、古の倭奴国である。倭奴国が白村江の戦いで貴国（唐）に敗れて軍事力が低下したので、我々（大和）が好機と見て倭奴国を征討して併合したのである。そして我々は新たに国名を日本国としたのである」

このように大和王権は強硬に主張した結果、唐側は日本（大和王権）に戦争責任を追及することができなくなってしまったのである。

しかしながら『旧唐書』に「其の国の入朝者は、矜大（きょうだい）なことが多く、真実をもって対応せず、故（ゆえ）に中国は疑いを持った」と記述されているように、唐側は倭奴国＝倭国＝日本国（または倭奴国→倭国＝日本国）ではないかと最後まで疑いを持っていたのである。唐が不快感を露わにしていることから日本（大和王権）側に対し「もし虚偽の申し立てであれば、唐は必ず報復をする」と釘を刺していたに違いない。当然ながら交渉の当事者であった天智天皇、大海人皇子、藤原鎌足などの首脳部は、この唐側の警告を直接、又は使者から聞いて知っていたはずである。

『旧唐書』のあとに編纂された『新唐書』には「倭国伝」の記述はなく、「日本国伝」だけが載せられており、次のように記述されている。

【日本、古倭奴也……(中略)……悪倭名、更號日本。】

「日本は、古（いにしえ）の倭奴国である……(中略)……倭国の名を憎み、新しく日本と号した」

『旧唐書』の【倭國者、古倭奴國也。】及び『新唐書』の【日本、古倭奴也。】の箇所について、この唐側の認識は間違いではないが正確ではないので少し説明を要する。

倭奴国とは朝鮮半島南部において北方系倭人が100余国を有していた時代の連合国家であり、その盟主的国家が奴国であった。その連合国家が倭国と呼ばれていたのである。その後、朝鮮半島から南下してきた倭国の一部を支配下に置いたのが邪馬台国であり、邪馬台国を盟主とする連合国家であった。そして倭国を支配下において国名を大倭（やまと）としたのである。のちに大倭（やまと）は次第に倭国（やまと）とも称されるようになっていったのである。倭国は東征によって畿内を平定して遷都すると大和国（やまと）（＝倭国）と称するようになったのである。つまり倭国という場合、朝鮮半島にあった倭奴国時代、邪馬台国時代及び大和時代の三つの時代があるのである。

ともあれ大和王権は戦後処理交渉の中で巧みに言い逃れたのであるが、「日本は倭国とは別種である」と釈明したことが我が国の歴史に大きな影響を与えることになったのである。

第18章　壬申の乱及び日唐関係

1 壬申の乱

天智天皇が亡くなったあと皇太子であった大友皇子が執政として実権を握った。そして大友皇子は吉野に隠棲していた大海人皇子（後の天武天皇）を殺害しようと兵を送った。『扶桑略記』は次のように記述している。

【元年壬申五月、大友皇子既及執政。左右大臣等、相共發兵、將襲於吉野宮。】

「元年（672年）5月、大友皇子は既に執政にあった。左右の大臣（蘇我赤兄、中臣金）らは、相共に兵を発し、まさに吉野宮を襲おうとした」

また『日本書紀』天武天皇紀には次のように記述されている。

【是月、朴井連雄君、奏天皇曰「臣、以有私事、獨至美濃。時、朝庭宣美濃・尾張兩國司曰、爲造山陵、豫差定人夫。則人別令執兵。臣以爲、非爲山陵必有事矣、若不早避當有危歟。」或有人奏曰「自近江京至于倭京、處々置候。亦命菟道守橋者、遮皇大弟宮舍人運私粮事。」天皇惡之、因令問察、以知事已實。於是詔曰「朕、所以讓位遁世者、獨治病全身永終百年。然今不獲已應承禍、何默亡身耶。」】

『是月（６７２年５月）、朴井連雄君が、天皇へ奏上して言った「私は、私用があって、一人美濃へ行きました。その時、朝庭（大友皇子の朝廷）は美濃・尾張の両方の国司へ告げていました、山陵（天智天皇の陵）を造るため、あらかじめ人夫を定めて差し出しなさい、と。そして、それぞれに兵（武器）を取らせました。臣（私）はそれで、山陵のためではなく、必ず大事があると思いました、もし、早く避難しなければ危険かと思います」また別の人が奏上して言った「近江京から倭京まで、處々に斥候（見張り）を置いています。亦、菟道の守橋者（橋の番人）に命じて、皇大弟（大海人皇子）の宮の舎人が私的な粮（食料）を運ぶのを遮っています」天皇は、これは良くないことだと思い、よって問察（調査）を指示して、それが事実であることを知った。ここにおいて詔して言った「朕（私）は、譲位して遁世者となって、一人身体の病を治し１００年生きたいと思った。しかし今、やむを得ない禍を受けて、黙って身を亡ぼすことができようか

（いやできない）」』

天智天皇はかつて仏門に入って吉野に隠居していた古人大兄皇子を殺害し、蘇我倉山田石川麻呂、有間皇子を謀略にかけて殺害、処刑している。

それらの事から推測すると天智天皇は猜疑心の強い人であったと考えられ、亡くなる前に大海人皇子を排除するよう大友皇子に伝えていた可能性が高い。

一方、天智天皇を長年にわたり補佐してきた大海人皇子は天智天皇の性格を知り抜いていたので十分注意はしていたのである。

672年6月、吉野に隠遁していた大海人皇子はクーデターを起こした。これが「壬申の乱」と呼ばれる政変である。この戦いは瀬田橋の戦い（滋賀県・大津市）で大海人皇子が勝利を収め、大友皇子が自決して事件は収束した。その後、大海人皇子が天武天皇として即位して、皇城を飛鳥浄御原宮（奈良県・明日香村飛鳥）に置いたのである。

2 日唐関係

ここで簡単に唐情勢について触れておきたい。

683年末、病気がちであった唐の第3代皇帝・高宗（在位：649〜683年）が亡くなった。亡くなる前から実権を掌握していた皇后の武則天は垂簾政治（摂政政治）を行っていたが、高宗の跡を継いだ七男の李顕（中宗：武則天の子）を僅か54日で廃位にして流刑に処した。そして武則天は中宗の弟の李旦を皇帝に就けて傀儡とした。これが睿宗（在位：６８４～６９０年）である。その後、武則天（在位：６９０～７０５年）は睿宗に譲位させて中国史上初めての女帝となり国名を周と改名した（武周革命と呼ばれる）。

我が国は６６９年の遣唐使を最後に中国との通交は途絶えていたが、７０２年、冊封体制には入らず「有貢無封」を基本に再び遣唐使を派遣し始めた。中国の強大な軍事力を恐れ、友好関係の維持、情報収集が目的だったと見られる。

７０５年、武則天が老年により臥せるようになると廃位させられていた中宗がクーデターを起こして武則天から皇位を奪い、再び皇帝の座に就いた。武則天はこの年の12月に亡くなった。ところが中宗の皇后の韋后が中宗を毒殺して中宗の末子（殤帝）を帝位に就け、簒奪によって、武則天のように皇帝になろうとしたのである。これに対し睿宗と臨淄王・李隆基（のちの玄宗）が韋后とその一派を殺害、排除して殤帝に譲位させて再び睿宗（在位：７１０～７１２年）が皇帝の座に就いた。

７１２年、睿宗は玄宗（在位：７１２～７５６年）に譲位して太上皇帝となり、唐朝は第9代・玄宗皇帝のもと絶頂期を迎えたのである。

丁度この年、我が国では太安万侶が『古事記』を編纂して第43代・元明天皇に献上している。

717年、多治比縣守、大伴山守、藤原馬養らが唐に派遣された。

720年、我が国最古の正史である『日本書紀』が完成した。

733年、多治比広成（多治比縣守の弟）、中臣名代らが唐に派遣された。

753年に「天宝の争長事件」が発生している。争長事件とは席次の争いである。この事件は正月の拝賀儀式の際に新羅国が日本国より上席とされたことに対し、日本側（副使の大伴古麻呂）が中国側に対し、新羅が日本へ朝貢していた事実を援用して強硬に抗議を行い席次を入れ替えさせたのである。前回の遣唐使は733年に派遣されているので約20年ぶりの朝貢の時であった。大伴古麻呂はその時（733年）には随員として派遣されていた。

玄宗の治世の前半は「開元の治」と言われ、太宗の「貞観の治」と並び称されるほどの善政が行われた時代であった。しかし、後半は中国の四大美人と称される楊貴妃を溺愛し、統治に緩みが出て安史の乱（755～763年）の原因を作った。この反乱以降、大帝国・唐は次第に傾いていくのである。

874年に黄巣の乱（874～884年）が起こると反乱は全国に波及して、唐は統治能力を失い一地方政権となり群雄割拠の時代に入り、907年に滅亡した。そして中国は再び分裂混乱の時代（五代十国時代）に入ったのである。

894年、日本は唐朝の衰退とともに朝貢を完全に廃止した。大王・多利思比孤が中国と対等な国家（独立国）を目指してからおよそ300年が経過していた。

第19章　『記・紀』の曲筆

1『古事記』の序文

『古事記』は天武天皇が命じて編纂された我が国最古の歴史書であるが、内容は天地開闢から推古天皇までの天皇家の歴史を記述している。

712年に完成し、第43代・元明天皇（在位：707〜715年）に献上された。この『古事記』の序文には天武天皇の詔（みことのり）が次のように記述されているのである。

【諸家之所賫帝紀及本辭、既違正實、多加虚僞。當今之時不改其失、未經幾年其旨欲滅。斯乃、邦家之經緯、王化之鴻基焉。故惟、撰錄帝紀、討覈舊辭、削僞定實、欲流後葉。】

「諸家が賫（せい）（所有）している帝紀及び本辞（旧辞）は、既に真実と違っており、多くの虚偽が加えられている。當（まさ）に今この時に失（しつ）（誤り）を改めなければ、何年も経（た）ない内に其の旨（むね）（重要なこと）が消滅してしまう。斯乃（これすなわち）、邦家（我が国）の経緯（歴史）であり、王化の鴻基（大業の基礎となったもの）である。故に惟う、帝紀を撰録（選び記録）して、旧辞を討覈（詳細に調べること）して、偽りを削除し、真実を定めて後世へ伝えることを望む」

原文中の【賷】は「持ち続ける」の意味。

このように、帝紀、本辞（旧辞）には多くの間違いが存在しているので、誤りを直して『古事記』を編纂するように天武天皇が命じたと記述されているのである。ところが『古事記』には中国の正史に記録された女王・卑弥呼、女王・台与、「倭の五王」、大王・多利思比孤、太子の利歌彌多弗利など倭国王の存在を全て隠蔽して編纂されているのである。

これでは詔にそって編纂されたとは言い難い。そして我が国の正史である『日本書紀』も同様に、前述した倭国王を隠蔽して編纂されているのである。なぜ『記・紀』は史実を隠蔽して書かれているのであろうか？

2『記・紀』が史実を曲筆した理由

『記・紀』が史実を曲筆して編纂された理由は、白村江の大敗後の戦後処理交渉において唐側の戦争責任追及を躱すために「我が国は日本国であり、倭奴国（倭国）とは別種である」と釈明したことが原因なのである。

簡単に言えば、日本国は倭国とは違うと言い張って戦争責任を躱したものの、唐側から「もし虚為の申し立てであれば、唐は必ず報復をする」と釘を刺されていたために天皇家の先祖である倭国王の系図を天皇系図に載せることができなくなってしまったのである。

『古事記』序文には天武天皇の詔に続き、次の記述がある。

【時有舎人、姓稗田、名阿禮、年是廿八、爲人聰明、度目誦口、拂耳勒心。即、勅語阿禮、令誦習帝皇日繼及先代舊辭。】

「時に舎人に、姓は稗田、名は阿礼という者あり、年は28歳、人物は聡明であり、一度、目で見て口で誦えれば、耳を通して心に刻むことができた。直ちに阿礼に命じて、天皇の系図と先代の旧辞（言い伝え）を誦習させた」

この原文の【誦習】の意味は単に「声を出して読むこと」の意味ではない。また我が国に文字がなく口述伝承を行ったという意味でもない。

天武天皇が命じた【誦習】の意味は「書いてあることを全て記憶して諳んじることができるようにせよ」という意味である。要するに天武天皇は『帝紀』、『旧辞』及び厩戸皇子、蘇我馬子によって編纂された『天皇記』、『国記』など諸家が所有している歴史書を全て稗田阿礼に記憶させたあと、中国側へ漏洩することがないように、これら全ての歴史書を消滅させたのである。

天武天皇は倭国王の系図を天皇系図にそのまま残すと日本国と倭国の関係が明らかとなり「戦後交渉において嘘偽りの釈明をした」として討伐の口実に使われることを恐れたのであった。それほど我が国は中国を脅威に感じていたということである。

ところが最初の王である天御中主から東征を行った「倭の五王」の【武】（神武天皇）までの倭国王の系図を削除すると天皇系図が極端に短くなってしまうために倭国王を隠蔽して天皇系図に新たに大王（王）を天皇として挿入して作製することにしたのである。そのため現在の天皇系図は天皇の重複、挿入及び皇位継承の逆転現象が生じているのである。

それでは重複、挿入によって今上天皇の世代数は実際よりも長くなっているのであろうか？

或いは短くなっているのであろうか？

『新唐書』には「最初の王である天御中主から彦瀲まではおよそ32世である」と記述されていることから邪馬台国女王である台与は最初の王からおよそ28世となるのである。重複、挿入されたと考えられる天皇は20名ほどになるため、実際には8代ほど加えた代数が今上天皇の代数と推測されるのである。つまり今上天皇の代数は実際よりも短くなっているのである。そのため『記・紀』は古代天皇及び挿入した天皇の年齢（寿命）を長くして編纂されているのである。さらに九州の出来事を大和の出来事に書き変え、畿内に存在していた巨大墳墓を天皇陵と書き変えたのである。

『古事記』は編纂開始から完成まで約40年という非常に長い時間をかけて編纂されているが、これは故意に延ばしたと推測されるのである。戦後処理交渉に係わった者（唐側の人間）が生き残っていればまずいことになるからである。

その後、『古事記』を基にして『日本書紀』が漢文で編纂されたのである。したがって、『記・紀』に記述された内容には真実の部分と創作された部分が存在しており、多くの謎が残ることになったのである。

天武天皇は漢民族が面子を重視する民族であることをよく知っていたと思われ、中国との戦争が起これば国民を長く苦しめることになると考えて、それを避けるために天皇家の歴史を曲筆させたのであった。もし天武天皇の英断がなかったならば、中国は我が国に遠征軍を度々送ってきたかもしれないのである。

読者の皆さんの中には、そんな些細なこと（日本国が倭国とは別種であると虚偽の説明をしたこと）で大国である中国が討伐軍を発動することはないと考える人もあるかもしれない。しかし、それは間違いである。

例えば後世、元（げん）王朝は我が国が冊封体制に入り、朝貢を行うよう強要する国書を送ってきている。我が国がこれに答えなかったために元朝は面子（メンツ）を潰されたとして実際に武力行使を行っているのである。中国は、面子を最も重んじる民族なのである。

元（1260〜1368年）の皇帝・クビライは至元3年（1266年）8月に兵部侍郎（国防次官）・黒的、礼部侍郎（礼部次官）・殷弘らに国書を持たせ宣諭使として日本へ派遣した。ところがその時、対馬海峡の波浪が高く来日できず、国書は高麗の使者によって至元5年（1268年）1月に我が国にもたらされたのであった。この国書は朝貢を行わなければ武力を行使するという威嚇の文面となっているのである。

『元史』「列傳第九十五　外夷一」には次のように記述されている。

【大蒙古國皇帝奉書日本國王。朕惟自古小國之君、境土相接、尚務講信修睦。況我祖宗、受天明命、奄有區夏、遐方異域畏威懷德者、不可悉數。朕即位之初、以高麗無辜之民久瘁鋒鏑、即令罷兵還其疆域、反其旄倪。高麗君臣感戴來朝、義雖君臣、歡若父子。計王之君臣亦已知之。高麗、朕之東藩也。日本密邇高麗、開國以來亦時通中國、至於朕躬、而無一乘之使以通和好。尚恐王國知之未審、故特遣使持書、布告朕志、冀自今以往、通問結好、以相親睦。且聖人以四海為家、不相通好、豈一家之理哉。以至用兵、夫孰所好。王其圖之。】

「大蒙古国・皇帝は書（国書）を日本国王へ奉る。朕（私）が惟うに古より小国の君

（国王）は、国境が相接していれば、音信して親睦を修めてきた。況や我が祖宗（チンギス・ハン）は、天命を受けて、区夏（華夏＝中国）を悉く領有し、遐方・異域（遠い異国）でさえ権威を畏れ、徳を慕う者は数えきれない。朕は即位の初め、高麗の無辜（罪がないこと）の民が長く鋒鏑（戦争）に疲れていたので、直ちに兵役を免除して、その疆域を（高麗へ）還し、旄倪（老人と小児）を返すよう命じた。高麗の君臣は感戴（ありがたくおしいただくこと）して来朝した、君臣の義（道理）と雖も、歓びは父と子のようであった。既に王（日本国王）と君臣はこの事を知っているだろう。高麗は朕の東の藩国である。日本は高麗に密邇（近接）しており、開国以来、またときに中国と通交してきたが、しかし朕躬（＝朕：クビライのこと）の時代になって、一乗の使者（1人の使者）も派遣せず和好を通じることはなかった。（近いのに）王国を未だ審らか（詳しく）に知らないことを恐ろしく思う、故に特別に国書を使者に持たせ派遣して、朕の志（考え）を布告する、今から後、通問結好（通交）を行い、以て互いに親睦を願う。まさに聖人は四海を家とし、お互いによく通交しなければ、どうして一家の理（道理）と言えようか。兵を用いるのは孰（お互い）好む所ではない、（日本国の）王は其のことを図れ（よく考えよ）」

原文中の【鋒鏑】は武器、兵器の意味であるが、ここでは戦争の意味であろう。元の国書に書かれているように、この時、朝鮮半島の高麗は元の支配下にあった。当時の日本は鎌倉時代であり、鎌倉幕府のトップは第7代執権・北条政村であったが、この難局を乗り切るために北条家・本家の北条時宗（在職：1268～1284年）に執権職を譲り、権力の一元化を図り補佐したのである。朝廷からは返牒案（返事を出す案）が提案されたが時宗は新進気鋭の18歳であり、元朝の圧力には屈服せず返書を出さなかった。そのため皇帝・クビライは我が国を討伐するために、1274年（文永の役）、1281年（弘安の役）の2回にわたり大規模な遠征軍を送ってきたのであった。しかし我が国は2度とも撃退している。

因みに、無敵と言われたモンゴル軍によって滅ぼされた国家、又は敗れて支配下に入った国家は約30ヵ国に上るが、この無敵モンゴル軍の侵略を撃退した国家が3ヵ国存在している。我が国はそのひとつの国家である。その他の国家のひとつがマムルーク朝（1250～1517年）である。この国家はエジプト、シリア、紅海地域を領土とした国家であるが、第5代スルタンのバイバルス（在位：1260～1277年）が「アイン・ジャールートの戦い」（1260年）でモンゴル軍を壊滅させ、モンゴル軍の西進を阻止している。次が現在のベトナムにあたる陳朝で、我が国より少し前にモンゴル軍の侵略を阻止している。陳朝大越の皇族で将軍であった陳興道（＝陳国峻：1228～1300年）は1257年のモンゴル軍侵略に対し、大越軍を率いて大勝している。1282年には元を建国したクビライの侵略を再び受けたが陳国峻はゲリラ戦を展開して大勝している。

第20章　書き変えられた天皇系図

1 神として重複記載されている天皇

『記・紀』の神話には天皇家の祖先である多くの神が記述されているが、これらの神々の中には天皇として重複記載されている神が存在するので、その箇所を第31図に示した。

「系図A」は『記・紀』に記述されている神統譜（神の系図）である。天照大御神を祖神として彦瀲（ひこなぎさ）までの系図を示している。「系図B」は天皇系図の一部である。第14代・仲哀天皇の皇后である神功皇后から允恭天皇までの天皇系図を示した。このように「系図B」の天皇は神として「系図A」に重複記載されているのである。

また現在の天皇系図は神武天皇を初代天皇に書き変えたために新たに彦瀲（允恭天皇）と五瀬命（雄略天皇）の間に安康（あんこう）天皇を挿入して天皇系図が作製されているのである。

『日本書紀』安康天皇紀によれば、允恭天皇が崩御したあと、第一皇子の木梨軽皇子（きなしのかるのみこ）は暴虐で淫行があったので国民はこれを誹謗し、群臣は弟である穴穂皇子（あなほのみこ）（安康天皇）を推戴したという。木梨軽皇子は密かに挙兵して穴穂皇子を殺そうとしたが、群臣は従わず離反したことから物部大前宿禰（もののべのおおまえのすくね）の館に逃げ込んで隠れた。しかし穴穂皇子の軍勢に囲まれ自決したという。一説には伊予国（いよのくに）（現在の愛媛県）に流されたという。そして、弟の穴穂皇子が即位して安康天皇となったが眉輪王（まよわのおおきみ）に暗殺されたとしているのである。

この『日本書紀』の内容は天皇家が東征を開始する以前の話が舞台となっており畿内を支配していた秦の帝室の子孫である物部大前宿禰が登場

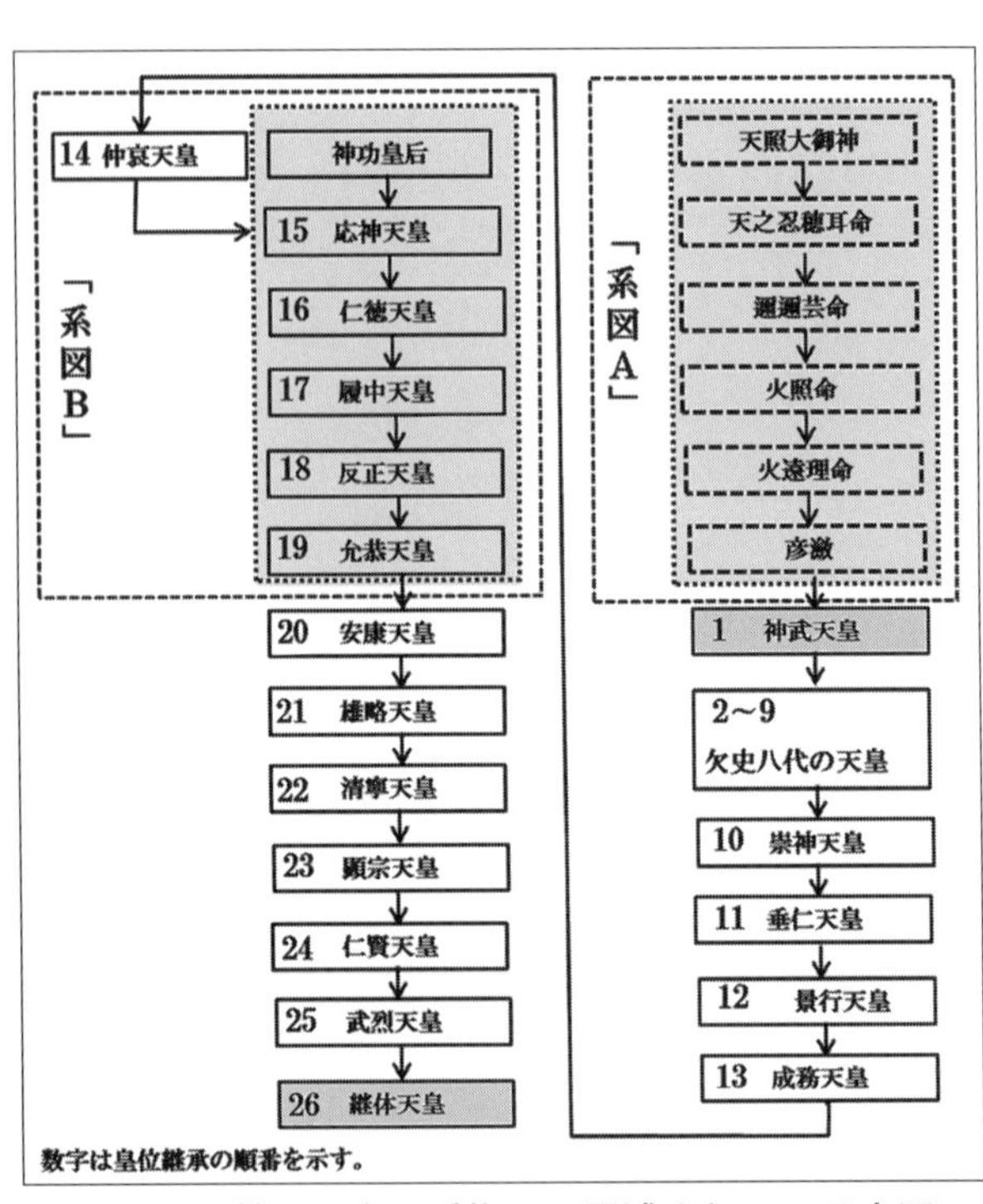

第31図　神と天皇に重複して記述されている大王

すること自体おかしいのである。つまり意図的に創作されて挿入されたと考えられるのである。

２ 継体天皇とは神武天皇のことである

現在は散逸し、逸文が残るのみであるが、『上宮記』（7世紀頃に成立した歴史書）は『記・紀』の成立よりも古いと考えられている。この書の逸文には応神天皇から神武天皇までの王の系譜が残されている。

『上宮記』の逸文には王位継承（和風諡号）は、凡牟都和希王→若野毛二俣王→意富富杼王→乎非王→汙斯王（彦主人王）→乎富等大公王（継体天皇）となっている。

この系図を第32図の左側に示した。

凡牟都和希王とは応神天皇のことであり、『古事記』に品陀和氣命（大鞆和気命）、『日本書紀』に誉田別尊（譽田天皇）と記述されている王である。日本神話に記述されている第31図の「系図A」の神名を天皇名に直して神武天皇までの系図を第32図の右側に示した。このように『上宮記』と『記・紀』に記述された系譜は完全に一致しており継体天皇は神武天皇であることを示しているのである。

継体天皇についてはその特異な出自から王朝交代説が盛んに唱えられているが、淡海三船の撰進した漢風諡号及び『記・紀』などの史書からその可能性は低いといえよう。

『日本書紀』継体天皇紀の24年2月条の詔には次のように「継体」について記述された箇所がある。

【自磐余彦之帝・水間城之王、皆頼博物之臣・明哲之佐。故、道臣陳謨而神日本以盛、大彦申略而膽瓊殖用隆。及乎繼體之君、欲立中興之功者、曷嘗不頼賢哲之謨謀乎。】

「磐余彦之帝（神武天皇）から水間城之王（崇神天皇）までは、皆博学の臣下を頼り、明哲の臣下の補佐を受けてきた。故（古くは）、道臣（道臣命）が策を立てて、神日本（神武天皇）が隆盛となり、大彦（大彦命）が申し上げて膽瓊殖（崇神天皇）が用い隆盛となられた。継体の君主で、中興の功を立てようと欲する者は、嘗のように賢哲の

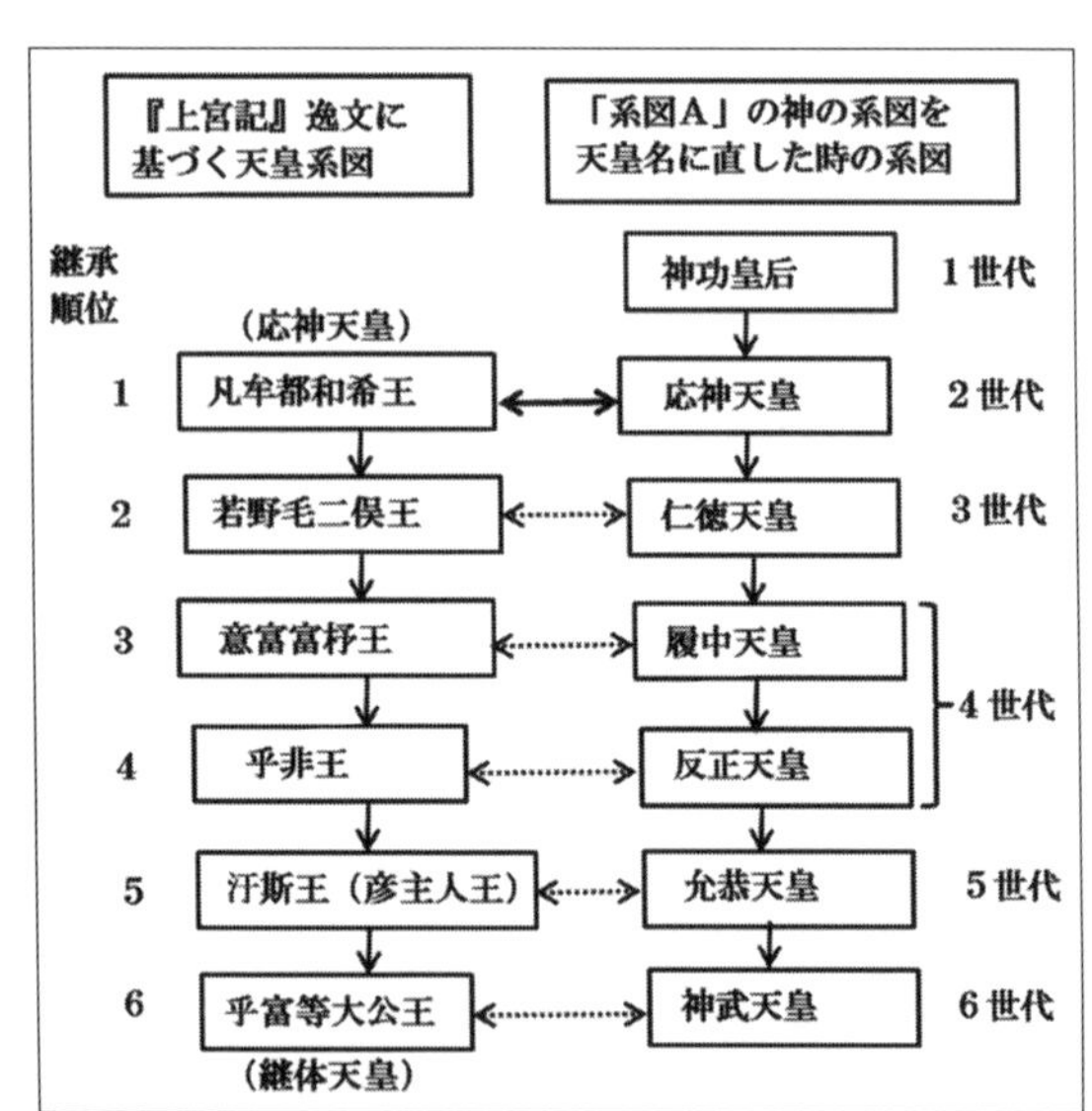

第32図　『上宮記』の天皇系図と「系図A」の比較

謀（策）に頼ることになるのだ」

この記述箇所は唐時代初期に成立（624年成立）した『藝文類聚』「治政部上」の中にある次の文章を引用しているのである。

【自堯舜之帝、湯武之王、皆頼明哲之佐。博物之臣、故皐陶陳謀、而唐虞以興、伊箕作訓、而殷周以隆、及繼體之君、欲立中興之功者、曷嘗不頼賢哲之謀乎。】

「堯、舜の帝から、湯王、武王まで、皆明哲な臣下の補佐、博物の臣下に頼ってきた。昔の皐陶は謀（策）を立て、唐虞（堯・舜の時代）を興した、伊箕（伊尹と箕子）は教え導き、そうして殷と周は隆盛となった、継体の君主で、中興の功を立てようと欲する者は、嘗のように賢哲の謀（策）に頼ることになるのだ」

原文中の【皐陶】は帝王・舜と帝王・禹に仕えた政治家である。

また継体天皇、持統天皇の「継体」「持統」も同じく『藝文類聚』「帝王部一」の中に次のように記述されている。

【薛瑩《漢紀》曰：明帝自在儲宮、而聰允之德著矣。及臨萬機、以身率禮、恭奉遺業、一以貫之、雖夏啟周成、繼體持統、無以加焉。是以海内乂安、四夷賓服、斷獄希少、有治平之風、號曰顯宗、不亦宜乎。】

「薛瑩の『漢紀』に言う：明帝（後漢の2代皇帝）は儲宮（皇太子）にあった時から、聰允の徳が著名であった。萬機（政務）に臨み、身をもって礼に従い、遺業（先代の偉業）を尊重して、一心にこれを継承してきた、夏の帝王・啟、周の成王と雖も、継体（皇位と国家体制を継承すること）、持統（伝統を守ること）以外に加えるものはない。是によって海内（国境の内側＝全土）は乂安（よく治まって穏やかの意味）となり、四夷は来朝して従い、断獄（極刑）は極めて少なく、世の中は平和であり、号を顯宗としたのは、また宜しからずや（もっともなことである）」

原文中の【夏啟】とは夏の始祖である禹の子で夏王朝の2代目の王である。

『藝文類聚』に記されているように「継体」の意味は「皇位と国家体制を引き継ぐ」という意味であり、「持統」の意味も「前の帝王の伝統を守る」ことを意味しているのである。つまり「継体」、「持統」は王朝が替わったという意味を持たないのである。継体天皇が亡くなってから、淡海三船が漢風諡号を撰進した頃（762〜764年頃）まで、230年ほどしか経過しておらず、淡海三船は自身の先祖である「継体天皇」の正体を知っていたことは間違いないのである。「継体」を撰進した淡海三船は「王朝の交代はなかった」と言っているのである。もし王朝交代があったのであれば、淡海三船は「神」の字を撰進したことであろう。

③ 重複、挿入されたと考えられる天皇

淡海三船が残した暗号から重複又は挿入されたと考えられる天皇を解明していきたい。初代神武天皇から第14代・仲哀天皇までの天皇系図を第33図に示した。

『記・紀』によれば、神武天皇には宮崎県日向を発つ前に阿比良売(あひらひめ)という妻がおり、多藝志美美命(たぎしみみのみこと)(以下、手研耳命と記す)と岐須美美命(きすみみのみこと)の2人の皇子があった。この王統を仮に【九州大王家】と称したい。後に上宮王家(じょうぐうおうけ)と称される王家である。

一方、東征によって畿内地域を支配下においた神武天皇は饒速日命(秦帝室の末裔)の王統の娘である媛蹈鞴五十鈴媛(ひめたたらいすずひめ)を皇后に迎え神八井耳命(かんやいみみのみこと)、神沼河耳命(かんぬなかわみみのみこと)(綏靖天皇(すいぜいてんのう))の二人の皇子が生まれた(『古事記』は日子八井命(ひこやいのみこと)、神八井耳命、神沼河耳命の三人とする)。この王統を仮に【大和大王家】と称して話を進めたい。

「神」の字を含む神武天皇、崇神天皇、神功皇后によって、挿入された天皇は第33図の点線枠

で示したように二つのグループに分けられる。

一つのグループが初代・神武天皇のあとの綏靖天皇から開化天皇までの天皇である。これらの天皇は『記・紀』には事績が記述されていないことから「欠史八代」と呼ばれている。これらの天皇は【大和大王家】と【九州大王家】の天皇（王として実在した人物）を繋ぎ合わせて挿入したと考えられる。また「欠史八代」の後の崇神天皇も挿入された天皇である。崇神天皇については後述する。

第2代の綏靖天皇は『日本書紀』によれば、神武天皇が崩御したあと【九州大王家】の手研耳命が【大和大王家】の神八井耳命（かんやいみみのみこと）、神沼河耳命（かむぬなかわみみのみこと）を殺そうとしたので逆に神沼河耳命が手研

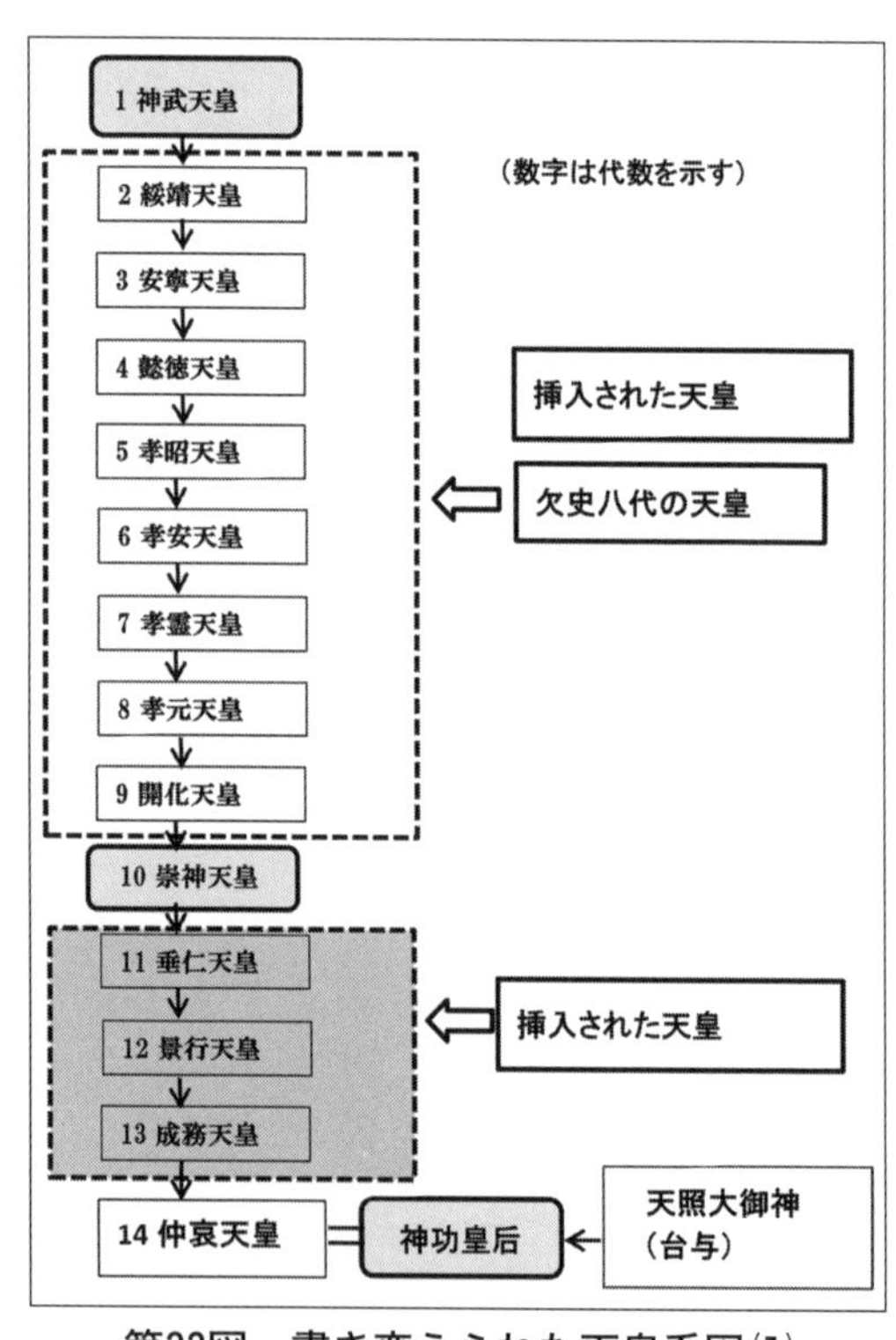

第33図　書き変えられた天皇系図(1)

耳命を殺して綏靖天皇として即位したと記述されている。ところが『古事記』と『日本書紀』の記述には食い違いが見られるのである。

『古事記』は「神武天皇の崩御した後、手研耳命が神武天皇の皇后であった媛蹈鞴五十鈴媛を娶った」と記述していることから【九州大王家】の手研耳命が継承したと推測される記述となっているのである。手研耳命は東征に初めから参加して畿内平定に貢献した皇子であったことを考えれば、『古事記』の記述の方が正しいように思えるのである。つまり『古事記』は【大和大王家】（綏靖天皇）によって皇位が簒奪されたような記述となっているのである。

一方、『日本書紀』は「神武天皇が即位42年に神渟名川耳尊（綏靖天皇）を皇太子に立てた」と記述している。つまり皇太子となっていた神渟名川耳尊を手研耳命が殺そうとしたので、それを知った神渟名川耳尊の兄弟が先手をうって逆に手研耳命を殺して、神渟名川耳尊が天皇に即位したと記述しているのである。

いずれにせよ『記・紀』は神武天皇が亡くなったあと皇位継承に関わる争いが起こり、一旦は【大和大王家】の綏靖天皇に移ったが、間もなくして【大和大王家】の天皇が殺され、皇位は【九州大王家】に戻されたと考えられるのである。

『新撰姓氏録』によれば綏靖天皇及び第3代・安寧（あんねい）天皇、第4代・懿徳（いとく）天皇の子孫には「真人」又は「朝臣」の位を与えられた氏族が存在していないのである。一方、第5代・孝昭天皇から第9代・開化天皇までが【九州大王家】の大王と推測され、子孫には「真人」或いは「朝臣」の位を与えられた氏族が存在しているのである。

二つめのグループは第11代・垂仁天皇、第12代・景行天皇、第13代・成務天皇である。この三人の天皇は『魏志倭人伝』に記述された狗奴国王の王統の王（先祖）を挿入したと推測される。その理由は、景行天皇の和名が『古事記』では大帯日子淤斯呂和気天皇、『日本書紀』では大足彦尊となっており、成務天皇の和名が『古事記』では若帯日子天皇、『日本書紀』では稚足彦尊となっている。「足」、「帯」、「息長（気長）」の名は神功皇后（女王・台与）の和名である大帯比売命（『古事記』）、気長足姫尊（『日本書紀』）に共通する名であるからである。

私見であるが、女王・台与は卑弥呼の孫にあたると推測されるため、卑弥呼は景行天皇として挿入されている可能性がある。だとすると邪馬台国女王・卑弥呼は景行天皇の妹である倭比売命（倭姫命）にあたると思われる。

次に神功皇后以降の天皇系図（皇統譜）を第34図に示した。

図の左側に仲哀天皇（神功皇后）から欽明天皇までの天皇系図を示した。

また右側に天照大御神から神武天皇（神日本磐余彦尊）までの倭国王の系譜と神武天皇から第4代・懿徳天皇までの天皇系図を示した。そして、最右側に中国の史書に記録された「倭の五王」の名前を示した。

神武天皇は継体天皇と重複記載されていると考えられるために「欠史八代」の系譜を並べて記載している。そして挿入、重複の可能性のある天皇を点線枠で示した。

第20代・安康天皇が挿入された理由については既に述べた。もし実在した人物だとすれば五瀬命（雄略天皇）の兄として記述されている穴穂命と推測される。

次に挿入された天皇と考えられるのは雄略天皇と継体天皇の間の清寧天皇、顕宗天皇、仁賢天皇、武烈天皇の四人の天皇である。『新撰姓氏録』によると、これらの天皇の子孫には「真人」、「朝臣」の位を与えられた氏族は存在しない。おそらくこれらの天皇は畿内において君臨し、巨大な墳墓を築造した饒速日命の王統の王をモデルとして挿入したと推測される。すなわち東征前に畿内において君臨していた中央集権国家の王たちである。

『古事記』は武烈天皇に関してはほとんど記述していないが、『日本書紀』は異常な行為

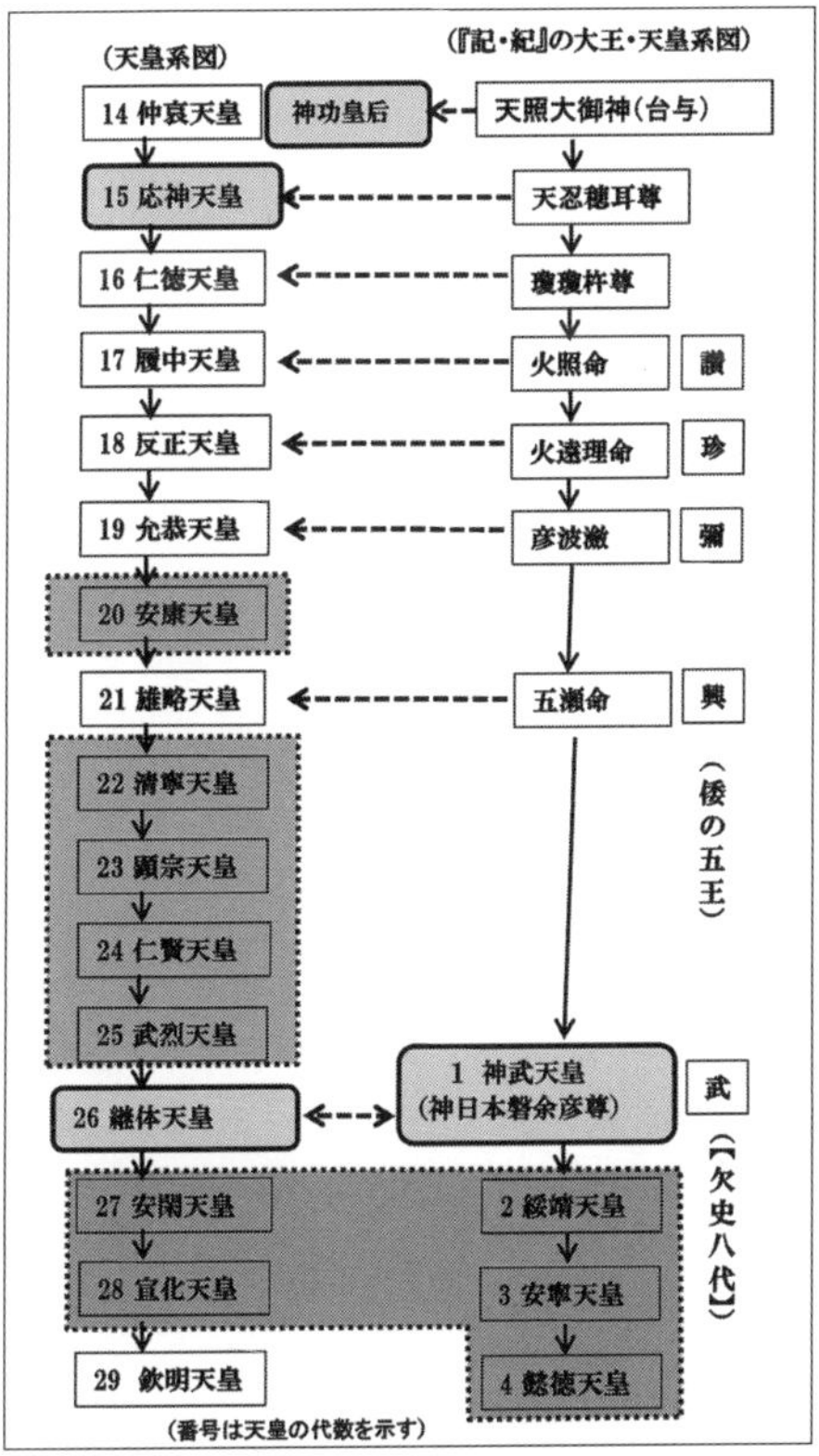

第34図　書き変えられた天皇系図⑵

を行った暴君として記述されている。この天皇の名は『古事記』には小長谷若雀命、『日本書紀』には小泊瀬稚鷦鷯尊となっており、仁徳天皇の名である「大鷦鷯尊」と雄略天皇の名である「大泊瀬幼武尊」の一部を切り取って創られているのである。

『日本書紀』武烈天皇紀には武烈天皇の異常さが次のように記述されている。

【長好刑理、法令分明。日晏坐朝、幽枉必達、斷獄得情。又、頻造諸惡、不修一善。凡諸酷刑、無不親覽。國內居人、咸皆震怖。】

「(武烈天皇は)成長すると刑罰を好み、その命令は明確であった。日が遅くなるまで朝廷に座して、幽枉(免罪)でも必ず罪を追及し、断獄(ひどい罪)に処して満足した。又、頻繁に諸悪を作り出し、一善(一つの良い事)も行うことはなかった。凡そ諸々の刑は酷く、自身で観覧しないことはなかった。国内に居住する人々は、ことごとく皆がふるえ怖れた」

この箇所は次に示した『後漢書』「明帝紀」からの引用である。

【明帝善刑理、法令分明。日晏坐朝、幽枉必達。內外無倖曲之私、在上無矜大之色、斷獄

得情。】

「明帝は刑法・法律をよく知っており、日が暮れて遅くなっても朝廷に座し、幽枉（免罪）を必ず正した。（よって）内外（宮中・地方）においても倖曲（上にへつらいよこしまなこと）を行う人は無く、上の者で矜大（おごり高ぶること）の色（様子は）無く、断獄の場合でも（被告の）情を汲み取った」と記述されている。

明帝は善政を行った皇帝であり【幽枉必達】の箇所は「免罪が起こらないように必ず正しく審議した」という意味である。しかしながら『日本書紀』の編纂者は明帝紀の意味と全く逆の意味で使用しているのである。

『新撰姓氏録』によれば「神別」の中に韓国連という氏族があり、その記事に【武烈天皇御世、被遣韓国、復命之日、賜韓国連】「武烈天皇の御世に韓国に派遣され、復命した日に韓国連の姓を賜った」とある。この韓国連は采女臣と同祖であり、采女臣は饒速日命六世孫・伊香我色雄命の子孫となっているのである。この事からも武烈天皇は饒速日命に繋がる王であることが示唆されているのである。

次に重複記載されている箇所は、神武天皇が継体天皇として重複記載されていると考えられることから神武天皇に続く綏靖天皇、安寧天皇、懿徳天皇と継体天皇に続く安閑天皇、宣化天皇の箇所である。

三人と二人では人数が合わないではないかと思われるに違いないが、これは『古事記』が【大和大王家】の子として日子八井命、神八井耳命、神沼河耳命の三人を挙げたので単に天皇として三人を挿入したのであり、『日本書紀』の方は神八井命、神渟名川耳尊を兄弟としたので二人を天皇として挿入したために食い違いが出たと推測される。神武天皇（継体天皇）が崩御した時の527年から欽明天皇が即位した531年までの4年間で三人の天皇が立ったとするのはさすがにおかしいので二人の天皇に書き変えたのではないかと思われるが、実際には【大和大王家】は一代で終わり【九州大王家】に変わった可能性も考えられるのである。

『日本書紀』には安閑天皇には子女がなく、弟の宣化天皇が皇位を継いだと記述されている。当時、天皇は複数の妃を持っており幼帝でないかぎり子女がなかったとは考えられないのである。また天皇系図は継体天皇→安閑天皇→宣化天皇→欽明天皇となっているのであるが、『古事記』には継体天皇→天国押波流岐広庭命（欽明天皇）→広国押建金日命（安閑天皇）→建小広国押楯命（宣化天皇）と記述されており、皇位継承の順番が逆転している。これは編者のうっかりミスと思われる。

神武天皇の崩御後に起こった皇位継承に関する王族の内訌は、内容を詳しく『記・紀』に載せると「日本国＝倭国」であることが明らかとなるために記述しなかったと考えられる。

④ 大王・多利思比孤に比定される天皇

『新唐書』には【次欽明。欽明之十一年、直梁承聖元年。次海達。次用明。亦曰、目多利思比孤、直隋開皇末、始與中國通。次崇峻。崇峻死、欽明之孫女、雄古立。】と記述されており、【目多利思比孤】の【目】（『通典』は「自」となっている）は衍字（えんじ）（間違って入った不必要な文字）と考えれば用明天皇＝多利思比孤となる、しかし用明天皇の崩御年から考えると用明天皇は多利思比孤ではないことは既に述べた。『新唐書』に記述された前述の箇所は、おそらく遣唐使が派遣された時に日本側が意図的に中国側に流した偽情報と推測される。大王・多利思比孤の存在を不明瞭にして倭国と日本国の関係をわからないようにするためであったと考えられる。

神武天皇は継体天皇として重複記載されているので、いま神武天皇のあとの「欠史八代」の天皇系図と継体天皇のあとの推古天皇までの二つの天皇系図を並列に並べて推古天皇の治世に近い天皇を探すと、第8代・孝元天皇又は第9代・開化天皇となるのである。

『隋書』によれば、大王・多利思比孤は「大国維新の化を聞かせてほしい」と隋の使者である裴清に強く要求した大王であった。『記・紀』は開化天皇の第三皇子として日子坐王（ひこいますのおう）（彦坐王（ひこいますのおう））を記述しているのであるが、事績がなく実在した人物とは考えられない。ところが系譜だけは詳細に記述されており、開化天皇の玄孫（やしゃご）が神功皇后となっているのである。簡潔に言えば、系図の逆転現象が生じているのであるが、これは開化天皇の王統が邪馬台国女王・台与の血統を引き継ぐ王であることを強く示唆しているのである。

『隋書』に記述された大王・多利思比孤は開化天皇に比定されると考えられる。大王・多利思比孤は厩戸皇子に比定されると考えられるため、実際は天皇ではなかったけれども開化天皇として天皇系図に挿入されているのである。

5世紀末、神武天皇が畿内を制圧して関東以西の地域統一を成し遂げたのであるが、その後の統治は困難を極めた。現在の我々にはなかなか想像するのは難しいが、『記・紀』を読めば天皇家は存亡の危機の中にあったことは明らかである。外戚となった物部氏が簒奪を行い、次に蘇我氏が実権を握ると専横が始まり歴代天皇の宸襟を悩ませたのであった。中央集権国家からの渡来人であった彼らにとって親兄弟であっても実力により帝位を奪うことは普通のことであったからである。

このため大王・多利思比孤（厩戸皇子）は十七条の憲法を制定したのであった。この憲法の第一条から第三条に大王・多利思比孤の考えが国家の基本理念として明記されている。

第一条には【以和爲貴。無忤爲宗。】「和をもって貴しとし、忤うことなきを宗（根本）とする」としている。第二条には【篤敬三寶。】「仏・法・僧を厚く敬え」と規定しており、人民の信仰の自由を認めている。第三条には【君則天之、臣則地之。】「君（主君）はすなわち天であり、臣（臣下）はすなわち地である」としており、上下関係は絶対であると規定しているのである。

蘇我氏にとって大王・多利思比孤は目の上の瘤であったはずである。平安時代初期に成立したとされる『上宮聖徳太子伝補闕記』には【壬午年二月廿二日庚申。太子無病而薨。時年卌九。】「壬午年（622年）2月22日庚申。太子は病なくして薨じた。時に49歳であった」と記されている。前日には妻の膳大郎女も亡くなっており、病なく亡くなったと記述されていることから、既に述べたが暗殺された可能性が高いのである。

5 利歌彌多弗利に比定される天皇

『隋書』に記述された利哥彌多弗利は大王・多利思比孤が厩戸皇子（聖徳太子）に比定されると考えられるため、厩戸皇子の子である山背大兄王に比定されるのである。蘇我入鹿によって一族が殺され断絶した上宮王家の最後の王である。ただし『新撰姓氏録』には上毛野・下毛野朝臣が崇神天皇の子の豊城入彦命（豊木入日子命）の支族となっている。『記・紀』にも豊城入彦命が上毛野・下毛野（群馬県、栃木県南部地域）の祖となったと記述している。そのことから蘇我入鹿の暗殺から逃れた皇子があったようである。

山背大兄王も天皇ではないが、崇神天皇として天皇系図に挿入されているのである。

崇神天皇に比定される山背大兄王は『上宮聖徳法王帝説』には山代大兄王とされており、

次のように記述されている。

【此王、有賢尊之心、棄身命而愛人民也、後人与父聖王相濫非也。】

「此の王、賢尊（高潔）の心があり、身命を棄てて人民を愛した、のちの人々は父の聖王（聖徳太子）と相濫（混同）しているが間違いである」

この二人の大王（多利思比孤、利哥彌多弗利）は次第に混同されてひとつの伝説に収斂されていったと推測される。それが聖徳太子伝説と思われる。

初代の神武天皇は始馭天下之天皇と称されている。この意味は東征を行い多くの国を征服、平定して統治したことから【始馭天下之天皇】「初めて天下を統一した天皇」と称されたことは容易にわかる。一方、同じく神の字が撰進された崇神天皇も御肇国天皇と称されているため二人の天皇を同一人物と考える説や、或いは初代の神武天皇は架空の人物であり実在しなかったとする説が見られる。しかしながら中国と我が国の史書から、この二人の天皇が別人であり、共に実在した人物であることに疑う余地はない。

この二人の天皇は同じ名前で呼ばれているが、事績が全く異なっている。

『日本書紀』は御肇国天皇と呼ばれた理由を次のように記述している。

【十二年春三月丁丑朔丁亥、詔「朕初承天位、獲保宗廟、明有所蔽、德不能綏。是以、陰陽謬錯、寒暑矢序、疫病多起、百姓蒙災。然今解罪改過、敦禮神祇、亦垂教而緩荒俗、擧兵以討不服。是以、官無廢事、下無逸民、教化流行、衆庶樂業、異俗重譯來海外既歸化。宜當此時、更校人民、令知長幼之次第及課役之先後焉。」秋九月甲辰朔己丑、始校人民、更科調役、此謂男之弭調・女之手末調也。是以、天神地祇共和享、而風雨順時、百穀用成、家給人足、天下大平矣。故稱謂御肇國天皇也。】

『（崇神天皇即位）12年（634年か？）春3月11日、詔にいう「朕は初めて天位（天から与えられた皇位）を継承し、宗廟（先祖を祀る廟）を守ることになった、明らかに道理に暗い所があり、徳を保つことができなかった。是によって、陰陽（冬夏）が狂い、寒暑の順序が失われ、疫病が多く起こり、百姓（人民）は災を蒙った。しかし、いま罪を祓い、過ちを改め、神祇を篤く祀り礼拝し、亦教えを広め、そして荒々しい俗（世の中）を寛容な世とし、服従しない者は挙兵して討った。是によって、官（役人）は公務を怠ることがなく、仕事に就かず隠れ住む人もなくなり、化（王化）の教えは広く伝わり、衆庶（民衆）は生業を楽しんで行い、異俗（異民族）は重訳（通訳を重ねること）して海外より渡来して帰化した。此時に当たり、新たに人民調査を行い、年齢を調べて課役の順番を知らせるよう命ずる」秋9月22日に人民の調査を始め、あらたに調役を科した、これは男であれば弭調（狩猟で得た獲物を税として納めること）、女であれば手末調（織物の類いで納める税）である。是を以て、天神地祇は共に和合を享受して、風雨は順調となり、百穀（多くの穀物）が実り、どの家にも衣食が満ち溢れ、天下大平となった。故に御肇国天皇と呼ばれた』

文中の【敦禮神祇】は天津神と国津神のことであるが、十七条の憲法の理念から考えると天津神が信仰する神道と国津神が信仰する仏教の神を篤く祀り礼拝したという意味であろう。また文中の【天神地祇】は「君主と臣下」又は「神道と仏教」の意味と考えられる。

崇神天皇（利哥彌多弗利）が【御肇国天皇】と呼ばれる理由は、唐の使者である高表仁に対し、臣下の礼を取らないことで中国と対等な国家であることを初めて示した大王であったことと、初めて神道、仏教の神を共に祀った大王であったことである。厩戸皇子、山背大兄王は実際には天皇に即位していないが、我が国を独立国家に導いた重要な大王であったので天皇系図に挿入したと考えられるのである。

6 「磐井の乱」

「磐井の乱」（527～528年）は古代最大の内乱であるとされる。

この乱は『日本書紀』によれば、新羅によって奪われた南加羅などの領土を取り戻すために、大和王権が将軍・近江毛野（おうみのけな）（武内宿祢の子孫）と6万の軍勢を派遣しようとした際に、新羅と内通した九州の地方豪族である筑紫国造（くにのみやつこ）・磐井（いわい）が反旗を翻（ひるがえ）し進軍を妨害したと伝えられているのである。そのため、この内乱は朝鮮半島の利権をめぐる大和王権と地方豪族の争いであったという説が一般的であった。しかしながら当時の文献資料に多くの不自然な点が存在していることから継体天皇から欽明天皇の時代にかけて皇位継承に関わる重大な事件が発生したとする説が出され、「磐井の乱」と何らかの関係があるのではないかと考えられるようになってきているのである。

『日本書紀』継体天皇紀には次のように不自然な箇所があるので、一例として紹介しておきたい。

【廿五年春二月、天皇病甚、丁未、天皇崩于磐余玉穗宮、時年八十二。冬十二月丙申朔庚子、葬于藍野陵。或本云「天皇、廿八年歳次甲寅崩。」、而此云廿五年歳次辛亥崩者、取百濟本記、爲文。其文云「太歳辛亥三月、軍進至于安羅、營乞乇城。是月、高麗弑其王安。又聞、日本天皇及太子皇子、倶崩薨。」由此而言、辛亥之歳、當廿五年矣。後勘校者、知之也。】

『（継体天皇即位）25年春２月、天皇の病重く、丁未（７日、暦年であれば５２７年となる）、天皇は磐余玉穂宮で崩御した、時に82歳であった。冬12月５日、藍野陵に葬られた。或る本によると「天皇は、即位28年・甲寅（５３４年）に崩御した」、けれども、ここに即位25年の辛亥（５３１年）の年に崩御したとしたのは、百済本記（の記録）より取ってきて、作文したのである。其の文（百済本記）に云う「太歳辛亥（５３１年）３月、軍を進め安羅に至り、乞乇城を本営とした。この月、高句麗王の安（安臧王）を弑した。また聞くところによれば、日本の天皇及び太子、皇子、皆崩薨した」これに従えば、即位25年は辛亥の歳（５３１年）に当たるのである。あとで勘校（照らし合わせ誤りを正すこと）した者だけが、これ（継体天皇が亡くなった年を甲寅〈５３４年〉から辛亥〈５３１年〉に変更した理由）を知っているのである』

このように継体天皇が崩御したのは甲寅（５３４年）の年であったが、百済国の史書である『百済本記』には「日本の天皇及び太子・皇子が一度に崩薨したのは辛亥の年（５３１年）であると記述されているので崩御の年を辛亥（５３１年）に修正した」と述べており、その理由は勘校（修正）した者だけが知っていると記述しているのである。このように我が国の正史である『日本書紀』には極めて不可解な記述が残されているのである。一方、『古事記』には継体天皇は丁未（５２７年）の年に43歳で崩御したと記述されているのである。

『百済本記』は散逸して現在は残されていないが、『記・紀』の継体天皇から欽明天皇までの記述には混乱と矛盾が見られるため欽明天皇が安閑天皇、宣化天皇を滅ぼした説や安閑・宣化朝と欽明朝が並列して存在したとする説が出されているのである。

既に述べたように神武天皇が崩御したあと【九州大王家】の手研耳命が跡を継いだと推測される、しかし、ほどなくして【大和大王家】の兄弟が手研耳命を弑逆して皇位を簒奪したと考えられる。つまり大王家が二つに分かれて内乱になったと考えられる。「磐井の乱」は【九州大王家】と【大和大王家】の争いに関係していると考えられるのである。この内乱は527年頃から531年まで続いたと推測されるが、最終的に諸侯の支持を得た【九州大王家】が勝利したと考えられるのである。しかしながら内訌の詳細を『記・紀』に記述すると倭国と日本国の関係が明らかとなり、中国側に知られてしまう恐れがあったために、地方豪族の反乱（「磐井の乱」）として『記・紀』に残したと思われる。

我が国が大きく二つに分かれて争っていた結果、朝鮮半島の経営が手薄となり、新羅の領土拡大を許してしまったと見られる。筑紫国造磐井が新羅と内通したとする『日本書紀』の記述は創作されたものであろうと推測される。大伴氏の失脚は朝鮮半島における外交政策の失敗ではなく【大和大王家】側に味方して敗れたのが原因と推測される。筑紫国造磐井という人物が誰なのかは残念ながら明確には分からない。しかしながら筑紫国造と記されていることから邪馬台国時代の奴国の王統（後の大伴氏）の子孫の可能性が高いと考えられる。

一方、蘇我氏は【九州大王家】の欽明天皇に味方して大きな功績を上げたと推測される。欽明天皇は【九州大王家】の血統を引き継ぐ大王と考えられ、『記・紀』に綏靖天皇によって殺された手研耳命の弟である岐須美美命（きすみみのみこと）ではないかと筆者は推測している。『記・紀』が倭国王のことを隠蔽せざるを得なかったように岐須美美命が欽明天皇であることを隠蔽したと見られる。『日本書紀』は岐須美美命については一切記述していない。

7 「大兄」制について

「大兄（おおえ）」の称号は、特に王族は一夫多妻制であったことから異母兄弟のうち、最も年長の者を大兄と呼んだとの説、あるいは王位継承者（又は王位継承候補者）に付けられたとの説がある。

『古事記』には「大兄」の称号が付けられた人物が1名記載されている。

それは大帯日子淤斯呂和気天皇（おおたらしひこおしろわけのすめらみこと）（景行天皇）の子である日子人之大兄王（ひこひとのおおえのおう）である。「大兄」の称号が付けられた日子人之大兄王は太子として記述されていないばかりか次男であったと記されているのである。景行天皇には記載されている子だけで21王、記載されていない王が59王あり、併せて80王があったとしている。そして、その中の若帯日子命（わかたらしひこのみこと）、倭建命（やまとたけるのみこと）、五百木之（いおきの）入日子命（いりひこのみこと）の3人を太子としたと記述している。

次に『日本書紀』には「大兄」の称号が付けられた人物が9名記載されている。

彦人大兄命は『古事記』に記載されている日子人之大兄王のことである。

大兄去来穂別皇子は履中天皇のことで、中国の史書から542年頃に亡くなったと推測される。仁徳天皇の第一皇子である。

勾大兄皇子は安閑天皇（在位：531～535年）のことであり、継体天皇の第1皇子である。

箭田珠勝大兄皇子（生没年：?～552年）は欽明天皇の第一皇子である。

押坂彦人大兄皇子（生没年不詳）は敏達天皇の第一皇子である。

大兄皇子は欽明天皇の第四皇子である用明天皇（在位：585～587年）のことである。

山背大兄王（生没年：?～643年）は厩戸皇子の第一王子である。

古人大兄皇子（生没年：?～645年）は舒明天皇の第一皇子である。

中大兄皇子（在位：668～672年）は舒明天皇の第二皇子である。古人大兄皇子は異母兄にあたる。

このように必ずしも最も年長の者を大兄と呼んではいないのである。また彦人大兄命、大兄去来穂別皇子と後の7人とは時代が大きく隔たっており、大兄の意味に違いがあると推測される。継体天皇以降の「大兄」の称号をもつ皇子については王位継承者（又は王位継承候補者）に付けられたとする説が成り立つのである。いずれにせよ【九州大王家】（山背大兄王の王統）の滅亡によって、「大兄」の称号を用いる必要が無くなったために、この慣習は自然消滅したと考えられるのである。

8 天皇号について

「天皇」号は、持統天皇の時に編纂された『飛鳥浄御原令』（６８９年施行）によって正式に「天皇」号が採用され、天武天皇に捧げられたとするのが通説となっている。しかしながら『隋書』には大王の多利思比孤が隋朝に対し自分の姓は「阿毎」（天）であると説明した記述が見られる。このことから新しい国家を目指した大王・多利思比孤（厩戸皇子に比定される）が新しく作った姓の「阿毎」（天）と天下を支配する者を意味する「皇」（天皇の古称）を合わせてつくったと推測される。厩戸皇子が活躍したのは推古天皇の治世であり、「天皇」号が成立したのは推古天皇期と推測される。また国姓であった「姫」を放棄したのも同時期と見られる。

中国最古の辞書である『爾雅』には「皇」の意味は【尊而君之、則稱皇天】「尊称そして君主の尊称、すなわち皇天（天帝）の呼び名」と記されており、後漢時代に成立した『説文解字』、『風俗通義』にはそれぞれ【大也】、【天也】と記されている。

9 世界一長い歴史を持つ天皇家

天皇家は中国伝説の帝王で、夏、殷、周、秦の始祖となった黄帝（こうてい）（「姫」姓）の血統を引き継いでいると推測される。周王家の太伯、虞仲と倭族によって建国された句呉（呉：紀元前12〜11世紀〜紀元前４７３年）の後裔であり、呉の滅亡によって夫差の子である太子忌、公子鴻、又は彼らの後裔が九州の宮崎県に渡来して縄文人と融合して建国したと考えられる。

天皇家の始まりは、神武天皇が即位した紀元前６５０年とされているが、我が国において建国したのは紀元前5世紀頃と見られる。

天照大御神は邪馬台国女王・台与に比定されるのであるが、夫であった仲哀天皇とは異母兄弟姉妹（きょうだい）の関係にあったと考えられるために、天皇家は万世一系にして我が国での建国から計算しても凡そ２５００年の歴史を有しているのである。また倭族と共に建国した時（天皇家の祖先が中国において王家であった時）から考えると、なんと３５００年以上の歴史を有する王家なのである。

現在、世界の独立国家は大凡（おおよそ）２００ヵ国あり、世界に残る王家は26家と言われている。世界で2番目に長いのがデンマーク・スウェーデン王家であり、８世紀又は10世紀から続くと考えられている。３番目がイギリス王家であり、１０６６年にフランスのノルマンディー公ギヨームがブリテン島に渡りイングランドを征服してイングランド王国ウイリアム一世として即位してから続く王家である。これら歴史の長い王家と比較しても天皇家の歴史は異例中の異例と言えるほど長く、世界史の奇跡と言える王家なのである。

第21章　天皇家が長く続いてきた理由

天皇家が、なぜこれほど長く存続できたのか、地理的、風土的理由以外の４点を簡単に挙げておきたい。

1 中央集権国家にならなかったこと

第１の理由として挙げられることは、我が国は中国のような中央集権的専制国家にならなかったことである。

中国の広大な領土を統一した秦は、初めて中央集権制を採用してからわずか約15年で滅亡した。歴史的経験則であるが、皇帝一人が絶大な権力を有する専制国家は長くは続かないようである。秦以降の王朝の寿命は前漢（約２１４年）、新（約15年）、後漢（約１９５年）、西晋（約51年）、隋（約37年）、唐（約２８９年）、北宋（約１６７年）、南宋（約１５２年）、元（約97年）、明（約２７６年）、清（約２６８年）となっており、中央集権国家の王朝は短命であった。これに対し、封建制を採用していた古代中国の国家は、秦以降の国家と比較して長命であった。中国史上最も長く続いた王朝は周（紀元前1046年頃〜紀元前256年）であり歴史がわかっているときからでも約800年間続いている。

645年、専横を極めた蘇我氏を倒して権力を掌握した中大兄皇子（天智天皇）は大化の改新と呼ばれる大改革を断行して、それまでの私地私民制（封建制）を皇地皇民制（＝公地公民制：国土と人民は全て天皇に帰属させる制度）に切り替え中央集権化を目指した。班田収授法を制定して6歳以上の公民に土地を班給（土地を分け与えること）し、6年ごとの戸籍調査を実施して、亡くなった場合は土地を国家が収容し、新たな受給資格者に班給した。また皇族、貴族には位階に応じて土地及び戸を食封（封戸）として支給したのである。

しかしながら地方においては豪族（旧諸侯）が国造に任命され領主として存在していた。大化の改新によって「国」が廃止され新しく「評」となった。しかし評造には依然として国造の子孫が任命されていた。

クーデター（壬申の乱）によって天皇となった天武天皇は、皇親政治（天皇と皇族による政治）を行い、中央集権的専制国家を目指した。皇親政治は聖武天皇の時代まで行われたため、我が国は中央集権国家となったとされている。

しかし、時代を少し遡るが、大宝律令（701年）が制定されると「評」が廃止され、新たに「郡」に編成され郡司が置かれるようになった。しかし郡司には国造の子孫が任命され、世襲の終身官であったので以前と同様に旧豪族の子孫が地方の実権を保持することとなった。そのため朝廷は郡司を監督するために新たに国司（任期制）と呼ばれる行政官を派遣して年貢の徴収などを監督させた。このような朝廷の支配力強化に対し絶大な権力を有していた郡司は、自分たちの既得権を守ろうとして国司と対立した。さらに8世紀に入ると畿内地方は人口増大によって耕作地が慢性的に不足するようになった。そのため朝廷は墾田の大規模開発を図り、開墾者に対し3代の私有を認める三世一身の法（７２３年）を制定した。しかしながら十分な効果を上げることができなかったため、７４３年には開墾者が永代使用できる墾田永年私財法を新たに制定したのである。これによって資本力のある旧豪族や寺院などが積極的に墾田開発を行い、私的所有地（荘園）が次第に増大していったのである。つまり、この墾田永年私財法の制定によって公地公民制、律令制による中央集権統治は根底から崩れていくこととなったのである。蝦夷地への侵略が大規模になるのも墾田永年私財法の制定によるものであった。８世紀後半、陸奥国胆沢地方（現在の岩手県地域）の蝦夷の族長であった阿弖流為（?～８０２年）、盤具母礼（?～８０２年）は日本国の侵略に対し激しく抵抗し、胆沢合戦（７９８年）で勝利した話は有名である。しかし、やがて日本国の大規模な討伐軍の前に降伏し、平安京（現在の京都市）へ連行され、征夷大将軍・坂上田村麻呂の助命にもかかわらず処刑されたのであった。

話を元に戻したい。７５７年、大宝律令が社会の実情に合わなくなったため修正を加えて養老律令が発布された。しかし次第に実情と齟齬をきたし、これ以降、律令の制定は行われなかった。結果として中央においては律令による中央集権化が進んでいたが、地方においては墾田永年私財法によって我が国は律令制以前のような豪族が私有地（領土）を有する状態（封建国家のような状態）に戻ったのであった。そのため、我が国は中国とは全く異なった歴史を刻むこととなったのである。

[2] 宗教問題を巧みに解決したこと

5世紀末から6世紀初め頃、倭国は関東以西を統一したが、神道以外の宗教を信じる豪族が多数存在していた。そのため宗教が豪族の権力闘争に使われ、激化していった。蘇我氏は仏教受容派にまわり、人心収攬を図った。一方、物部氏は非受容派にまわり、対立した。そのような情勢に鑑みて開化天皇と崇神天皇は神仏両立策を推進した。しかし2人は蘇我氏によって道半ばで倒れた。聖徳太子、崇神天皇の志を継いだ天武天皇は、伊勢神宮を皇祖を祀る最高神社と位置づけ、次の持統天皇は神宮内に神宮寺を設置して神仏崇拝を行った。これによって神道と仏教が共に信仰される神仏習合（神仏混淆）が次第に形成され、宗教問題は解決されたのであった。現代においても宗教対立による戦争は多い。そのことを考えると異なる宗教の共存共栄を実現させた天皇家は先進的であり、世界の歴史を見てもこのようなことを行った王家は皆無である。

3 権威を保持し続けたこと

『魏志倭人伝』は倭国について【其犯法、輕者沒其妻子、重者滅其門戶及宗族。尊卑、各有差序、足相臣服。】「其の法を犯せば、軽い者は妻子を殺し、重い者は門戸及び宗族を滅ぼす。尊卑には、それぞれ差や序列があり、（上の者に下の者は）よく臣服している」と記述している。

宗族は父系（男系）の同族集団であり門戸とはそれに属する分家（支家）のことである。倭国連合国家は宗族（宗本家と分家）という血縁関係で強く結びついていたのである。

古代の人々は人が亡くなると自然にかえり子孫を見守っていると信じていたことから、自然災害の多い我が国では古代から自然の神々と祖霊に対し災害が起こらないように、そして豊穣と安寧な暮らしができるように祭祀を行ってきたのである。天皇家を頂点とする氏族社会が長く続いたため君民同祖の思想が形成され、次第に天皇崇拝に結びついていったのである。天皇の祖神を祀る伊勢神宮への参拝が古くから行われてきたことは天皇崇拝が民衆にも広く行われていたことを示しているのである。

大王家（天皇家）は畿内地方を支配下に置くと有力豪族と婚姻によって血縁関係を結び権力を保持しようとした。しかし外戚となった物部氏、蘇我氏は逆に皇位簒奪を狙った。そのため天皇家は同祖で信仰を同じくする藤原氏との関係を強めていったのである。人口増大によって天皇家や豪族に数多くの分家（支家）が生まれ、宗族の散開が始まると血縁による宗族の団結力は弱まり、個人的利害関係、個人的忠誠関係によって君臣関係を結ぶ者も生まれ、宗族よりも家門（家名）が重視されるようになっていった。

平安時代（７９４〜１１８６年頃）において藤原氏は摂政・関白を独占して摂関政治を行い、かつての蘇我氏以上の絶大な実権を有していた。しかし天皇家と藤原氏は本家（宗本家）、分家という縦の血縁関係で強く結びついていたので蘇我氏のように皇位簒奪を画策することは全くなかったのである。

藤原氏の摂関政治によって天皇（国王）は権威的存在として、藤原氏は権力者として定着し、二重構造（権威と権力の分離）が形成されていったと思われる。平安時代には藤原氏、橘氏、平氏、源氏の４家門が権勢を誇った。これら全ての権門勢家は天皇家の支族の後裔にあたり、天皇家は宗本家（宗族の本家）としてこれら権門勢家の頂点にあり続けたのである。

鎌倉時代（１１８５〜１３３３年）になると武家が実権を握り、幕府と朝廷は対立するようになっていった。第82代・後鳥羽天皇は朝廷の復権を目指し、鎌倉幕府執権の北条義時を討伐しようとしたが逆に敗れ、天皇家は各地にあった広大な所領（荘園）を没収され幕府の監視下に置かれることとなった。この事件は承久の変（１２２１年）と呼ばれ、これ以降天皇家は衰微するのであるが、元号制定、叙位などの（国王としての）伝統的権限は残され、北条氏が天皇家を滅ぼすことはなかったのである。天皇家を滅ぼすと悪名が後世まで残ること、及び多くの名門武家の先祖を辿れば天皇家に繋がるため北条氏自身が危うくなるという恐れがあったためと推測される。この時代には既に天皇は特別な存在と考えられており、天皇に対するある種の畏れ（神聖不可侵）が定着していたのである。

鎌倉時代には摂家（せっけ）と呼ばれる近衛（このえ）家、九条（くじょう）家、二条（にじょう）家、一条（いちじょう）家、鷹司（たかつかさ）家の5家が公家の頂点にあった。摂家とは三品以上の地位に就ける家柄で大納言、右大臣、左大臣、摂政、関白、太政大臣まで昇任できた。いずれも現在まで続く名家であるが、藤原氏の分流家であった。戦国時代においても天皇は元号制定、位階を授与するという伝統的権威によって存続した。

江戸時代になると禁中並公家諸法度（きんちゅうならびにくげしょはっと）により天皇及び朝廷は行動に厳しい制限が課されたが、最古の歴史を有する特別な存在として畏敬され伝統的権威を保持し続けた。その後、徳川将軍家の大政奉還により統治権は天皇へ移ったが、すぐに天皇は神格化されて実権は内閣、軍部が掌握して現在の象徴天皇のような状況に置かれることとなった。そして太平洋戦争の敗戦によって新憲法が制定され、象徴天皇と明記され、今日に至るのである。

④ 日本民族が伝統を重んじる文化を大切にしてきたこと

天皇家は周時代の王族・貴族に必要とされた『六芸（りくげい）』（礼・楽・射・御・書・数）を重視してきたと考えられる。礼は礼儀作法及び道徳的規範、楽は音楽、射は弓術、御は馬車を操る技術（馬術）、書は書道、数は数学のことである。これらの『六芸』は後に武士の教養として、さらに庶民の教養として必要なものが選ばれ広まっていった。天皇家の『六芸』が日本社会の伝統文化に与えた影響は計り知れないほど大きいのである。伝統の反対語は革新とされているので、伝統は古く変化がないものを引き継ぐことのように思われがちであるが間違いである。伝統とは本質を失わず時代に合わせ小さな改善を積み重ねてより良いものを創造していくことを言うのであって、決して古いだけのものではないのである。だからこそ伝統的なものに一流や一級品が多いのはこのためである。我々日本民族は伝統に裏付けされた一流、或いは一級品をつくることを理想と考えてきたと思われる。今日海外の文化が入り、なんでも合理的に金で片づけようとする傾向が多くなったが、伝統的なものの中には金では買えないものが存在しているのである。我々の先祖は伝統的なものに美を感じ大切にしてきたように思えるのである。

おわりに

謎の多い我が国の古代史について、中国の史書及び『記・紀』を四苦八苦しながら解読し、ようやく集大成として出版できたことは歴史愛好家として大きな喜びです。

実は、２０１４年9月に拙著『邪馬台国と日本国成立の謎を解く』を上梓しましたが、間違った箇所、説明不足の箇所があり、後で読み返すと悔いが残りました。そのため、そのあとの考究により間違っていたところを訂正し、説明が不十分だった箇所をできるだけ詳細に記述して分かりやすくしました。

拙著を読んでいただければ、ベールに包まれていた我が国の古代の真実の歴史が見えてくると思います。そして、なぜ『記・紀』が倭国王のことを隠蔽して編纂されたのか、その理由についても納得していただけるものと信じています。

天皇家が守り続けてきた神道は縄文人の考え方を濃厚に引き継ぐ信仰であり、我が国特有の伝統的精神文化であると筆者は考えています。環境問題の広がりとともに、自然を大切にしてきた日本民族の伝統が見直される時代が来ると思います。皇室の国際親善によって多くの国々の人々に我が国に興味を持っていただき、皇室や日本文化を知っていただきたいものです。

古代から我が国の文化に大きな影響を与え続け、国民を励まし、世界の平和と国民の繁栄を願われている皇室の万世の弥栄をお祈り申し上げます。

＊＊＊

株式会社ブレイン東京図書出版の皆様のご支援により出版出来ましたことを心より感謝申し上げます。

二〇二一年十一月

出典史料（史書）

＊漢籍（中国の史書）に関しては、中國哲學書電子化計劃（Chinese Text Project）から引用した。句読点のないものについては筆者が付した。訳文は筆者による。

『山海経』：中国の地理書。紀元前4世紀頃から3世紀頃にかけて成立したと考えられている。

『周髀算経』：成立時期は不明。戦国時代から前漢にかけて書かれた算術書。

『九章算術』：中国古代の算術書。三国時代の魏の数学者の劉徽（生没年不詳）が本書の注釈本を制作していることから紀元前1世紀から紀元後2世紀頃に書かれたと考えられている。

『爾雅』：著者未詳。紀元前２００年頃に成立した。中国最古の辞書。

『淮南子』：前漢の皇族で学者であった淮南王・劉安（紀元前１７９～紀元前１２２年）が学者を集めて編纂した思想書。

『史記』：著者・司馬遷（生没年：紀元前１４５～紀元前86年頃）。黄帝から前漢の武帝までを記述した歴史書。紀元前91年頃に成立した。

『論衡』：後漢時代の思想家、文人の王充（27～97年頃）が著した思想書。

『漢書』：前漢のことを記した歴史書。班固、班昭によって編纂された。80年頃に成立した。

『説文解字』：中国最古の漢字字典。後漢の文字学者、儒学者であった許慎（58年？～１４７年？）によって書かれた。１００年に成立した。

『風俗通義』：後漢末期の政治家・応劭（？～２０４年頃）の著作。

『潜夫論』：後漢末期の儒学者であった王符（生没年未詳）が著した。潜夫とは在野の士の意味である。

『魏略』：三国時代の魏について書かれた歴史書。魏の政治家・歴史家であった魚豢（生没年不詳）によって著された。

『魏志倭人伝』：西晋の官吏であった陳寿によって著された『三国志』の中の「魏書」第三十巻烏丸鮮卑東夷伝の倭人条を我が国では『魏志倭人伝』と称している。3世紀末に成立した。

『後漢書』：南宋の政治家、歴史家、文学者であった范曄（３９８～４４５年）によって編纂された。４３２年頃に成立した。

『宋書』：南宋について書かれた歴史書。南朝の宋、斉、梁に政治家、歴史家として仕えた沈約（４４１～５１３年）によって編纂された。４８８年に成立した。

『水経注』：北魏の政治家、文人であった酈道元（？～５２７年）によって書かれた地理書。５１５年頃に成立した。

『通典』：唐の歴史家である杜佑（７３５～８１２年）が三十余年をかけて８０1年に完成させた。

『翰苑』：唐時代の張楚金によって著された類書（百科事典）。６６０年頃に成立した。

『南斉書』：南朝の梁の歴史家、文学者であった蕭子顕（４８７〜５３７年）によって書かれた、斉の歴史書。５０２〜５３７年の間に成立した。

『梁書』：南朝の陳の官僚、歴史家、儒学者であった姚察（５３３〜６０６年）の著作。しかし未完であったので子の姚思廉（５５７〜６３７年）が完成させた梁の歴史書。６２９年に成立した。

『南史』：南朝について書かれた歴史書。李大師（５７０〜６２８年）が編纂を開始したが途中で亡くなったため子の李延寿（生没年不詳）が完成させた。６５９年頃に成立した。

『太平御覧』：北宋の太平興国２〜８年（９７７〜９８３年）に成立した。

『唐会要』：北宋時代の王溥（９２２〜９８２年）によって編纂された最古の会要（王朝の制度、歴史、地理、風俗などを記した歴史書）である。９６１年に成立した。

『冊府元亀』：北宋時代に政治家の王欽若（９６２〜１０２５年）、楊億（９７４〜１０２０年）らによって編纂された。

『舊唐書』(『旧唐書』)：五代十国時代の後晋の政治家であった劉昫（８８７〜９４６年）らによって編纂された唐の歴史書である。９４５年に成立した。

『新唐書』：北宋の政治家、歴史家、文学者であった欧陽脩（１００７〜１０７２年）らによって編纂された。１０６０年に成立した。

『資治通鑑』：北宋の政治家、歴史家であった司馬光（１０１９～１０８６年）によって編纂された。１０８４年に完成した。内容は紀元前４０３年の戦国時代から９５９年（北宋建国の前年）までの１３６２年間の歴史書である。

『資治通鑑注』：南宋末期の政治家、歴史家の胡三省（１２３０～１３０２年）の著作。『資治通鑑』を研究し尽くして注釈として完成させた。

『資治通鑑前編』：南宋の儒学者の金履祥（１２３２～１３０３年）によって編纂された。内容は陶唐氏・帝堯（堯＝中国古代の伝説上の聖王）から紀元前４０２年までの歴史が書かれている。13世紀末に成立した。

『康熙字典』：清の第4代皇帝・康熙帝の命により編纂された。前漢の『説文解字』以降の辞書の集大成である。収録文字数は4万7千字を超える。１７１６年に成立した。

『三国史記』：高麗の17代・仁宗の命により儒学者の金富軾が撰した三国時代（新羅、高句麗、百済）の歴史書。１１４５年に成立した。

『古事記』：現存する日本最古の歴史書。天武天皇の詔によって編纂が開始され、７１２年、太安万侶によって編纂されて元明天皇に献上された。

『日本書紀』：奈良時代の養老４年（７２０年）に完成した。神代から持統天皇までの歴史を記述した我が国最古の正史であるとされる。

『続日本紀』：平安時代初期に完成した勅撰史書。参議の菅野真道によって７９７年に完成した。

『藤氏家傳』：760年に成立したと伝えられる。

『上宮聖徳法王帝説』：作者、成立年代ともに不詳。厩戸皇子（聖徳太子）の伝記。

『扶桑略記』：平安時代に僧・皇円（1074年?～1169年）によって私撰された歴史書と伝えられる。異説もある。

『上宮記』：7世紀頃に成立した歴史書。成立は『古事記』『日本書紀』よりも古いとされる。

『上宮聖徳太子傳補闕記』：平安時代初期に成立した。

吉村　雅敬（よしむら　まさよし）

昭和23年６月13日、北九州市生まれ。
昭和47年４月～平成22年６月、会社員。
平成22年７月、退職し現在に至る。

【著書】
『邪馬台国と日本国成立の謎を解く』（東京図書出版）

真実の日本古代史と天皇家のルーツ

2021年12月28日　初版第１刷発行

著　　者　吉村雅敬
発 行 者　中田典昭
発 行 所　東京図書出版
発行発売　株式会社 リフレ出版
〒113-0021　東京都文京区本駒込 3-10-4
電話（03）3823-9171　FAX 0120-41-8080
印　　刷　株式会社 ブレイン

ISBN978-4-86641-477-5 C0021
Printed in Japan 2021